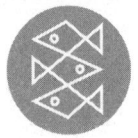

Beruhigend, dass Jan Wagner sich, nach allem, was man weiß, keiner dunklen Macht, sondern der Literatur verschrieben hat, denn die Verführungskraft seiner konzentrierten, eleganten Texte ist enorm. Ob er über Bibliotheken, Buchhandlungen, Lyrik oder Kunst schreibt, ob er literarische Postkarten aus Rom oder Los Angeles sendet oder die Epiphanie eines Rosmarins im schwäbischen Garten feiert – man glaubt diesem charmanten Geschichtenerzähler alles. Man hat kaum Zeit, die rhetorische Fingerfertigkeit zu bewundern, mit der da zwischen souveräner Gelehrsamkeit unerwartet die nächste Anekdote aus dem Ärmel gezogen wird, und kann nicht anders als staunen über die Fundstücke, die Jan Wagner von seinen Entdeckungsreisen quer durch Epochen und Kontinente mitbringt. Jeder der Texte ist erleuchtet von einem ansteckenden Enthusiasmus für die Welt der Sprache.

Jan Wagner, 1971 in Hamburg geboren, lebt in Berlin. 2001 erschien sein erster Gedichtband »Probebohrung im Himmel«. Es folgten »Guerickes Sperling« (2004), »Achtzehn Pasteten« (2007), »Australien« (2010), »Die Eulenhasser in den Hallenhäusern« (2012), »Regentonnenvariationen« (2014), »Selbstporträt mit Bienenschwarm. Ausgewählte Gedichte« (2016) und »Der verschlossene Raum. Beiläufige Prosa« (2017). Für sein Werk wurde Jan Wagner vielfach ausgezeichnet, u.a. mit dem Friedrich-Hölderlin-Preis der Stadt Tübingen 2011, dem Mörike-Preis der Stadt Fellbach 2015 und dem Georg-Büchner-Preis 2017. Für »Regentonnenvariationen« erhielt er 2015 als erster Lyriker den Preis der Leipziger Buchmesse.

Weitere Informationen finden Sie auf www.fischerverlage.de

Jan Wagner
Der verschlossene Raum

Beiläufige Prosa

FISCHER Taschenbuch

Erschienen bei FISCHER Taschenbuch
Frankfurt am Main, Februar 2019

Lizenzausgabe mit freundlicher Genehmigung
von Hanser Berlin im Carl Hanser Verlag München
© Hanser Berlin im Carl Hanser Verlag München 2017

Druck und Bindung: GGP Media GmbH, Pößneck
Printed in Germany
ISBN 978-3-596-70217-6

Inhalt

Süßes Erschrecken

Dankesrede zum Mörike-Preis

Wer niemals seine Schritte nach Mergentheim und Wermutshausen lenkte, nie in Weilheim, Kirchheim, Pflummern und Ochsenwang gewesen ist, wer nie nach Urach und Teinach fuhr, auch nicht nach Köngen, Nagold oder Scheer, nie in Eltingen und Plattenhardt nächtigte, wer schließlich kaum zu sagen wüsste, wo genau auf der Landkarte Weinsberg, Möttlingen, Cleversulzbach und ja: auch Fellbach zu finden sind, der wird, wenn er ein Kleingeist oder ein bornierter Großstädter ist, nur kurz müde lächeln und dann abwinken; ist er aber verständig, so ahnt er: auch dort ist die Welt. Und mag es sich auch nicht um London, Paris oder New York handeln – es braucht doch nicht mehr, als in jenen unvertrauten Orten vorhanden ist, um eine Welt zu erschaffen.

Eduard Mörike war kein Weitgereister, war alles andere als ein Globetrotter; den Mozart seiner berühmtesten Novelle ließ er zwar in der Kutsche bis nach Prag holpern und schwanken, er selbst jedoch kam kaum je aus dem heimischen Schwaben heraus – wenn er auch innerhalb dieser engen Grenzen, die eingangs erwähnten Ortsnamen zeigen es, ungewöhnlich häufig umzog. »Was soll die dumme Neugierde auf die Fremde? Nichts, als daß seine Phantasie toll wird!«, schimpft der Vater von *Maler Nolten* in Mörikes gleichnamigem Roman; ein Künstlervater, pikanterweise ein Pfarrer, wie Mörike selbst einer war, ein Vater jedoch, der nicht zu ahnen scheint, dass die Phantasie kaum mehr als einen Vorgarten, dass sie lediglich ein paar Quadratmeter Rasen oder noch weniger benötigt, um unrettbar toll zu werden. Die Gegend, in der Mörikes Maler Nolten aufwächst, das Rißtal, kenne ich als Reisender selbst hingegen recht gut und besuche es gelegentlich zu familiären Anlässen. So waren wir vor nicht allzu langer Zeit an der Riß zu Gast, in Biberach, um den zweiundneunzigsten Geburtstag von Großmutter Edith zu begehen – eine Feierlichkeit, in deren Verlauf sich einmal mehr Gelegenheit bot, über das tiefe Misstrauen nachzudenken, das der Kunst generell, besonders aber der Dichtkunst heute wie in Pfarrer Noltens Jahrhundert entgegengebracht wird. Wir saßen in kleiner Festtagsrunde im sommerlichen Garten von Großmutter Edith am Tisch, der Sonnenschirm war aufgespannt, es gab Kaffee und Kuchen, man plauderte und klapperte mit dem Geschirr, die Blaumeisen hüpften durch ihr Heckenlabyrinth, und irgendwann fragte mich eine nur unwesentlich jüngere Freundin der Großmutter, wer ich denn nun sei und was ich beruflich tue. Ich sei ein Verfasser von Büchern, antwortete ich wahrheitsgemäß, damit unverzüglich die Nachfrage provozierend, um was für Bücher genau es sich denn handele. Um Gedichtbände, sagte ich also – woraufhin die Dame mich stumm ansah; mich ansah; mich ansah; sich dann abrupt von mir ab- und der Großmutter zuwandte und ausrief: »Edith, der Bienenstich ist wunderbar!«

Von Mörike ist, wenn mich nicht alles täuscht, kein Gedicht über den Bienenstich erhalten; denkbar wäre es aber. Tatsächlich gehört ja Mörike zu jenen Dichtern, deren Verse auch der großmütterlichen Freundin durchaus zugänglich sein müssten, und das keineswegs nur, weil er Schwabe war. Wer Lyrik für absonderlich hält, für eine weltfremde und bizarre Angelegenheit mit keinerlei Bezug zum Leben und Wirken der sogenannten normalen Menschen, der wird beim Blättern durch Mörikes Werk eines Besseren belehrt – kaum ein anderer Dichter greift so eifrig noch die alltäglichste Begebenheit, den gewöhnlichsten Gegenstand auf, um ein Gedicht daraus zu entwickeln, ja, man hat den Eindruck, dass geradezu angstvoll keine Gelegenheit ausgelassen wird, um etwas Dasein in Zeilen und Reime umzugießen, nicht nur in den zahlreichen Grußadressen an Hofräte, Bibliothekare, Familienmitglieder und Freunde wie den Maler Moritz von Schwind. Mörike schreibt Rätselgedichte, Trauerfeiergedichte und Trinksprüche; er verfasst ein lückenhaftes und von den jungen Leserinnen auszufüllendes Lehrpoem zur Erbauung seiner Nichten, schreibt Spottgedichte und Scherzgedichte; er reimt anlässlich von Eheschließungen, Geburtstagen und Konfirmationen, kommentiert eine Buchausleihe und steuert Verse für Poesiealben bei, ja, er bringt sogar ein Rezept für Frankfurter Brenten, ein traditionelles Teegebäck, in eine überaus gut verdauliche lyrische Form; Mörike schreibt Widmungsgedichte (»Süßeste Freya, / Eiapopeia!«), er verschenkt »Albumblätter für Schülerinnen des Katharinenstifts« (»Das schöne Buch – ei, seht einmal! / Mit Schloß und Schlüssel, blank von Stahl! / Was hast du unter diesen Decken / So gar Geheimes zu verstecken?«), er bringt mehr als einmal ein Gedicht für seinen Hund Joli zu Papier und komponiert zu guter Letzt »Inschriften auf selbstgefertigte Blumentöpfe und Schalen«, die er, als begeisterter Freizeitkeramiker, beispielsweise einem Honigtopf beilegt, um ihn angemessen zu präsentieren.

Schon in der Wahl seiner Themen also ist Mörike derart offenherzig, dass die Grenze zwischen Kunst und Leben, die von so vielen für unüberwindbar gehalten wird, porös zu werden beginnt; er ist seiner Gegend und den Menschen darin verbunden und spricht deren Sprache, und zwar nicht nur, wenn er ein Gedicht an die Nachtigall mit der Entschuldigung abbricht, es gebe »frisches Bier / Und Kegelabend« im Jägerschlösschen, was selbst manchem Gedichtverächter aus Seele und trockener Kehle sprechen dürfte. Dann und wann meint man gar eine schwäbische Sprachmelodie herauszuhören, etwa wenn er »genötigt« auf »Predigt« reimt oder »schließen« auf »diesen«, und tatsächlich: Wer im Werk Mörikes nach Dialektgedichten sucht, wird fündig. Theodor Storm, Norddeutscher wie ich und schon früh ein Bewunderer Mörikes, besuchte den Reiseunwilligen einmal nach langem brieflichen Hin und Her in Stuttgart und brachte seine Eltern aus Husum mit; Mörike und Storms Vater, so heißt es, mochten einander zwar auf Anhieb, verstanden aber während der gesamten gemeinsamen Zeit kaum ein Wort von dem, was der andere schwätzte oder schnackte.

Theodor Storm war es auch, der mit so freundschaftlichen wie erhellenden Zeilen die Dichtung Mörikes zu fassen verstand: »Man sah«, so Storm, »durch diese Gedichte wie durch Zaubergläser in das Leben des Dichters selber hinein. Da war Tiefe und Grazie und deutsche Innigkeit verschmolzen oft mit antiker Plastik, der rhythmisch bewegte Zug des Liedes und doch ein klar umrissenes Bild; die idyllischen, von anmutigstem Humor getragenen Stücke der Sammlung von farbigster Gegenständlichkeit und doch vom Erdboden losgelöst und in die reine Luft der Poesie hinaufgehoben.« In diesen Sätzen Storms werden gleich mehrere Merkmale genannt, die das Bild, das sich die Nachwelt bis heute von Mörike macht, prägen: Der liedhafte Ton fehlt so wenig wie die Liebe zur antiken Dichtung, die Mörike selber übersetzte und die er mit dem Hexameter und dem elegischen Distichon, zu denen er oft greift, zu ehren wusste. Die Grazie und der Rhythmus, die Storm lobt, finden in einer Zeile Mörikes selbst ihr Echo, in der er »Anmut und heiliges Maß« beschwört. Überhaupt das Maß: Schon oft, aber deshalb nicht weniger berechtigt, ist der Formkünstler Mörike, sind seine subtilen Brechungen der traditionellen Vorlagen, ohne diese ihrer Würde zu berauben, gerühmt worden. Mit wie viel Witz er aber die eigene Formstrenge zu ironisieren weiß, zeigt eine Petitesse, die das Maß schon im Titel trägt und, »Alles mit Maß«, über dreizehn Zeilen hinweg einzig mit den Reimwörtern »Schweinsfuß« und »Schweinsfüß« operiert, einmal im Singular, einmal im Plural. Zu guter Letzt fehlt in Storms Zeilen auch jener Begriff nicht, den man von jeher als Erstes mit Mörike in Verbindung bringt, die Idylle – die naturnahe, unschuldige, Geborgenheit ausstrahlende Szene, eine Art von Gedicht also, die Mörike selbst in einem Titel als »Erbauliche Betrachtung« bezeichnet hat, die Kritiker hingegen an biedermeierliches Kunsthandwerk, an von Meerschaumpfeifenrauch beflügelte Virtuosität denken ließ. Wohlmeinende Leser hingegen haben Mörike aufgrund dieser oft schwerelos wirkenden, heiteren Kunst, die sich nicht scheut, dem ernsten Fach der Lyrik auch humorvolle Elemente beizufügen, einen Mozart der Worte genannt. Man könnte zwar auch in einem Zweizeiler, der einem anderen Komponisten gewidmet ist, in einem mit »Joseph Haydn« überschriebenen Distichon nämlich, ein Selbstporträt des Dichters vermuten: »Manchmal ist sein Humor altfränkisch, ein zierliches Zöpflein, / Das, wie der Zauberer spielt, schalkhaft im Rücken ihm tanzt.« Dass aber kein Komponist Mörike mehr am Herzen lag als Mozart, steht außer Frage.

Meine erste Leseerfahrung mit Mörike verdanke ich tatsächlich nicht seinen Gedichten, sondern – ich muss vierzehn oder fünfzehn Jahre alt gewesen sein – der schon genannten Novelle *Mozart auf der Reise nach Prag*, die mich bei der erneuten Lektüre wohl noch mehr entzückt hat als rund dreißig Jahre zuvor, vielleicht weil das kindliche Staunen Mozarts beim Gang durch einen Wald, seine unverstellte Begeisterung beim Betasten von Tannenzapfen, beim Schnuppern an einem Pilz und beim Betrachten von dessen hochrotem Schirm, beim Anblick der Hummeln in den Blütenkelchen, weil also diese Fähigkeit, noch im Kleinsten eine Offenbarung zu finden, die Mörike ganz offensichtlich mit seinem Protagonisten teilt, aus der Sicht eines erwachsenen Lesers weit weniger selbstverständlich ist als aus der eines jungen. Davon, wie »wir unter uns allein« sind, träumt Mörike als Mozart gemeinsam mit Mozarts Frau Constanze, »um selber einmal wieder Kind zu werden« – und ich gebe zu, dass auch mir dieses Staunenkönnen mit offenem Mund, dieses Kindliche, Kindsköpfige, von jeher als eine der Grundlagen jeder Poesie erschienen ist. Mörikes Freunde Bauer und Hartlaub preisen in einem Briefwechsel von 1832 denn auch ihren lieben »Mörike, mit dem Zauberdunste, der ihn begleitet, mit dem schuldlosen Kindersinne, den keine Welt ihm abzuschleifen vermag«. Und der Baron spricht im *Nolten* von dem Punkt, »wo der Philister und der Künstler sich scheiden. Wenn dem letztern als Kind die Welt zur schönen Fabel ward, so wird sies ihm in seinen glücklichsten Stunden auch noch als Mann sein, darum bleibt sie ihm von allen Seiten so neu, so lieblich befremdend«, was Nolten und mit ihm Mörike ausrufen lässt: »Ganz recht!«

An einer mir als jugendlichem Leser vielleicht entgangenen, dafür umso bemerkenswerteren Stelle der Novelle – man pausiert auf der Reise nach Prag in einem Gasthof – schlendert Mozart allein durch den nahen gräflichen Garten und kommt an einem Pomeranzenbaum vorbei. Mörike schildert nun, wie Mozart eine Pomeranze pflückt, wie er die »duftige Frucht beständig unter der Nase« hat, sie mit allen Sinnen erfasst und sich dabei verliert, ins Träumen gerät, wie er gedankenverloren die Frucht in der Hand hält und wendet, wie er ein Messer nimmt und sie auseinanderschneidet, wie er sie abwesend betrachtet, nach einer Weile wieder zusammenfügt und dann »die scheinbar unverletzte Pomeranze«, wie es heißt, auf einem Tisch ablegt – sehr zum Missvergnügen des Obergärtners, der den ihm unbekannten Mann seit einer Weile beobachtet hat. Später, als der berühmte Gast endlich vom Grafen und der Schlossgesellschaft willkommen geheißen wird, beschreibt Mozart, wie er durch den Duft und die Gestalt der Pomeranze fortgezogen wurde in die Vergangenheit, in die eigene Kindheit, wie er sich durch den Sinneseindruck an eine Episode in Neapel erinnerte und an einen Korb mit Orangen – und wie er schließlich, derart in Gedanken, die Frucht betastend und zerteilend, im Geiste mit der Arbeit an der noch fehlenden Partie des *Don Giovanni* begann: »Ich glaubte wieder dieselbe Musik in den Ohren zu haben, ein ganzer Rosenkranz von fröhlichen Melodien zog innerlich an mir vorbei, fremdes und eigenes.« Dies ist eine ebenso erstaunliche wie präzise Schilderung jenes halb bewussten, halb unbewussten und durchaus rätselhaften Prozesses, der beim Erschaffen einer neuen Musik, aber auch eines neuen Gedichts, vonstattengeht und der mit der Bereitschaft beginnt, sich gehen zu lassen. Dass die Träumerei, die Abschweifung zurück zu einer Kindheitsszene führt, ist kein Zufall und wird für viele Künstler nachvollziehbar sein – ganz sicher für Mörike, bei dem Traum und Erinnerung, gerade die an die Kindheit, in einer Reihe von Gedichten entscheidend sind.

Zweifellos nicht entgangen ist mir bei meiner ersten Begegnung mit Mörike, dass seine Mozart-Novelle nicht mit Prosasätzen endet, sondern mit einem Gedicht, »Denk es, o Seele«:

> Ein Tännlein grünet wo,
> Wer weiß, im Walde,
> Ein Rosenstrauch, wer sagt,
> In welchem Garten?
> Sie sind erlesen schon,

Denk es, o Seele,
Auf deinem Grab zu wurzeln
Und zu wachsen.

Zwei schwarze Rößlein weiden
Auf der Wiese,
Sie kehren heim zur Stadt
In muntern Sprüngen.
Sie werden schrittweis gehn
Mit deiner Leiche;
Vielleicht, vielleicht noch eh
An ihren Hufen
Das Eisen los wird,
Das ich blitzen sehe!

Einprägsam wird dieses Gedicht nicht nur dank der erstaunlichen Tatsache, dass es trotz, nein gerade aufgrund der idyllisierenden Formulierungen, der Verniedlichungen – nicht von einer Tanne ist die Rede, sondern von einem »Tännlein«, nicht von Rossen, sondern von »Rößlein« – zu einem feierlichen Ernst findet, der berührt, sondern auch wegen des in seiner Präzision unvergleichlich eindrücklichen Details, mit dem es endet: Wie viel Augenblickslust und Vergänglichkeitsbewusstsein stecken doch in diesem einen, blitzenden Hufeisen, das man sofort vor Augen hat und behält, einem Lichteffekt, der auf raffinierte Weise Daseinsfeier und Mahnung in einem ist.

Deutlich anders in seiner Bewegung, aber dennoch nicht unähnlich ist ein zweites Gedicht, »An eine Äolsharfe«, gewidmet jenem neben der Lyra bekanntesten Instrument der Dichtkunst, das sich auch bei Romantikern wie Percy Shelley größter Beliebtheit erfreute. Ähnlichkeit scheinen mir die Gedichte deshalb zu haben, weil es sich auch hier um eine Endlichkeits-

epiphanie handelt, weil auch hier ein betrachtendes, reflektie-
rendes Ich der eigenen Flüchtigkeit gewahr wird, die »erbauliche Betrachtung« jäh umschlägt und ein abschließendes Bild
von großer Genauigkeit und Intensität blitzartig aufleuchtet:

Angelehnt an die Efeuwand
Dieser alten Terrasse,
Du, einer luftgebornen Muse
Geheimnisvolles Saitenspiel,
Fang an,
Fange wieder an
Deine melodische Klage!

Ihr kommet, Winde, fern herüber,
Ach! von des Knaben,
Der mir so lieb war,
Frisch grünendem Hügel.
Und Frühlingsblüten unterweges streifend,
Übersättigt mit Wohlgerüchen,
Wie süß bedrängt ihr dies Herz!
Und säuselt her in die Saiten,
Angezogen von wohllautender Wehmut,
Wachsend im Zug meiner Sehnsucht,
Und hinsterbend wieder.

Aber auf einmal,
Wie der Wind heftiger herstößt,
Ein holder Schrei der Harfe
Wiederholt, mir zu süßem Erschrecken,
Meiner Seele plötzliche Regung;
Und hier – die volle Rose streut, geschüttelt,
All ihre Blätter vor meine Füße!

In der Novelle war es die Pomeranze, hier sind es die Winde, die in die Kindheit zurückleiten, und zur Süße der Erinnerung kommt das Erschrecken; beide verbinden sich zum überraschenden, für Mörike aber durchaus nicht untypischen »süßen Erschrecken«, das in den beiden vorangegangenen Strophen ja durch die »melodische Klage« und die »wohllautende Wehmut« vorbereitet wurde. Ist es hier die Vergänglichkeit, überschattet anderswo eine dunkle sexuelle Bedrohung die Idylle, beispielsweise im »Ersten Liebeslied eines Mädchens«, in dem eine Schlange oder ein Aal – phallisch, aber uneindeutig genug, um nicht platt symbolhaft zu sein – sich des Mädchens bemächtigt: »Was tun, was beginnen? / Das schaurige Ding, / Es schnalzet da drinnen, / Es legt sich im Ring«. Dass dieses verstörende Gedicht sich, zunächst jedenfalls, in klassischen Liedstrophen präsentiert, macht das Grauen nur umso eindrücklicher und ist ein weiterer Beleg für die subtile Formkunst Mörikes.

Die Düsterkeit, die man so gar nicht mit Mörikes Namen verbindet, zeigt sich weniger in Schauerballaden wie »Die Geister am Mummelsee«. Deren Schrecken ist sozusagen genrebedingt und damit erwartbar, es ist ein Grusel mit Ankündigung, auch im bekannteren »Feuerreiter«: »Nach der Zeit ein Müller fand / Ein Gerippe samt der Mützen / Aufrecht an der Kellerwand / Auf der beinern Mähre sitzen: / Feuerreiter, wie so kühle / Reitest du in deinem Grab! / Husch! da fällts in Asche ab«. Mörike hatte zweifellos genug dunkle Erlebnisse und Ängste in seinem Leben zu bewältigen: Zwei seiner Brüder saßen in Festungshaft, ein weiterer Bruder beging Selbstmord, er selbst litt unter Geldnot und einer fragilen Gesundheit, von der »Vikariatsknechtschaft«, wie er selbst es nannte, ganz zu schweigen. Seine Dämonen dürften selbst dann bei ihm gewesen sein, wenn er sich einer »schönen Buche« widmete, und erst dies verleiht seiner Buche nicht nur Schönheit, sondern poetische Dringlichkeit – vielleicht, wer weiß, handelt es sich dabei um jene Buche in Cleversulzbach, in deren Rinde er den Namen des von ihm verehrten Hölty einritzte: »Aber ich stand und rührte mich nicht; dämonischer Stille, / Unergründlicher Ruh lauschte mein innerer Sinn. / Eingeschlossen mit dir in diesem sonnigen Zauber – / Gürtel, o Einsamkeit, fühlt ich und dachte nur dich!« Immer liegen Idylle und Schrecken dicht beieinander, ist er ihr eingeschrieben wie der Kindheit der Tod, und so ist der wahre Idylliker jener, der um die Zerbrechlichkeit des Refugiums weiß und erst deshalb seine Schönheit zu schätzen vermag, weil ihm die Angst selbst dort ans Herz fasst.

Zu dieser Nachtseite, auf der die Dämonen sich tummeln, passt, dass Mörike von Kindheit an eine ausgeprägte Neugier auf die Geisterwelt verspürte. Schon während seiner Lehrjahre am Tübinger Stift, als er in der Walkmühle am Neckartor wohnte, verbrachte er unruhige Nächte, weil ihm, wie er vermerkte, dort ansässige Klopfgeister den Schlaf raubten. Noch bemerkenswerter ist sein Bericht über den *Spuk im Pfarrhause zu Cleversulzbach*, den er viele Jahre später verfasste und 1842 auf Drängen Justinus Kerners im zweiten Band von dessen *Magikon* veröffentlichte. Mit größter Präzision und ebendeshalb so glaubwürdig beschreibt Mörike hier die Phänomene, die ihm, aber auch seiner Mutter, seinen Geschwistern und einer Reihe von Vikaren zu schaffen machten: Geräusche, tags wie nachts, die an rollende Kügelchen unterm Bett oder fallende Gegenstände erinnerten; ein Klopfen und Seufzen, ein Atmen und Schnaufen in den Zimmerecken, manchmal ganz dicht am Ohr der Schlafenden, ein Tappen und Schlurfen, dazu Lichterscheinungen und Töne, wie Mörike anschaulich notiert, »als ob man eine nicht sehr straff gespannte Stahlsaite durch ein spitzes Instrument zum Klingen oder Klirren brächte; als ob ein Stückchen Eisen, etwa ein Feuerstahl, etwas unsanft auf den Ofen gelegt würde«.

Mörike war längst nicht der einzige Dichter, der einen Sinn für die Welt der Geister hatte – man denke an den irischen Nationaldichter und Nobelpreisträger William Butler Yeats, der schon als Schüler Kontakt mit ihnen aufnahm, Spukschlösser besuchte und okkulte Studien betrieb, der später im Kreis um Madame Blavatsky verkehrte, der »Dublin Hermetic Society« beitrat und über ein Medium mit dem Geist des Geographen Leo Africanus sowie einem hundert Jahre zuvor durch Selbstmord aus dem Leben geschiedenen Londoner Polizisten kommunizierte. Allerdings ging der alte Yeats noch deutlich weiter als Mörike, indem er Geister die Hand seiner erst spät angetrauten Gemahlin, die das automatische Schreiben beherrschte, führen ließ. Auch bei Mörike aber schlagen sich die Erfahrungen mit der Geisterwelt im Werk nieder: In *Maler Nolten*, wo man einen Bauernhof aufsucht, der »wegen Spukerei verrufen« ist, findet es Nolten, wie es heißt, »durchaus nicht wider die Natur, vielmehr vollkommen in der Ordnung, daß manche Verstorbene sich auf verschiedentliche sinnliche Weise den Lebenden zu erkennen geben sollten«, was Mörikes eigener Auffassung entsprochen haben dürfte. Der am Ende des Romans tote Nolten wird vom Gärtnerjungen als Gespenst erspäht. Auch in der Erzählung *Der Schatz* spukt es, darf eine Geisterdame mit dem wahrhaft grauenerregenden Namen »Irmel von der Mähne« ihr Unwesen treiben – ein Moment der existentiellen Erschütterung auch dies, und so hört denn der Held jener Erzählung, »wie mein Herz gleich einem Hammer schlug«. Dass das Übersinnliche auch in Mörikes Alltagsleben und -denken eingriff, legen eigentlich ganz harmlose Marotten nahe: Als Vikar in Möhringen hielt sich der Dichter eine Vogelschar von sechzehn Staren, Wachteln und Finken im

Pfarrhaus – was ihn, nebenbei bemerkt, zu einer bemerkenswerten Einteilung inspirierte, die er seinem Freund Hartlaub schriftlich übermittelte. Seine Vögel, schrieb er, ließen sich in vier Klassen unterteilen – erstens in solche, die singen; zweitens in solche, die stinken; drittens in solche, die stinken, aber singen; und viertens und letztens in solche, die weder stinken noch singen. Auch im Eltiner Pfarrhaus und in Cleversulzbach umgab sich Mörike, wie sein Biograph uns mitteilt, mit Vögeln, wobei ein bevorzugter Star ihm freilaufend durch die Zimmer folgte und, mehr noch, als Gesprächspartner diente, da er, wie Mörike erklärte, sich als der Virtuose Tartini zu erkennen gegeben hatte und man nun gemeinsam über deutsche und italienische Musik debattierte. Bedenkt man jedoch, dass Giuseppe Tartini, ein unter anderem wegen seiner Bogenführung berühmter italienischer Violinist und Komponist des achtzehnten Jahrhunderts, zum Zeitpunkt von Mörikes Geburt bereits seit vier Jahrzehnten unter der Erde war, so wird deutlich, dass es sich auch hier um eine Seelenwanderung vom Musiker zum Star und somit um eine Geistererscheinung gehandelt haben muss.

Auch Mozart hielt sich einen Star als Haustier und widmete ihm, als der Vogel starb, ein Gedicht; das kann kein Zufall sein – ebenso wenig wie die Tatsache, dass es der *Don Giovanni* ist, um den sich die Handlung von Mörikes Novelle dreht, und dass Mozart der Schlossgesellschaft ebenjene Passage am Klavier zu Gehör bringt, in welcher der Geist des getöteten Commendatore erscheint, um den Wüstling zur Rechenschaft zu ziehen: »Es folgte«, schreibt Mörike, »nun der ganze lange, entsetzenvolle Dialog, durch welchen auch der Nüchternste bis an die Grenze menschlichen Vorstellens, ja über sie hinaus gerissen wird, wo wir das Übersinnliche schauen und hören und innerhalb der eigenen Brust von einem Äußersten zum andern willenlos uns hin und her geschleudert fühlen.« Ein Moment wie in der *Spuk*-Erzählung, in der jeder Einzelne hören kann, wie sein »Herz gleich einem Hammer schlug«. Allerdings ist man hier, im gräflichen Schloss irgendwo zwischen Wien und Prag, nur mittelbar Zeuge einer Geistererscheinung, das heißt vor allem Zuhörer und Publikum bei einer künstlerischen Darbietung, eines Augenblicks der Poesie. Andererseits: Verursacht nicht auch das poetische Erleben eine Pulsbeschleunigung, lassen nicht Spuk und Poesie gleichermaßen den Atem anhalten und in stiller Einkehr verharren? Und will nicht auch die Poesie die Grenzen unserer Vorstellungskraft überschreiten, um so neue, nicht für möglich gehaltene imaginative Bereiche zu erschließen? »Eine Zeitlang«, heißt es bei Mörike, »wagte niemand, das allgemeine Schweigen zuerst zu brechen.«

Ein Gespenst ist ja im Grunde nichts anderes als eine Form der Erinnerung – wenn auch eine, die sich uns auf besonders energische Art aufdrängt. Ein Geist ist ein Wesen aus einer anderen Epoche, die uns erneut unter die Augen treten will – und damit durchdringt es die Zeiten ebenso mühelos wie eine Erinnerung, die, ehe man auch nur zwinkern kann, Jahre und Jahrzehnte hinter sich lässt, um so frisch, so schmerzhaft oder so schön zu sein wie am allerersten Tag. Und wir selber stecken ja voller Gespenster, früherer, abgelebter Erscheinungsformen unserer selbst als Kinder, als Heranwachsende, und immer ist es ein süßes Erschrecken, wenn wir eines dieser früheren Ichs innewerden. Manchmal braucht es eine Pomeranze dazu, manchmal einen Wind, in Ausnahmefällen muss ein Gespenst wie »Irmel von der Mähne« mit den Ketten rasseln. Mörike scheint an all diesen Formen der Erinnerung, der Zeitendurchdringung interessiert zu sein, und man könnte mit Fug und Recht behaupten, dass auch seine im fortgeschrittenen Alter gepflegte Leidenschaft der »Petrefactologie«, des Sammelns und Sortierens von Versteinerungen also, eine Art Fortführung seiner Poesie auf schriftlose Weise ist, sich als natürliche Ergänzung einer Neigung zu Kindheitserinnerungen und Gespenstern verstehen lässt – denn was wären Petrefakte anderes als Geister mit mineralischem Gewicht, geologische Wiedergänger aus einem anderen Erdzeitalter?

Ich erinnere mich, dass ich mich irgendwann vom Biberacher Kaffeetisch erhob, um durch den sommerlichen Garten zu spazieren, und dabei auf das seit Jahren vernachlässigte und trüb gewordene Glashaus traf. Die Tür ließ sich öffnen, doch nur eine einzige Pflanze war in dem stickigen, vom Juli aufgeheizten Raum verblieben – ein riesiger Rosmarinstrauch, der sich von der Leere nicht schrecken ließ, der sie, ganz im Gegenteil, mit sich selbst zu füllen schien, der das Glashaus bis in den letzten Winkel mit seinem betäubenden Duft okkupierte, breit und mächtig den Raum einnahm, ein Herrscherstrauch, ein Rosmarinkönig; ja, man betrat das Glashaus weniger, als dass man eine Audienz beim ihm hatte. Es gibt Orte, an denen das Klappern von Kuchengabeln und Kaffeetassen mit einem Mal unendlich weit weg ist, unerwartete, unwahrscheinliche Flecken, an denen man sich der eigenen Zeit enthoben glaubt, Jahre und Welten einander plötzlich zu durchdringen scheinen. Ich zweifle nicht daran, dass Mörike diesen Ort mit Schaudern betreten und den Duft des Rosmarins tief in sich aufgenommen hätte. Fast wirkt es unwahrscheinlich, dass es von ihm kein Gedicht über den Rosmarinstrauch gibt – oder hat man es nur übersehen, existiert es doch auf irgendeiner Seite seines Werkes, in Hexametern oder Distichen verfasst? Vielleicht lässt sich über einen Dichter nichts Größeres sagen, als dass man beim Betrachten eines Strauches, einer Pflanze, eines Gegenstands kaum glauben mag, dass es sie nicht schon vorher gab, in der Sprache ebenjenes Dichters nämlich, dass das Erleben also im Grunde selbst als Erinnerung an ein Gedicht erscheint. Sollten mir ein paar Zeilen über den Biberacher Rosmarin gelingen, so wäre es das Mindeste, sie dem Andenken Mörikes zu widmen.

Der verschlossene Raum

Münchner Rede zur Poesie

I

Meine Damen und Herren, obwohl Sie sich heute, was Sie ehrt, auf den Weg gemacht, sich hier zusammengefunden haben, um einem Vortrag über das unpopulärste Genre zu lauschen, das die Literatur zu bieten hat, über die Lyrik nämlich, obwohl Sie also offensichtlich ein Interesse an der Poesie haben, erlauben Sie mir, Sie am Anfang meiner Rede mit einem Ausflug ins beliebteste Fach zu überraschen, und das heißt natürlich: zum Kriminalroman. Denn wer sich etwas ausführlicher mit Lyrikern und ihren Biographien beschäftigt, wird erstaunt feststellen, dass sich ausgerechnet unter ihnen, die ja jenseits der Bestsellerlisten und des grellen Bühnenlichts ihrer seltsamen und alles andere als einträglichen Tätigkeit nachgehen, dass sich gerade unter den Dichtern also verblüffend viele finden, die Kriminalromane lesen, ja geradezu verschlingen – wodurch das am meisten Beachtung findende literarische Genre mit dem abseitigsten, fast vergessenen, weit öfter zusammentrifft, als man annehmen sollte.

»Für mich, wie für viele andere, ist das Lesen von Detektivgeschichten eine Sucht wie Tabak oder Alkohol«, schrieb W. H. Auden, bekannte allerdings, dass es ihm schwerfalle, auch solche Kriminalromane zu goutieren, die sich nicht des ländlichen Englands, seiner Landschaften und Herrenhäuser, als Hintergrund bedienten. Auf der anderen Seite des Atlantiks, in Pablo Nerudas Sommerhaus »La Sebastiana« im chilenischen

Valparaíso, lässt sich noch heute die beeindruckende Sammlung von Kriminalromanen aus aller Welt besichtigen, meist in den Originalfassungen, die der Nobelpreisträger zusammentrug. Und selbst die deutschen Antipoden Bertolt Brecht und Gottfried Benn, die sich von Herzen abgeneigt waren, fanden zumindest in diesem einen lässlichen Laster zu einem gemeinsamen Nenner. »*Colt* – aber, Herr Oelze!«, ruft Benn in einem Schreiben an seinen liebsten Briefpartner aus, der sich, ganz Bremer Geschäftsmann, mit Schusswaffen augenscheinlich nicht auskannte. »Lesen Sie keine Kriminalromane? Ich ständig, wöchentlich 6, Radiergummi für's Gehirn, – ein berühmter amerik. *Revolver*, ohne den kein Scotland Yardmann auftritt«, schreibt Benn also und endet mit den Worten: »empfehle Wallace, Agatha Christie, van Dine, Sven Elvestadt. Tausend Grüsse! Ihr Benn«. Sogar in einem späten Gedicht, »Was schlimm ist« heißt es, schlägt sich diese Leidenschaft nieder – denn schlimm sei unter anderem, so Benn, wenn »man kein Englisch kann, / von einem guten Kriminalroman zu hören, / der nicht ins Deutsche übersetzt ist«. Bertolt Brecht schließlich sah im Lesen von Detektivgeschichten eine »intellektuelle Gewohnheit«, von der er auch im Exil nicht abließ, ganz gleich, wohin es ihn verschlug. In Kalifornien etwa notiert er Mitte der vierziger Jahre: »Wenn Eisler nachmittags nicht kommt, bleibt nur der Simenon.«

Die literarische Vorliebe dieser und vieler anderer Dichter, diese charmante Schwäche für eine so ganz anders geartete Textsorte hat mich immer schon fasziniert. Und vielleicht gelingt es uns, wenn wir von diesem Kuriosum ausgehen, es vielmehr ernst nehmen und nicht für einen bloßen Zufall halten, vorzudringen zum eigentlichen Gegenstand unseres Interesses, zum Gedicht also und seiner Beschaffenheit. Dabei darf man wohl von vornherein ausschließen, dass ein Interesse am Kriminellen und am Kriminalistischen dahintersteckt, die schiere Lust am Nervenkitzel, am Verbotenen, die Faszination des Bösen – auch wenn hier und da in Gedichten durchaus ein Mord geschehen oder ein anderes Verbrechen stattfinden kann. Man denke an Brecht, auch jenseits der *Dreigroschenoper*, jenseits von Macheath, dessen Messer man, anders als die Zähne des Haifisches, nicht sieht, man denke etwa an sein Gedicht »Apfelböck oder Die Lilie auf dem Felde« aus der *Hauspostille*, das einen Elternmord in vierzeilige Strophen bringt:

> In mildem Lichte Jakob Apfelböck
> Erschlug den Vater und die Mutter sein
> Und schloß sie beide in den Wäscheschrank
> Und blieb im Hause übrig, er allein.

Ein Gedicht übrigens, das Brecht einem wirklichen Kriminalfall der zwanziger Jahre verdankte, genau wie das etwas längere Poem »Von der Kindesmörderin Marie Farrar«, das in der *Hauspostille* gleich darauf folgt. Beide aber waren für Brecht ausschließlich deswegen interessant, weil sich in ihnen die gesellschaftlichen Verhältnisse bündeln und attackieren ließen, die bekanntlich nicht so waren, wie sie hätten sein sollen. Die letzte Strophe der »Marie Farrar«, insbesondere das abschließende Couplet, lässt an Deutlichkeit nicht zu wünschen übrig:

> Marie Farrar, geboren im April
> Gestorben im Gefängnishaus zu Meißen
> Ledige Kindesmutter, abgeurteilt, will
> Euch die Gebrechen aller Kreatur erweisen.
> Ihr, die ihr gut gebärt in saubern Wochenbetten
> Und nennt »gesegnet« euren schwangeren Schoß
> Wollt nicht verdammen die verworfnen Schwachen

Denn ihre Sünd war schwer, doch ihr Leid groß.
Darum, ich bitte euch, wollt nicht in Zorn verfallen
Denn alle Kreatur braucht Hilf von allen.

Was Gottfried Benn betrifft, an dessen frühe »Morgue«-Gedichte man denken könnte, an jenen ersoffenen Bierfahrer mit seiner kleinen Aster also, an das Mädchen aus dem Schilf, an die namenlos verstorbene Dirne mit der Goldplombe im Backenzahn, so präsentiert er zwar eine Reihe von Leichen, bei denen man nicht in jedem Fall sicher sein kann, wie genau und durch wessen Hand sie ins Schauhaus gelangten, die aber in ihrer Mehrheit wohl doch zu den Selbstmördern und den bei allen Frühexpressionisten überaus geschätzten Wasserleichen zu zählen sind – und die vor allem deshalb aus den trüben Gewässern und im Text auftauchen, weil ihr Schock- und Ekelpotential ganz beträchtlich ist. Benn selbst konnte, wie er später gestand, seine »Morgue«-Sequenz nur mit Hilfe eines gut gefüllten Schnapsglases wieder lesen.

Doch lassen wir der Einfachheit halber die Lyriker selbst zu Wort kommen, denn von einigen, die ihr Faible für die Kriminalliteratur nicht verheimlichten, liegen auch theoretische Texte zum Thema vor. Helmut Heißenbüttel etwa setzte sich mit den *Spielregeln des Kriminalromans* auseinander, und Bertolt Brecht verfasste einen Aufsatz mit dem Titel *Über die Popularität des Kriminalromans*, dem wir eine erste, wenn auch naheliegende Erklärung entnehmen, denn, so Brecht, »der intellektuelle Genuss kommt zustande bei der Denkaufgabe, die der Kriminalroman dem Detektiv und dem Leser stellt«.

Am eindrücklichsten hat sich vielleicht der große englische Dichter Auden mit der Materie auseinandergesetzt. In seiner so eloquenten wie tiefgründigen Sammlung von Essays *The Dyer's Hand*, »Die Hand des Färbers«, findet sich unter der

Überschrift »The Guilty Vicarage«, was sich mit »das verbreche-
rische Pfarrhaus« oder auch »das schuldbeladene Pfarrhaus«
ins Deutsche übersetzen ließe, eine Reflexion über den Kriminalroman und dessen Leser, die mit einigen bedenkenswerten
Thesen aufwartet. »Die erstaunlichste Tatsache hinsichtlich der
Detektivgeschichte ist«, so Auden, »dass sie den größten Reiz
genau auf jene Leute ausübt, die gegen andere Arten von Tag-
traumliteratur immun sind. Der typische Krimisüchtige ist ein
Arzt oder ein Geistlicher, er ist Wissenschaftler oder Künstler, mit anderen Worten, er ist ein ziemlich erfolgreicher be-
rufstätiger Mann mit intellektuellen Interessen, der in seinem
eigenen Feld äußerst belesen ist, einer, der nie und nimmer die
Saturday Evening Post oder etwas mit dem Titel *Wahre Bekennt-
nisse* ertragen könnte, auch nicht Filmzeitschriften oder Comics.« Und Auden fährt fort: »Ich vermute, dass der typische
Leser von Detektivgeschichten, ganz wie ich selbst, eine Person
ist, die unter einem Gefühl von Schuld zu leiden hat.«

Auden unterscheidet in seiner Abhandlung ausdrücklich
zwischen Kriminalliteratur und künstlerisch anspruchsvollen
Werken. Im Krimi, schreibt er, gebe es immer ein Verbrechen
und eine gewisse Zeit lang eine Unsicherheit darüber, wer die
Schuld an diesem Verbrechen trägt; sobald der Täter feststehe,
sei auch die Unschuld aller anderen einwandfrei und ein für
alle Mal sichergestellt. Im Kunstwerk hingegen – Auden wählt
als Beispiel den *Prozeß* von Kafka – stehe die Schuld fest, nur
das Verbrechen nicht. Auden schließt: »K, der Held, ist in der
Tat genau das Bildnis einer Person, die, um allem zu entflie-
hen, Detektivgeschichten lesen würde. Die Phantasie, der sich
der Krimisüchtige also hingibt, ist die Vorstellung, aufs Neue
im Garten Eden angelangt zu sein, in einem Zustand der Unschuld, in dem er die Liebe als Liebe und nicht als gesetzliche
Vorschrift wahrnehmen darf.« Das ist ein schöner und faszi-

nierender Gedanke, der uns zugleich daran erinnert, wie eng verwandt im Deutschen die Wörter »Lösung« und »Erlösung« sind. Wir werden später auf sie zurückkommen. Lassen Sie uns vorerst noch einen Augenblick beim Thema bleiben, und gehen wir zeitlich noch etwas weiter zurück.

II

Denn es kann doch, meine Damen und Herren, kein Zufall sein, dass einer der Begründer der modernen Lyrik, ein Dichter, der auf Baudelaire, der ihn ins Französische übersetzte, einen so immensen Einfluss ausübte und von dem eine maßgebliche Traditionslinie über den Dichter der *Fleurs du mal*, sodann über Paul Valéry und Benn bis in die Gegenwart führt, zugleich der Erfinder der Detektivgeschichte ist. Die Rede ist natürlich, Sie ahnen es bereits, von dem Amerikaner Edgar Allan Poe, der dem traditionellen Musenkuss und dem inspirierenden Götterfunken der Zeitgenossen seine betont nüchterne *Philosophy of Composition* entgegenstellte, ob als Provokation oder durch und durch ernst gemeint, sei dahingestellt.

»Die meisten Verfasser – insbesondere die Poeten«, hebt Poe an, »möchten gern so verstanden sein, als arbeiteten sie in einer Art holden Wahnsinns – einer ekstatischen Intuition –, und sie würden entschieden davor zurückschaudern, die Öffentlichkeit einen Blick hinter die Kulissen tun zu lassen [...] auf die Räder und Getriebe – die Maschinerie für den Kulissenwechsel – die Trittleitern und Versenkungen – den Kopfputz, die rote Farbe und die schwarzen Flicken [...]. Ich für mein Teil, habe weder Verständnis für den erwähnten Widerwillen noch jemals die geringste Schwierigkeit, mir die Entwicklungsphasen einer meiner Arbeiten zu vergegenwärtigen [...].

Ich wähle ›The Raven‹ als das bekannteste [Gedicht]. Meine Absicht ist, deutlich zu machen, dass sich kein einziger Punkt in seiner Komposition auf Zufall oder Intuition zurückführen lässt: dass das Werk Schritt um Schritt mit der Präzision und strengen Folgerichtigkeit eines mathematischen Problems seiner Vollendung entgegenging.«

So weit Poe, der im nun folgenden Essay darangeht, die Entstehung seines »Raben« minutiös darzulegen. Er habe, behauptet er, zunächst die ideale Länge des zu schreibenden Gedichts bestimmt und einen Umfang von rund hundert Zeilen ermittelt. Sodann habe er sich für die Tonart entschieden, die eine der Trauer sein sollte, danach für den Gebrauch eines Refrains. Über dessen Wesen habe er nachgedacht, um sich dann auf ein einziges prägnantes und regelmäßig zu wiederholendes Wort zu konzentrieren. Poe schreibt: »Als der Klang des Refrains so festgelegt war, galt es, ein Wort zu wählen, das diesen Klang enthielt und zugleich möglichst nahe an jene Melancholie herankam, die ich als Stimmung des Gedichts festgelegt hatte. Bei einer solchen Suche ist es völlig ausgeschlossen, das Wort ›Nevermore‹ zu übersehen. Tatsächlich war es das erste, das sich mir anbot.«

So geht es weiter und weiter. Poe wurde mit diesen Ausführungen zum Ahnherrn all derer, die den handwerklichen Aspekt des Dichtens hervorheben, das Gemachte, wie Benn es nennt, all derer, die der Inspiration, gar dem Schaffensrausch, eher skeptisch gegenüberstehen – wie auch Benn, der Schöpfer der »Morgue«-Gedichte. Wie bemerkenswert also, dass die Erzählung, die Edgar Allan Poe 1841 publizierte und mit der das detektivische Genie, der ermittelnde Sonderling in Gestalt des Auguste Dupin Einzug hielt in die Literatur, dass diese Erzählung ausgerechnet den Titel »The Murders in the Rue *Morgue*« trug oder, in einer deutschen Übersetzung, »Der Doppelmord in der Rue Morgue«. So verbindet der Zufall, wenn es denn ein Zufall ist, Benn und Poe nicht nur in ihren poetischen Überzeugungen, sondern sogar in den Titeln ihrer vielleicht bekanntesten Werke.

Die Geschichte Poes werden Sie alle kennen; trotzdem sei sie in wenigen Stichworten noch einmal zusammengefasst: Eine alte Dame und ihre Tochter, die gemeinsam eine Wohnung im vierten Stock in der Rue Morgue bewohnen, werden auf grausamste Weise ermordet. Als man, durch die gellenden Schreie alarmiert, in die Wohnung eindringt, sind sämtliche Türen von innen verschlossen, auch die Fenster sind allem Anschein nach verriegelt; die Zimmer sind in einem chaotischen Zustand, aber nichts ist entwendet worden, und von dem Täter oder den Tätern fehlt jede Spur. Die Pariser Polizei ist ratlos – nur dem Laiendetektiv Auguste Dupin gelingt es dank seiner scharfsinnigen Schlussfolgerungen, das Geheimnis der blutigen Morde zu klären. Sie werden sich erinnern: Ein Seemann, sein entlaufener Orang-Utan und ein nur von diesem zu erkletternder Blitzableiter an der Hauswand spielen ihre Rolle bei der Lösung des Falles.

Nicht nur erfand Poe mit dieser Erzählung die Detektivgeschichte, er schenkte ihr auch gleich zu Beginn einer erstaunlichen Karriere ihren beliebtesten und langlebigsten Topos – das sogenannte »Locked Room Mystery«, das Problem des verschlossenen Raumes also, eines bis zum Auffinden der Leiche scheinbar unbetretenen oder unbetretbaren Tatorts, eines Mordes, dessen Umstände ihn eigentlich unmöglich erscheinen lassen, der aber dennoch ganz offenkundig geschehen ist. Es gibt zahlreiche Variationen: Mal ist die Tatwaffe ein Dolch aus Eis, der schmilzt und dadurch verschwindet, mal, wie in einer der berühmtesten Sherlock-Holmes-Geschichten, eine tödliche Giftschlange, die nachts als »geflecktes Band«

durch die Belüftungsanlage geschickt und zum exotischen Mordinstrument wird. Und auch die Lösungen sind vielfältig: Vielleicht war der Mord schon geschehen, bevor das Zimmer verschlossen war, zum Beispiel durch ein zuvor verabreichtes Gift? Oder er wurde auf heimtückische Art – etwa durch jene auffällig gemusterte Schlange – von außen verübt? Wurde der Ermordete in Wahrheit gezwungen, im abgeschlossenen Raum Selbstmord zu begehen? Oder geschah die Tat doch erst, nachdem die Polizei die Tür aufgebrochen hatte, im kurzen Durcheinander, in der allgemeinen Verwirrung?

Poes »Doppelmord in der Rue Morgue« wird eingeleitet durch eine längere Passage, die kaum einen Kriminalfall erwarten lässt. Der Ich-Erzähler, der sich als Freund Auguste Dupins zu erkennen gibt, widmet sich darin den analytischen Fähigkeiten der Hauptperson und gelangt zu einer interessanten Beschreibung des Detektivs an sich: »Er findet Gefallen an Denkaufgaben«, lässt Poe seinen Erzähler also sagen und nimmt damit Brechts Formulierung vorweg, »an Rätseln, an Hicroglyphen, und bei ihrer aller Lösung legt er einen Grad von *Scharfsinn* an den Tag, welcher dem gemeinen Begreifen außernatürlich erscheint. Seine Ergebnisse, erbracht wohl ganz im Wesen und Geiste der Methode, haben in Wahrheit durchaus den Hauch von Intuition an sich. Beträchtlich gestärkt wird die Fähigkeit des Wieder-Auflösens möglicherweise von mathematischen Studien.«

Wer jetzt zurückdenkt an Poes *Philosophy of Composition*, kommt nicht umhin zu bemerken, wie verblüffend ähnlich seine Beschreibung des Detektivs auf der einen und die des Dichters auf der anderen Seite einander sind. Bis in die Wortwahl hinein lässt sich dies verfolgen, spricht Poe doch in beiden Passagen von einer fast mathematischen Genauigkeit und benutzt hier wie dort den Begriff Intuition, die bei ihm jedoch kein Geschenk ist, keine Musengabe, sondern sich bei beiden, beim Detektiv wie beim Dichter, dem analytischen Denken, einer kalkulierenden Kreativität verdankt – mit dem Unterschied natürlich, dass der Dichter etwas erschafft, während der Detektiv eine vorgefundene Situation entwirrt.

Die Tatsache aber, dass es in Poes so grundlegendem poetologischen Text über das lyrische Schreiben und in der theoretisierenden Einleitung zu seiner ersten Detektivgeschichte zu derart erstaunlichen Überschneidungen kommt, rückt plötzlich auch eine andere Analogie in den Bereich des Möglichen: Lässt sich vielleicht das Gedicht selbst, wie das unerklärliche, Rätsel aufgebende Zimmer in der Rue Morgue, das auf die theoretische Einführung des namenlosen Erzählers folgt, als »locked room« begreifen, als ein verschlossener Raum, vom Dichter ganz gezielt und Schritt um Schritt erschaffen, immer auf den maximalen Effekt beim Leser bedacht, noch die kleinsten Wirkungen berechnend – nur um am Schluss den Schlüssel von innen stecken zu lassen und sich in Luft aufzulösen, auf mysteriöse Weise zu verschwinden?

III

An dieser Stelle soll ein kurzer Exkurs riskiert werden, um mögliche Missverständnisse zu vermeiden: Denn das Gedicht ist selbstverständlich kein Rätsel, das zu lösen wäre – auch wenn es, nachdem so viel von Hieroglyphen, Denkaufgaben und Rätseln die Rede war, naheliegt, an die alte Tradition der Rätselgedichte zu denken. Widmen wir uns also für einen Augenblick dieser Gattung, die im Barock so beliebt war, bei Georg Philip Harsdörffer beispielsweise oder bei Christian Hoffmann von Hoffmannswaldau. Auch spätere Dichter, selbst die bekanntesten, vergnügten sich mit ihnen, Johann Peter Hebel etwa, selbst Goethe.

Es handelt sich zumeist um Gedichte von nur wenigen Versen Länge, in denen ein Gegenstand umkreist, umschrieben, angedeutet, eben: verrätselt wird, ohne dass er genannt würde – dies geschieht, wenn überhaupt, erst am Gedichtende, kleingedruckt, in Klammern gesetzt oder auf dem Kopf stehend, so dass, wer nicht selbst auf die Lösung kommt, das Buch wenden muss. Gottfried August Bürger, um endlich ein Beispiel zu geben, verfasste den folgenden Vierzeiler:

> Verfertigt ist's vor langer Zeit,
> doch mehrenteils gemacht erst heut.
> Sehr schätzbar ist es seinem Herrn,
> und dennoch hütet's niemand gern.

Gemeint ist, man ahnt es, das Bett. Auch Bürgers Widersacher Friedrich Schiller verfasste »Parabeln und Rätsel«, so die Überschrift, unter der die Gedichte in den gesammelten Werken zusammengefasst sind, wobei Schiller die richtige Antwort zumeist selbst in Versform hinzufügte. So finden wir bei Schiller Rätsel auf den Pflug, auf den Regenbogen, auf den Blitz oder, wie in dem folgenden kurzen Auszug, auf den Schatten der Sonnenuhr:

> Ich drehe mich auf einer Scheibe,
> Ich wandle ohne Rast und Ruh,
> Klein ist das Feld, das ich umschreibe,
> Du deckst es mit zwei Händen zu.

Edgar Allan Poe schließlich, von dem heute schon so oft die Rede war, verfasste für den *Baltimore Visiter* ein Gedicht mit dem Titel »Enigma«, in welchem der Leser jener Zeitung elf Autoren von Homer bis Shakespeare zu erraten hatte. Es ist, überflüssig zu erwähnen, nicht unbedingt Poes stärkstes Gedicht, was der Grund dafür sein mag, dass er es nur mit einem »P« und nicht mit seinem vollen Namen unterzeichnete.

Obwohl das Rätselgedicht nur ein unbedeutender Zweig der Poesie ist, was selbst der leidenschaftlichste Verfasser von Rätselgedichten zugeben wird, kann es doch erhellend sein, wenn man nachdenkt über das Gedicht und über die Erwartungen, die nach wie vor an das Gedicht gestellt werden. Macht doch das Rätselgedicht genau das, was ein Gedicht niemals tun sollte: Es erübrigt sich, sobald die richtige Antwort gefunden ist. Es lässt sich lösen, ohne dass auch nur ein Rückstand bliebe. Es ist die unglückliche Bestätigung der Annahme, ein Gedicht lasse sich auf eine bündige Aussage reduzieren, wenn man nur einmal den Schlüssel umgedreht, die Dinge geordnet, eins und eins zusammengezählt, die harte Nuss geknackt hat. Die Frage, die wir alle von wohlmeinenden Lehrern gehört haben und die doch bekanntlich am Wesen des Gedichts vorbeigeht, die Frage nämlich, was der Dichter »uns damit sagen« wolle, findet ihre endgültige und überaus ernüchternde Antwort im Rätselgedicht: Der Dichter sagt uns nichts anderes als »Bett«, er sagt uns »Sonnenuhr« und er sagt uns »Regenbogen«.

Vor einiger Zeit erhielt ich den Brief eines sympathischen und ganz offensichtlich leidenschaftlichen Lehrers, der seinen Schülern die Poesie näherbringen wollte und zu diesem Zweck auf eine originelle Unterrichtsidee verfallen war: Er hatte ein kurzes Gedicht von mir ausgewählt, wofür ich ihm dankbar bin, und seiner Klasse vorgelegt, allerdings ohne den Titel des Gedichts zu nennen. Vielleicht lese ich Ihnen das kurze

Stück – samt Titel – der Einfachheit halber einmal vor. Das Gedicht, dies nebenbei, spielt mit der bekanntesten japanischen Gedichtform, dem Haiku, in dem, das ist eine seiner Regeln, nur siebzehn Silben vorkommen dürfen, verteilt auf drei Zeilen, die einmal aus fünf, dann aus sieben, drittens wieder aus fünf Silben bestehen. Es handelt sich um eine Art Doppelhaiku; sein Titel ist »teebeutel«:

I

nur in sackleinen
gehüllt. kleiner eremit
in seiner höhle.

II

nichts als ein faden
führt nach oben. wir geben
ihm fünf minuten.

Die Schüler sollten nun erraten, um was für einen Gegenstand es sich handeln könnte, was auf diesen sechs Zeilen beschrieben wird. Und so bewundernswert ich den Einfall und das Engagement des Lehrers fand, so sinnvoll diese Idee in pädagogischer Hinsicht auch gewesen sein mag, beschlichen mich doch leise Zweifel, je länger ich über diese Unterrichtsstunde nachdachte: Denn während ich vom Gegenstand, vom Konkreten ausgegangen war, um zu anderen Fragen zu gelangen, zu anderen Bildern, um, kurz gesagt, die Dinge zu weiten, führte die schulische Übung alles wieder auf nichts als den Gegenstand zurück, um in ihm eine gültige Antwort zu finden. Mit anderen Worten: Aus meinem Doppelhaiku war, wenn auch mit den hehrsten Zielen, ein Rätselgedicht geworden, eines jener Versgebilde mit dem geringsten Mysterium, weil in ihm tatsächlich nur das X in der Gleichung gefunden werden muss, um die gestellte Aufgabe zu erfüllen. Vielleicht sagt uns nichts weniger über das Rätsel des Gedichts als das Rätselgedicht.

IV

Kehren wir zurück zum »locked room«, lassen wir uns noch etwas länger ein auf die Analogie, die Poe uns zu bieten scheint – denn die Vorstellung des Gedichts als Raum, als Zimmer, aus dem der Autor, sagen wir ruhig: der Täter, soeben auf unerklärliche Weise verschwunden ist, ohne Fußspuren und Fingerabdrücke zu hinterlassen, hat zweifellos ihren Reiz.

Folgendermaßen also beschreibt Poe im »Doppelmord in der Rue Morgue« das Eindringen in den Raum: »Als man zu einem großen Hinterzimmer im vierten Stock kam (dessen Türe, da es sich verschlossen fand und der Schlüssel innen steckte, mit Gewalt geöffnet wurde), bot sich ein Anblick, bei welchem alle Anwesenden nicht weniger Entsetzen denn Erstaunen überfiel.«

Ähnliches, meine ich, widerfährt doch dem Leser, der den Raum eines Gedichts betritt. Zwar findet er nur selten, wie bei Brecht und Benn, eine Leiche vor – aber er gerät doch in einen Zustand, der jenseits des Gewohnten liegt. Was er sieht, mag in groben Umrissen wiedererkennbar sein, sich auf verwirrende Weise mit seinen Kenntnissen, seinen bisherigen Erfahrungen decken – und doch sind die Zusammenhänge und Maßstäbe verschoben, wird der Leser gezwungen, die Dinge neu wahrzunehmen. Etwas Unerwartetes ist geschehen. Die Normalität ist zwar nicht vollkommen aufgehoben, sie ist aber um ein Winziges, um ein Entscheidendes verrückt worden, eben: staunenswert geworden.

Nicht ohne Grund taucht das Wort »Staunen« sowohl in Poes Detektivgeschichte als auch in ungezählten poetologischen Auseinandersetzungen auf, in denen Lyriker unterschiedlichster Provenienz das Gedicht und seinen besonderen Raum zu definieren versucht haben. Nicht nur bezeichnet Osip Mandelstam die Fähigkeit zu staunen als die Haupttugend des Dichters; die Kunst des Dichters besteht ja gerade darin, dieses Erstaunliche auch dem Leser zu vermitteln, die Fähigkeit zu staunen auch in ihm wachzurufen. Charles Baudelaire, der, ich erwähnte es schon, Edgar Allan Poe ins Französische übersetzte und ihn überhaupt erst in Europa bekannt machte, bemerkt in seinen *Fusées*: »Was nicht unmerklich entstellt ist, wirkt kühl und empfindungslos – hieraus ergibt sich, dass das Unregelmäßige, das heißt das Unerwartete, die Überraschung, das Erstaunen ein wesentliches und charakteristisches Merkmal des Schönen darstellen.« Und John Keats, der viel zu jung an Tuberkulose gestorbene englische Romantiker, Verfasser der grandiosen Oden an die Nachtigall und an eine griechische Vase, fordert in einem Brief an John Hamilton Reynolds, dass die Dichtung durch ihren Gegenstand frappieren und in höchstes Erstaunen versetzen solle; er schließt mit dem herrlichen Ausruf: »Wie schön sind die Blumen, die im Verborgenen blühen!«

Dass gerade im Zusammenhang mit Gedichten oft zu dem Wörtchen »hermetisch« gegriffen wird, ist also kein Zufall, wobei man mit »hermetisch« für gewöhnlich »dunkel« und »unverständlich« meint. Ursprünglich bedeutet das Wort »hermetisch« natürlich so viel wie »fest verschlossen« und geht auf den griechischen Gott Hermes zurück, dem es gelang, eine Glasröhre mittels seines magischen Siegels luftdicht zu verschließen: Auch hier begegnen wir, ein weiteres Mal, dem verschlossenen Raum. Tatsächlich aber hört man den Satz »Das verstehe ich nicht« auch im Zusammenhang mit Gedichten, die alles andere als hermetisch sind, die man im Gegenteil für vergleichsweise zugänglich halten sollte, und man hört ihn, das ist jedenfalls meine Erfahrung, oftmals auch von solchen Menschen, die gebildet, belesen, ja literarisch überdurchschnittlich beschlagen sind. Nehmen wir als Beispiel eines der berühmtesten Gedichte der modernen Lyrik, nehmen wir die acht Zeilen, die William Carlos Williams seinem Gedichtband *Spring and All* von 1923 zunächst nur unter einer römischen Nummer einfügte und das heute unter dem Titel »The Red Wheelbarrow«, »Die rote Schubkarre«, in keiner Anthologie amerikanischer Poesie fehlt. Ich zitiere Ihnen das Gedicht, seine Kürze erlaubt dies, zunächst im Original und dann in einer Übersetzung, die von Walter Fritzsche stammt:

so much depends	so viel hängt ab
upon	von
a red wheel	einer roten Schub-
barrow	karre
glazed with rain	glänzend von Regen-
water	wasser
beside the white	bei den weißen
chickens	Hühnern

Dieses sparsame Gedicht kommt, könnte man sagen, dem Gewöhnlichen, der vertrauten Lebenswelt so nah, wie ein Gedicht ihr nur kommen kann, ohne aufzuhören, ein Gedicht zu sein. Das ist durchaus programmatisch, ging es Williams doch darum, in Abgrenzung zu Dichtern wie etwa T. S. Eliot und Ezra Pound, eine typisch amerikanische Dichtung zu entwickeln, die Wirklichkeit des modernen Amerika in eine moderne, dieser Wirklichkeit angemessene Lyrik Eingang finden zu lassen. Williams wägt jedes Wort ab, jede Silbe wird sparsam gesetzt. Auch er fabriziert seine Effekte und Akzente also sehr bewusst, ja, er trennt sogar die Substantive »wheel-barrow« und »rain-water«, um das Gemälde sich nach und nach entwickeln zu lassen, fast tröpfeln die Silben selbst wie das Regenwasser herab. Besonders augenfällig wird das genaue Abwägen bei der Farbgebung: Zunächst das pralle Rot des Karrens, das durch die Regenglasur noch eine andere, feinere Qualität bekommt, schließlich das Weiß der – und hier trennt Williams noch einmal die Zeilen – der Hühner. Erstaunlich sinnlich ist dieses Gedicht, wie viele der Gedichte des Arztes William Carlos Williams aus Rutherford, New Jersey – man denke nur an sein vielleicht ebenso berühmtes Gedicht »This is just to say« und dessen eisgekühlte, köstliche Pflaumen.

Eine simple Alltagsbeobachtung also, eine Momentaufnahme – wäre da nicht die einleitende Zeile. »So much depends«, »so viel hängt ab«, von der roten Schubkarre nämlich, doch warum? Weil ein Arbeiter seine Familie mit ihr ernähren muss, also auf sie angewiesen ist? Das wäre eine sehr praktische, aber mögliche Lesart. Eine andere wäre: Weil das Glück der wunschlosen Betrachtung von ihm, dem Karren, und sei es nur für die Dauer einer Minute, garantiert wird. Auch das Gedicht selbst beruht auf dem »red wheelbarrow«, dieses eine Gedicht im Besonderen, weil es von ihm ausgeht und ihn in den Mittelpunkt rückt, alle anderen Gedichte aber ebenso, wenn man den roten Karren als Synonym für all die sinnlichen, für all die präzise beobachteten Details versteht, für jene vermeintlich unwichtigen Petitessen, ohne die doch die sogenannten großen, die ewigen Fragen keinen Halt im Gedicht fänden, weil sie rein abstrakt und damit unverständlich blieben. Man kann sagen: Unser aller Nachdenken über den roten Karren beruht auf diesem Karren, auf dem konkreten, weltlichen Objekt also – »no ideas but in things«, wie Williams verfügte. Nicht zuletzt aber verdeutlicht selbst dieses vermeintlich schlichte Gedicht mit seinen verblüffenden Unwägbarkeiten, mit all den Fragen, die es aufzuwerfen vermag, wovon noch so viel mehr abhängt – vom Leser.

V

Was also ist dies für ein Raum, der das Gedicht ist?

Zunächst einmal darf man Poe nach wie vor recht geben: Es ist einer, der mit Präzision und handwerklicher Meisterschaft eingerichtet worden sein sollte. Hinzufügen ließe sich allerdings, dass der Zufall und die plötzliche Fügung selbstverständlich ihren Platz im Prozess des Schreibens haben, ja haben müssen, dass vielmehr gerade die genaue Spracharbeit unverhofft zu einer Idee, einer Wendung, einer Laune jenseits des bloß Rationalen führt, die unabsehbar war, die sich nicht berechnen ließ. Auch dies sorgt für die kleinen Glücksmomente beim Lesen – wie übrigens auch beim Schreiben. Wenn man das Wort »Wunder« nicht scheut, dann kann man es so ausdrücken wie der walisische Dichter Dylan Thomas, der im Laufe seines viel zu kurzen, rauschhaften Lebens selber immer genauer und langsamer arbeitete; er zitiert in der folgenden Passage, das passt zu dem Thema, mit dem wir begannen, ausgerechnet Gilbert Keith Chesterton, den Schöpfer der Detektivgeschichten um Pater Brown: »Kein Dichter«, schreibt also Thomas, »würde intensiv der komplizierten Kunst des Dichtens nachgehen, hoffte er nicht, dass sich plötzlich der Zufall der Magie ereignen werde. Er muss Chesterton beipflichten, dass das richtig Wunderbare an den Wundern ist, dass sie manchmal wirklich geschehen. Und das beste Gedicht ist jenes, dessen erarbeitete unmagische Teile an Struktur und Intensität an diese Augenblicke des magischen Zufalls am nächsten herankommen.« Auch in dieser poetologischen Aussage klingt von ferne an, was Poes namenloser Erzähler über den Detektiv sagt: »Seine Ergebnisse, erbracht wohl ganz im Wesen und Geiste der Methode, haben in Wahrheit durchaus den Hauch von Intuition an sich.«

Aber weiter. Das Gedicht ist ein Raum, der aus flüchtigsten Materialien erbaut ist, aus bloßen Lauten nämlich, und der doch stabil wirkt und zu überdauern vermag, weniger weil er in gedruckter Form auf Papier zu finden ist, das auch, sondern weil seine Sprache gebunden ist, hochkonzentriert und vor allem memorierbar, einprägsam, unvergesslich, was bekanntlich mit ein Grund war für die Erfindung von Reim und Metrum. Es ist ein Raum, dessen Umfang zwar minimal ist, ein ausgeklügeltes Sprachkämmerchen gewissermaßen, in dem verblüffenderweise aber trotzdem alles seinen Platz finden kann, ohne dass es zu eng würde. Disparateste Dinge gehen eine wie selbstverständlich wirkende Verbindung ein, in Zeit und Raum weit Auseinanderliegendes findet zusammen in nichts als einer Strophe, ja in einer einzigen Zeile. Das Gedicht ist ein Speicher, der uns nicht nur die Welt eines römischen, griechischen, chinesischen Dichters in ihrem Kern erhält und ihn so zu unserem Zeitgenossen macht (und uns zu seinen), sondern auch die Erinnerungen und Erfahrungen beider aufnimmt, Dichter wie Leser; ein Raum, in dem noch das Unauffälligste zu einer leuchtenden Präsenz gelangen kann, in dem selbst im Geringsten die großen, ja die größten Themen fassbar zu werden scheinen, mit einem Wort: ein Raum, in dem Paradoxien nicht nur möglich sind, sondern die Regel. Wenig, aber viel, präzise und doch voller Überraschungen, genauestens verfugt und doch durchlässig für alles, klein, aber potentiell unendlich. Ich riskiere es, Ihnen ein weiteres Gedicht vorzutragen, das sich nicht nur dem Kleinsten, in diesem Fall einigen ungeliebten Insekten widmet, sondern auch in einem solchen paradoxen Bild endet und das deshalb vielleicht zu illustrieren vermag, welche Freiheiten ein Gedicht sich und damit auch uns erlaubt. Das Gedicht trägt den Titel »versuch über mücken«:

als hätten sich alle buchstaben
auf einmal aus der zeitung gelöst
und stünden als schwarm in der luft;

stehen als schwarm in der luft,
bringen von all den schlechten nachrichten
keine, dürftige musen, dürre

pegasusse, summen sich selbst nur ins ohr;
geschaffen aus dem letzten faden
von rauch, wenn die kerze erlischt,

so leicht, dass sich kaum sagen läßt: sie sind,
erscheinen sie fast als schatten,
die man aus einer anderen welt

in die unsere wirft; sie tanzen,
dünner als mit bleistift gezeichnet
die glieder; winzige sphinxenleiber;

der stein von rosetta, ohne den stein.

Es lässt sich, meine Damen und Herren, nicht länger verschweigen, ist vermutlich längst offensichtlich: dass nämlich jener Raum, der gemeinhin noch immer als hermetisch, als fest verschlossen bezeichnet wird, in Wahrheit ein offener ist – genauer gesagt, der offenste, der jedenfalls mir bekannt wäre. Und trotzdem, glaube ich, muss man den Einwurf ernst nehmen, dieses »Verstehe ich nicht« eines zögerlichen Lesers, der die Schwelle nicht zu überschreiten wagt.

Immerhin ist es ja an ihm, muss er ja auf sich selbst und seine eigene Urteilskraft vertrauen; er ist es, kein anderer, der den dargebotenen Hinweisen folgt, der eingeladen ist, zu »entdecken« – denn nichts anderes bedeutet das lateinische Verb »detegere«, von dem der »Detektiv« sich herleitet. Kein namenloser Freund von Auguste Dupin, kein Doktor Watson begleiten ihn Seite um Seite zu einem befriedigenden Ergebnis, auf eine vorgeprägte und allein mögliche Antwort zu. Es ist in diesem Moment allein sein Raum, mehr noch als der des Verfassers.

Während ein Krimi mit einem Moment der Konfusion beginnt, am Schluss aber, bevor man das Buch zuschlägt, die bekannte Ordnung wiederhergestellt ist, wirkt nach einem Gedicht unter Umständen nichts mehr wie gewohnt. Dies zu genießen lernen bedeutet auch anzuerkennen, dass die Ordnung, auf die wir Tag für Tag vertrauen, eine höchst fragile ist, dass jenseits davon also Fragen warten, die sich weder in ein Schema fügen wollen noch überhaupt eine Antwort zulassen. Es gelingt uns, dies durch eine – zweifellos notwendige – Routine zu verdrängen, die das Gedicht jedoch unterbricht, um aus der Routine nicht Gefangenschaft werden zu lassen.

Denken wir noch einmal an Audens Theorie zurück und auch an die einander so nahen Wörter »Lösung« und »Erlösung«, so ist eine der Paradoxien des Gedichts eben auch, dass es uns ehrlicherweise und anders als der Krimi zwar keine Lösung bietet – dies tun nur schlechte Gedichte, Ratgeberverse, Kalendersprüche –, aber dennoch eine lösende, eine erlösende Wirkung haben kann, weil es den Dingen, den Fragwürdigkeiten, eine alle Sinne und unser ästhetisches Empfinden befriedigende und damit letztlich trostreiche Form verleiht. Das ist das poetische Ereignis, das sich so schwer definieren lässt. Man könnte sagen, das Gedicht mache das Beste aus den Widersprüchlichkeiten unserer Welt und unserer Existenz, indem es diese nicht leugnet, sondern sie im Gegenteil spielerisch aufgreift, als eine Feier der Möglichkeiten und der Unmöglichkeiten, und sich so aller Schwere entledigt oder sie doch tragbar macht. Man könnte sagen, wiederum auf paradoxe Art, das Gedicht sei die größte Freiheit auf engstem Raum. Oder man hält sich an Emily Dickinson, die das Erlebnis des gelungenen Gedichts einmal so beschrieb: »If it feels as if the top of my head is taken off, I know it is poetry.«

VI

Diese sich bietende Freiheit als Genuss zu empfinden ist sicherlich auch eine Frage von Geduld und Lernbereitschaft; das gilt allerdings für fast alle Dinge, auch für Gleitschirmfliegen, A-cappella-Gesang und Schach. Ich muss jedoch zugeben, dass ich immer öfter darüber nachdenke, was jene Schwelle ausmacht, dass ich mir Gedanken mache über die heikle Balance zwischen dem Vertrauten und dem Unbekannten im Gedicht, genauer: über den Grad der Neuheit, die ein poetischer Text immer mit sich bringen muss, weil er die Dinge so erfasst und ausdrückt, wie sie zuvor noch nie gesehen und ausgedrückt worden sind, und den des Gewöhnlichen, des

Gewohnten. Zu wenig des Wiedererkennbaren, an das sich anknüpfen lässt, und das Neue verliert den Hintergrund, vor dem es erst sichtbar, vor dem es wahrhaft erstaunlich wird. Zu viel des Bekannten auf der anderen Seite, und man riskiert, dem Nichtssagenden, dem Nichtgedicht zu verfallen. Wie Joseph Brodsky einmal richtig bemerkte, verabscheut die Literatur die Wiederholung: Man könne im Alltag problemlos dreimal hintereinander denselben Witz erzählen und damit sogar zum gefeierten Mittelpunkt einer Party werden; in der Kunst hingegen bezeichne man dies als Klischee. Aber, frage ich mich, hat nicht auch Pablo Neruda recht, der, vielleicht inmitten seiner Sammlung von Kriminalromanen im Sommerhaus zu Valparaíso, über eine »Poésie impure« nachdachte? »Vergessen wir niemals«, schreibt er, »die Melancholie, die verschlissene Sentimentalität, Früchte wunderbarer, vergessener Kräfte des Menschen, unrein, vollkommen, weggeworfen vom Wahn der Literaten: das Licht des Mondes, der Schwan in der Dämmerung, ›Herz, mein Herz‹: das ist ohne Zweifel elementare und unausweichliche Poesie. Wer sich vor dem Geschmacklosen fürchtet, den holt der Frost.«

Letztlich ist es an uns, und damit meine ich: an den Dichtern, dafür zu sorgen, dass den Leser, ganz wie jene Personen, die die Tür in der Rue Morgue aufbrachen, »weniger Entsetzen denn Erstaunen« überkommt. Eine überaus bedenkenswerte Formel. Das heißt nicht, die Schwierigkeiten zu leugnen, die jede Gedichtlektüre mit sich bringt; auch kann es nicht bedeuten, wissentlich und aus freien Stücken auf die Komplexität zu verzichten, die der Poesie zwangsläufig und angemessenerweise innewohnt. Alles, was zum Gelingen eines Gedichts beiträgt, muss dem Leser zugemutet werden; weniger zu geben, hieße ihn, den Partner, zu betrügen, ihm die Perfektion vorzuenthalten, die ihm zusteht. Und doch haben wir davon zu überzeugen, dass das Betreten des Raumes sich lohnt, dass es auf das Spiel, nicht das Spielergebnis ankommt und dass die komplizierte Lust des Fragens der einfachen Befriedigung der Gewissheit vorzuziehen ist, so dass dieser zunächst verschlossen wirkende Raum letztlich bewohnbar wird für den, von dem es abhängt, *on whom it depends*, für den Leser nämlich. Ohne ihn senkt sich der Staub auf die Möbel, auf die vertrackten Einrichtungen, die sinnreichen Erfindungen und die doppelten Böden. Und um ihn zu überzeugen, stehen uns all die Räder und Getriebe zur Verfügung, von denen Edgar Allan Poe in seiner *Philosophy of Composition* spricht, die gesamte herrliche Maschinerie, die uns die Sprache zu bieten hat: die Metapher und der Vergleich, das Arsenal der Formen, Alliteration, Reim und Assonanz, die sogenannte gewöhnliche Sprache genauso wie der Fachjargon, von denen alle eine eigene Rede verdient hätten. Und selbst das Erzählerische, dessen Einbruch ins Gedicht Gottfried Benn nie gutheißen wollte, kann eines der Mittel sein, derer sich ein Gedicht bedient, die Erzählerrolle, ob es sich um das oft beschworene lyrische Ich handelt, dem man nicht trauen sollte, weil es Teil des Spiels ist, oder um das allgemeinere »Wir«, das den Leser einschließen kann und so noch müheloser zum Teilnehmenden macht.

Erlauben Sie mir, ein letztes Gedicht zu lesen, das eine solche Erzählstimme nutzt und darüber hinaus, jedenfalls hoffe ich das, eine Reihe jener sprachlichen Elemente aufweist, von denen zuvor die Rede war. Es handelt sich um ein Sonett, um ein Gedicht vielmehr, das mit der Sonettform spielt, sie respektvoll unterwandert, und das in Landstrichen angesiedelt ist, in der auch die protestantische Täufergemeinde der Amischen anzutreffen wäre, also in Pennsylvania etwa oder Ohio; der Titel des Gedichts lautet folglich »amisch«:

was wir für eine schwarze kutsche hielten,
war nur der schatten einer wolke, saß
als schwarm von raben über einem aas,
bis wir die schwarze kutsche überholten.

die scheunen zwischen tag und nacht, die farmen,
von wäsche blind; das rübenstecken,
das sticken, und wie riesige insekten-
eier die wassertürme in der ferne.

der laden führte bottiche, propan-
gaslampen, einen fahnensaal von sensen.
amanda kaufte eine dieser puppen

ohne gesicht, als prompt zwei pferdebremsen
sich niederließen, ein paar dunkle augen,
die schielten, krabbelten, dann weiterflogen.

Mit diesem Rätsel, diesem tatortähnlichen Tableau und natürlich mit den Anmerkungen zum Narrativen vollendet sich der
Bogen, kehre ich zum Anfang zurück, der einer Unterform des
Romans gewidmet war, scheine ich mir sogar zu widerspre-
chen, indem ich den Erzähler, sei er auch vielgestalt und bril-
lant maskiert, indem ich das erzählerische Element auch für
das Gedicht in Anspruch nehme. Lassen Sie mich deshalb abschließend den augenfälligsten Unterschied zwischen Kriminalroman und Poesie nennen. Eine Detektivgeschichte liest
man nur ein einziges Mal, weil mit der Auflösung ihre Aufgabe erfüllt ist. Ein gelungenes Gedicht hingegen liest man immer aufs Neue. Sollte dies nicht möglich sein, so ist es kein gutes Gedicht, ist es nicht von Auden oder Poe, von Brecht oder
Brodsky. Wenn man nicht ins Staunen kam, dann war es nicht

von Mandelstam, von Dylan Thomas oder Pablo Neruda. Will man es nicht wieder und wieder betreten, meine Damen und Herren, dann waren es nicht Baudelaire oder Benn, dann war es wie immer der Butler.

Durch den grünen Vorhang

Festrede auf eine Madonna

Verehrter Raffaello Santi: Darf man einer Madonna zum Geburtstag gratulieren? Bei aller Profanisierung, bei aller dogmatischen Lockerung, die das Alltagsleben in den letzten fünfhundert Jahren erfahren hat und die man beklagen oder begrüßen kann, fürchte ich doch, dass dies etwas zu weit ginge. Erlauben Sie also, dass ich anlässlich dieser Feierstunde das Göttliche stumm bewundere und mich stattdessen an Sie, den nur nahezu göttlichen, den göttergleichen Maler wende, wo auch immer Sie sich gerade aufhalten mögen; Giorgio Vasari, Ihr erster Biograph, vertraut darauf, dass Ihre Seele, »wie sie durch ihr Talent die Welt verschönert hat, nun ebenso den Himmel schmückt«. Sie werden es dulden, dass ich Sie anspreche, ist Ihre Freundlichkeit doch fast sprichwörtlich, schwärmte doch schon Baldassare Castiglione, der Freund, den Sie so trefflich porträtierten, von ihrer *gentilezza*. Schönheit, Bescheidenheit, alle Tugenden sagte man Ihnen nach, nicht weniger. Und wieder ist es Vasari, der den Grund für Ihre Liebenswürdigkeit kennt, ihn darin sieht, dass es nicht, wie einst üblich, eine bezahlte Amme war, die Sie im heimatlichen Urbino stillte, sondern die Mutter selbst.

Wenn man aber einer Madonna sich nähern dürfte, dann zweifellos einer der Ihren, Signor Santi, einer jener Frauengestalten, die so mitten unter uns zu weilen, geradezu im Irdischen aufzublühen scheinen. Hier wird ein Fisch gereicht, dort mit einem Stieglitz gespielt; wir sehen die beiden Knaben, Jesus und Johannes, und Maria, die sie umfängt; wir sehen die heilige Familie vor Landschaften, die offen wirken und einladend, keinesfalls wie Privatbesitz; das Kind, das sich, ganz Kind, der zärtlichen Umarmung zu entwinden versucht oder am Schal der Mutter zerrt. Vollkommen aufeinander konzentriert sind diese Figuren, dass man nicht stören möchte, und doch wirken sie nahbar. Aber jene eine, die berühmteste von allen, sie, die beschrieben und bedichtet wurde von Tieck, Hebbel, Herder und so vielen anderen, vor deren Bildnis Heinrich von Kleist Tag für Tag stand? Bei ihr möchte man ergriffen schweigen, obwohl sie uns ansieht; einzig die Madonna della Sedia aus der florentinischen Galleria Pitti wendet sich so direkt an ihre Bewunderer, schenkt uns ihren Blick, und sie, die Sixtinische. Doch tut sie das wirklich?

Wir sehen eine Wolke, die so üppig ist, dass sie schier aus dem Rahmen zu quellen scheint; die bloßen Füße der Madonna aber, deren Gewänder rot und blau sind, wie die Tradition es will, scheinen das wabernde Weiß kaum zu berühren. Neben ihr kniet Sixtus, der zu ihr aufschaut und mit der Rechten in unsere Richtung weist. Sein goldener Ornat scheint kurz davor, auf den Museumsboden zu gleiten; vorerst aber umhüllt der kostbare Stoff die heiligen Schultern, hängt über dem schmalen Sims, der das Bild unten begrenzt und das dichte Gewölk zurückdrängt. Hier sehen wir Sixtus' Tiara, die so weiß und so kühl wirkt wie am frühen Morgen die Milchflaschen vor den Haustüren. Keine Landschaft, aber auf der anderen Seite Barbara, hinter der sich ihr Attribut, der Turm, erkennen lässt. Und dort, auf dem Arm der Madonna wie auf einem Thron, der Knabe, das rechte Bein übers linke geschlagen, den Kopf an die Wange Marias gelehnt und wie sie aus dem Bild herausschauend.

Wie in vielen großen Werken sind es die Feinheiten, die sich so leicht übersehen lassen und doch den Gesamteindruck bestimmen, jene mit Präzision gesehenen Details. Hier ist es die rechte Hand des Knaben, die wie unbewusst mit dem Tuch der Mutter spielt, an ihm nestelt, den Stoff zwischen Zeige- und Mittelfinger hält. Man könnte an den Moses des bewunderten Konkurrenten Michelangelo in der römischen Kirche S. Pietro in Vincoli denken, zurückgekehrt vom Sinai, konfrontiert mit seinem eigenen tanzenden Volk, Moses, der mit einer ähnlichen Handbewegung in den marmornen Stoff des eigenen langen Bartes greift, in einer Art Übersprunghandlung zwischen Verwunderung und Zorn verharrt. Er ist Teil des Grabmals jenes Papstes, der auch Sie, Raffael, förderte, Julius II., der ebendas Bild in Auftrag gab, das wir heute bestaunen. Sind es nicht solche winzigen, psychologisch so genau beobachteten Gesten, in denen sich die Dramatik einer ganzen Situation bündeln und ausdrücken lässt?

Es ist wahr, was Ihre zahlreichen Bewunderer gesagt haben: dass Ihre Figuren »eher wie aus Fleisch gestaltet« sind »als durch Farben eines Meisters«, dass von Ihnen Gemaltes so verwandelt wird, dass es zu leben scheint, »lebendiger als Lebendiges«. Kardinal Bembo formulierte es dem Papst gegenüber sehr pointiert: »Raffael, der sich Euch ehrerbietig empfiehlt«, so Bembo, »hat unseren Tebaldeo so natürlich porträtiert, dass ihm das Gemälde mehr ähnelt, als er selbst es tut.« Vasari wiederum behauptete, sogar das Knistern des Damasts auf Ihren Bildern hören zu können.

Hier hingegen könnte heilige Stille herrschen, sieht man von dem Wind ab, der den Schleier der Madonna aufbauscht und das helle Haar des Knaben zerzaust – und von jenem Ausstattungsstück, das so markant ist, dass man es fast als Protagonisten bezeichnen muss: Ein schwerer grüner Vorhang gibt den Blick auf Madonna und Kind frei, hängt dabei aber von einer Stange, die so schief ist, so überlastet wirkt, dass man fürchtet, sie werde jeden Augenblick herunterkrachen. Hätte Vasari hier nicht eher das leise Quietschen und Kratzen der Vorhangringe gehört, das Ächzen des Holzes? Hätte er gar einen feinen Duft von Mottenkugeln wahrgenommen? Aus einer tiefen Requisitenkiste könnte dieser Stoff stammen, ja es wirkt, als habe die Truppe eines Wandertheaters in aller Eile und gerade noch rechtzeitig vor Eintreffen der Hauptdarsteller ihre Bühne zusammengezimmert. Doch so alt der Vorhang sein muss, es sind keine Schwärme von Motten, die im Hintergrund aufstieben, es sind ganze Scharen von Engeln, Engelsgesichtern. Man hat Barbara und Sixtus als Mittler bezeichnet, die zwischen uns und der Mutter und ihrem Sohn stehen, uns ihnen näherbringen. Aber gilt das nicht fast noch mehr für den grünen Theatervorhang? Bildet er nicht in all seiner herrlichen Imperfektion die Stelle, an der zwei Welten überhaupt erst aufeinandertreffen können? Das Wunder geschieht ja immer unvermutet und mitten im Gewöhnlichen, zwischen dem Abendessen und dem Gang zum Briefkasten, und wer weiß, ob wir es überhaupt bemerken würden, wenn nicht das Profane seinen etwas schiefen und provisorischen Rahmen bildete.

Auf Simonides von Keos geht, glaubt man Plutarch, die Definition der Malerei als stumme Dichtung und der Dichtung als sprechende Malerei zurück. Tatsächlich mangelt es auch hier nicht an erzählerischen, ja an dramatischen Momenten – schon der Vorhang erinnert uns daran. Zum Ensemble gehören natürlich auch die berühmten Putti in der Pose zweier erschöpfter Nichtschwimmer am Beckenrand, die aber ebenso gut einem Orchestergraben entsteigen oder Souffleure während der Mittagspause sein könnten. Vielleicht findet man ihre Vorläufer in der »Marienkrönung«, die zehn Jahre früher entstand, doch beobachten die zwei Engelchen, die dort unter den Gewändern Christi und Mariae hervorlinsen, ganz eindeutig das Geschehen. Die beiden Dresdner Engel hingegen schauen zwar nach oben, aber in einen dem Bild vorgelagerten Raum hinein. Man könnte versucht sein, eine dramatische Bewegung darin zu erkennen: Die himmlischen Scharen im Hintergrund sehen der Jungfrau von jenem Punkt aus nach, wo sie gerade eben noch war; sie selbst schwebt just in dem Augenblick, als wir vor das Werk treten, die Wolke hinab; und die zwei Engel, auf die zu guter Letzt unser Blick fällt, betrachten jetzt schon die Stelle, wo sie sogleich erscheinen muss, außerhalb des Rahmens und damit mitten unter uns. So wären Vergangenheit, Gegenwart und Zukunft in einem einzigen Moment enthalten.

Womöglich verhält es sich aber auch ganz anders – und wir ahnen es nicht, weil der Ort fehlt, für den das Bild ursprünglich gedacht war, der Hochaltar von S. Sisto in Piacenza? Dann würde Sixtus vielleicht gar nicht auf uns deuten, sondern auf das große Holzkruzifix, das sich, wie Sie, lieber Raffael, zweifellos wussten, beim Altar befand. Sieht man nicht, in einer starken Detailvergrößerung, dass Marias Augen ganz und gar dunkel sind, während im rechten Auge des Knaben ein Lichtfleck schimmert? Und scheint es nicht so, als würde in diesem winzigen glimmenden Punkt etwas reflektiert, das ein Fenster sein könnte oder ein Kreuz? Man möchte es Ihnen zutrauen, denkt man an andere Ihrer Details, an Raffael'sche Spiegelspiele, jene Fackel etwa, deren Widerschein bei der Befreiung des Petrus im Helm eines Soldaten zu sehen ist, aber auch an das Porträt Leos II. und zweier Kardinäle, wo die polierte Goldkugel auf der Stuhllehne, die *palla Medici*, nicht nur die Schulter des Papstes, sondern raffinierterweise auch ein Fenster samt Fensterkreuz reflektiert, das ansonsten nicht Teil des Bildausschnitts ist. So gesehen, würden die beiden Putti weder auf die Gegenwart hinter sich noch in die Zukunft vor sich gucken, auch nicht vage in Richtung der Elbe, wo, was selbst nach so langer Zeit schwer zu begreifen sein muss, im Winter träge Eisschollen vorübertreiben und das Licht so ganz anders ist als im heimatlichen Rom, sie würden vielmehr gebannt und sinnend aufsehen zum Kreuz, das vor ihnen aufragt. Maria blickte in dieser Lesart nicht uns an, sondern über uns hinweg, mit dem Schmerz einer Mutter, die ihr Liebstes opfern muss, doch auf die himmlische Vorsehung vertraut, während das Geschehen, das über dreißig Jahre später stattfinden wird, sich jetzt schon im Auge der Hauptperson spiegelt.

Wie schön übrigens Ihre Augen sind, Raffael, auch Ihre eigenen, die wir von Selbstporträts kennen und die Sie viel zu jung schließen mussten, ausgerechnet am Tag der Kreuzigung, am Karfreitag, ihrem Geburts- und Todestag zugleich. »Ich habe nicht mehr das Gefühl, in Rom zu sein, seitdem mein geliebter Raffael nicht mehr hier ist«, klagte Freund Castiglione. Ihr Grab findet man im römischen Pantheon, das, wie es sich für die letzte Ruhestätte eines Malers, eines großen Weltwahrnehmenden gehört, mit seiner hohen Kuppel selber wie ein riesiges Auge aussieht, von außen gepanzert wie das einer Echse, eines Chamäleons vielleicht, und die am Scheitelpunkt jene runde Öffnung aufweist, eine steinerne Pupille, durch die Licht und Regen einfällt, durch die gelegentlich eine Taube flattert und am Pfingstsonntag Rosenblüten gestreut werden. Die Augen Ihrer Figuren hingegen sind für immer geöffnet und sehen weit mehr Menschen, als ihnen jemals zugedacht waren, nicht nur die Mönche von Piacenza also, nicht nur den bärtigen und jähzornigen Julius mit einem Glas Rotwein in der Hand, den fülligen und verschwitzten Leo. So viele Augen ruhen auf Ihren Bildern, und doch verlieren sie nichts von ihrer Anmut, nichts von der *sprezzatura*, dieser Lässigkeit also, die auch Sie ausgezeichnet haben muss.

Man sagt, dass Sie die Frauen liebten, ihnen »sehr zugetan und ihnen ständig zu Diensten« gewesen seien. Ihr Freund und Assistent Giulio Romano hielt gar ungehemmte Sinnenfreude für den Grund Ihres Fiebers und frühen Todes. Man möchte es glauben, betrachtet man all die Frauengestalten, die Galatea und die Psyche in der zauberhaften, am Tiber gelegenen Villa Farnesina Ihres Freundes, des schwerreichen Bankiers Chigi, nicht zuletzt auch angesichts der Porträts, die Sie von Ihren Geliebten schufen, der kleinen Bäckerin in Rom, der berühmten »Fornarina«, und der »Velata« in Florenz. Letztere, diese verschleierte Frau, hat man in der Sixtinischen Madonna wiedererkennen wollen. Ob das so ist oder nicht: Es verblüfft, wie Sie in ein und demselben Jahr Meisterwerke der Sinnlichkeit und der Inbrunst schaffen konnten, sich somit als wahrhafter Verehrer erwiesen, in jeder Frau die Madonna, in der Madonna aber auch die Frau zu erkennen vermochten. Gewöhnlich ist somit keine von ihnen – was nicht ausschließt, dass man der einen oder anderen, spaziert man durch Rom, plötzlich beim Mozzarellakauf auf dem Wochenmarkt begegnet. Die schleiertragende Schöne aber wird zur verehrungswürdigen Muttergottes mit leicht geröteten Wangen, so anrührend, »dass jedes noch so hartherzige Gemüt zu Mitleid erregt wird«, wie Vasari sagt, voller Erhabenheit und Liebe – und dabei so offensichtlich Mutter, nicht Amme, dass auch wir zu hoffen beginnen.

Tagediebetage

Kurze Rede zum römischen Jahr

Wer einen Romverächter von Format sucht, der wird, wie so oft, bei August Strindberg fündig. Erschüttert von der Italienbegeisterung seiner Zeit, die auch vorm skandinavischen Raum keineswegs haltmachte, ignorierte er über Jahre die Einladung von Freunden, er möge sie doch in der ewigen Stadt besuchen. Schließlich aber, scheint es, wurde der Druck so groß, dass Strindberg sich genötigt sah, die Fahrt in den Süden zu unternehmen, die damals noch so viel mühsamer und umständlicher war. Er ließ packen und bezog sein Zugabteil; reiste über Kopenhagen nach Hamburg und von dort über Göttingen bis nach Basel; passierte Luzern und durchquerte die Alpen; ließ Lugano hinter sich und erreichte Mailand, fuhr von hier über Bologna nach Florenz und erreichte nach mehreren Tagen zu guter Letzt die *Termini* von Rom, wo er sogleich eine Droschke samt Fahrer anmietete. Der Dramatiker ließ sich durch die römischen Straßen kutschieren, vorbei am Kapitol, sah, wie er berichtet, einige annehmbare Palmen und Kakteen, ließ am Forum Romanum vorbeitraben, einer, so Strindbergs Befund, eher mickrigen Grube; dann, nach knapp zwei Stunden und einem raschen Blick auf die Uhr, wies er den Kutscher an, ihn zurück zum Bahnhof zu bringen, wo er den Zug nach Stockholm bestieg und verschwand.

Es ist durchaus möglich, meine ich, als einjähriger Stipendiat der Villa Massimo ähnlich wenig Zeit in Rom zu verbringen wie August Strindberg. Der Grund dafür ist natürlich ganz einfach: Dieser Ort mit seinen Pinien und Zedern, dem dichten Lorbeer und diversen von ihren eigenen Früchten beleuchteten Zitronen- und Orangenbäumchen ist derart paradiesisch, dass man sich, kaum sind die großen Eingangstore durchschritten, ohne jede Schwierigkeit vorstellen kann, hier, und nur hier, zu verweilen – eine Einladung, die sich Morgen für Morgen wiederholte, wenn man die Fensterläden öffnete und sich kneifen musste, geblendet wie eine gerettete Barockseele im italienischen Licht stand. So war es auch nicht ganz überraschend, wenn Freunde und Bekannte, erwähnte man, wo man sich derzeit aufhielt, mit dem Ausruf »Ihr Glücklichen!« reagierten. Korrigieren konnte, wollte man sie nicht.

Eine staunenswerte Institution: Neun bis elf Individualisten kommen zusammen, um für die Dauer eines Jahres das zu sein, was sie immer zu werden vermeiden wollten – Bewohner eines Reihenhauses. Denn die Ateliers, deren schiere Ausmaße zu Echospielen mit der eigenen Stimme ermutigen, fügen sich zu einem freundlichen Riegel über fast die gesamte Breite des Akademieidylls, das fast darüber hinwegtäuschen könnte, an welch geschäftigem und gut vernetztem Ort man sich befindet. Wer frühmorgens verschlafen im Pyjama durch den Park schlurfte, riskierte jedenfalls, hinter einem blühenden Oleander dem Herausgeber einer großen deutschen Tageszeitung in die Arme zu laufen. Und wer durchgeschwitzt vom Laufen in der benachbarten Villa Torlonia zurückkehrte, wo die römischen Jugendlichen zu vorehelichen Stelldicheins zusammenfinden und an den langen Sommernachmittagen zwischen Büschen und Bäumen zu erotischen Skulpturen erstarren, der musste damit rechnen, derart zerrüttet und mit hochrotem Kopf dem jüngst eingetroffenen Ehrengast vorgestellt zu werden. Trotz allem, ein Idyll – mit dem kreischenden Grün von Halsbandsittichen in den Wipfeln und jenem rätselhaften Sommervogel, der mit schöner Ausdauer die Tonfolge Fis-E-D-A von seiner Pinie aus zum Besten gab, womöglich, so der lauschende Komponist mit schräggelegtem Haupt, auch E-D-C-G.

Um also Missverständnissen vorzubeugen: Es wurde gearbeitet. Aber man machte die seltsame Erfahrung, jedenfalls mir ging es so, dass die Zeit sich umso ertragreicher nutzen ließ, je gelassener man ihr zu verstreichen erlaubte. Als verspannt-nüchterner Protestant musste man sich eingestehen, dass das Entweder-oder des grauen Nordens hier nicht trug, nicht eines versagt und das andere gestattet werden musste, dass vielmehr Arbeit und Vergnügen, Schwelgen und Schaffen auf eine nie für möglich gehaltene Weise ineinandergriffen und sich gegenseitig intensivierten, so dass es fast scheinen wollte, man habe die Fülle zweier Tage an einem einzigen erlebt. Ist es dieses römische Wunder der Zeitdehnung, der Zeitverdoppelung, das den Gründern vorschwebte und jenem anderen Mirakel zur Seite tritt, dem der Gemeinschaft, des gemeinsamen Lebens und Arbeitens, das sich tatsächlich einstellt? Jedenfalls kann es, dachte ich einmal, kein Zufall sein, dass der deutsche »Tagedieb« im Italienischen »perdigiorno« genannt wird, dass jener, dessen Untätigkeit wir Wolken-und-Schnee-Geschöpfe als Diebstahl an der produktiven Gesellschaft werten, im Süden lediglich das verliert, was ihm von jeher selbstverständlich gehörte, seinen Tag, und dass dieser Verlust in einen Gewinn münden kann. Um eine Sentenz von Max Jacob zu variieren: Der Tag, an dem du dich der Muße hingibst, kann zum Tag werden, an dem dir ein Meisterwerk gelingt. Es kommt nur auf die Qualität des Müßiggangs an.

Dass die kulturellen Schätze des Landes eine Überwältigung sein würden – das war zu erwarten gewesen, so sehr, dass ich schon bei der Ankunft am Flughafen Fiumicino zweimal auf das Schild an einem Löschwasserzugang schauen musste, um statt »Dante« »Idrante« zu lesen. Dieser Reichtum blieb spürbar, noch im dunkelsten Winkel, noch im hoffnungslos überfüllten Bus der Linie 62, der im August zu einer Art mobiler Gemeinschaftssauna wird. Und selbst der hundertste *caffè* in einer schlichten Bar, geschmückt nur von der Herzlichkeit ihrer Besitzer, stand und starrte hypnotisch auf dem Tresen aus Marmorimitat, so tief und dunkel und stark wie das Eselsauge in Caravaggios *Ruhe auf der Flucht nach Ägypten*. Dass die Orangenbäume, welche die Straßen des Zentrums zu leuchtenden Alleen des Überflusses machen, keineswegs Orangen trugen, sondern deren bittere Verwandte, die Pomeranzen – man erfuhr auch das. Und die sich quälend hinziehende Politgroteske, die, wer wollte, Tag für Tag in der *Repubblica* verfolgen konnte, löste sich im Spätherbst endlich im Jubel und im Knallen der Proseccokorken vorm Quirinalspalast auf. Hinter all der offenkundigen Pracht wurden die herberen Schönheiten des Alltags sichtbar, auch die glanzlosen Seiten; und da man länger blieb als die anderen Fremden, die Wege mehrfach gehen und Gewohnheiten entwickeln durfte, gab man sich vielleicht sogar der Illusion hin, dazuzugehören, befristet teilzuhaben an diesem Land, in dem, wie Ennio Flaiano, Schriftsteller und Drehbuchautor Fellinis, einmal schrieb, »die kürzeste Linie zwischen zwei Punkten eine Arabeske ist«, bis auf Widerruf ein Römer zu sein wie all die anderen: der Fischhändler auf dem Markt im Testaccio-Viertel, der an seinem Stand lehnte und eine Katze nachahmte, um damit den weißen Pudel des Nachbarn zur Verzweiflung zu treiben. In der Via Caio Cestio der Eisenwerker, der scherzend und im Bass rief, ob wir nicht ein *cancello* mitnehmen möchten, eine Gittertür, nein, dann vielleicht ein Fenster? Der durch die Via Catania schlendernde Schönling, der den Zigarillorauch frappierend lang im Mund behielt, bevor er ihn wieder ausströmen ließ, den Atem konzentriert wie ein Taucher einteilte, ein Zigarillotaucher. Zu Ostern an der Supermarktkasse jene winzige, jene klitzekleine Nonne in Weiß, die Unmengen von Schokohasen aufs Band häufte. Und in Trastevere – nicht Transvestevere, wie die junge Schweizer Touristin in der Straßenbahn beharrlich sagte – die beiden stummfilmhaften, uralten Friseure in ihrem schmucklosen Ladenwinkel: zwei Stühle und Becken, dazwischen an der kahlen Wand das Kruzifix, rechts ein mahnendes Papstporträt, von links *Radio Vaticano* – und, egal, wie wortreich man seine Haarwünsche zu formulieren wusste, immer nur die eine verständnislose Gegenfrage, vielmehr das jede Diskussion beendende und von der flachen Hand unterstrichene Dekret: »normale«, wenig später der Schnitt »normale«, der bei gleichbleibend niedrigen Preisen immer vollkommen anders aussah. Aber wie flink die beiden Herren die offene Rasierklinge zu führen wussten, und wie dankbar man war, wenn sie zuvor ihre panzerglasdicken Brillen ertastet und aufgesetzt hatten! Etwas von ihrer Gelassenheit muss hinüberzuretten sein in den Alltag des Nordens, auch etwas von der Lust des großen, täglichen und gestenreichen Dramas der Postämter, nur ein Quäntchen von der Souveränität des Wirtspatriarchen, der dem fremden Gast beim Bestellen väterlich den Arm um die Schultern legte und selbst dann souverän blieb, wenn dieser, für jeden sprachlichen Schnitzer anfällig, statt der Rechnung, *il conto*, den Grafen, *il conte*, bestellte. Der sei leider gerade nicht da.

»Das nahende Ende meiner Arbeit erschreckt mich«, notiert Ferdinand Gregorovius am 10. März 1867 in seinem Tagebuch: »Mir träumte eines Nachts, dass ich Rom verlassen musste, und sträubend mich an einen Telegraphenpfahl fest anklammerte – unten lag eine nebelnde und hässliche Welt.« Ich las diese Sätze noch einmal, als ich all die Zettel mit Notizen, Plänen und Zitaten abnahm, die römische Wohnung in ihr ursprüngliches Weiß zurückbrachte. Einmal noch also über die Kieswege gehen, deren Knirschen dich die Zypressenallee entlang zum Haupthaus begleitet; einmal noch eine Zitrone pflücken, die du bis zur Landung in Berlin in der Hand zu halten dir vornimmst; ein letztes Mal an den glucksenden Goldfischbrunnen vorbei und an den Statuen zwischen Lorbeer und Buchs, von denen einige in der ungeheuerlichen, tragischen Eile der Jahrhunderte ihren Kopf verloren haben. Ehe man sich's versieht, ist wirklich ein Jahr als ein einziger Tag vergangen. Aber dieser war ein Geschenk.

Drei Postkarten aus Rom

I

Die Schneiderin ist gestorben. Die Buchstaben über dem Geschäft, C-A-M-I-C-E-R-I-A, sind mit schwarzem Plastik und Klebeband verhüllt, wir sehen es gleich, als wir in die Via Michele di Lando einbiegen; nur der rote Schriftzug auf dem Schaufensterglas ist geblieben und zeigt an, dass in der ehemaligen Hemdenmacherei mit den ganz und gar unvorhersehbaren Öffnungszeiten nur mehr die Änderungsarbeiten einer »sartoria« zu erbitten sind. Nein, sagt die junge Frau, die drinnen hinter ihrer Nähmaschine sitzt und einen Faden einlegt, sie sei nicht die Tochter, sei überhaupt nicht verwandt mit der kleinen alten Dame; das Geschäft hat sie vor ein paar Monaten übernommen. So wird nun also niemand mehr nach seinen Wünschen gefragt, Farbe und Stoff betreffend, nach Kragenform und Manschettenlänge, niemand steht mehr unsicher mit nacktem Oberkörper im Halbdunkel zwischen den Stoffrollen, um an Taille, Brust und Kragen nach allen Regeln der Kunst vermessen zu werden. Gelegentlich half es, den Klingelknopf neben der Tür zu betätigen, dann stieg sie aus ihrem Arbeitszimmer im ersten Stock herab und öffnete; und spätestens nach der zweiten oder dritten Anprobe des Musterhemdes, dem nochmaligen Abstecken und Nachbessern, taute sie auf und begann zu plaudern, verabschiedete uns – »ciao, cara!«, »ciao, caro!« – sogar mit einem Wangenkuss. Ihr Hemd bringt in der Berliner Wohnung den gesamten Kleiderschrank zum Leuchten, wartet auf die besonderen Tage, hängt, milano blu, unter durchsichtiger Schutzfolie vom Bügel, das Werk flinker Finger, still und kühl und perfekt: »Ciao, grazie.«

II

Woher der dichte Staub kommt, der das Atmen in der Hitze schier unmöglich macht, woher der Lärm von Sägen und
Schleifmaschinen, das Klopfen der Meißel? Aus den Werkstät-
ten der *marmisti*, der Marmorarbeiter, die, siehst du, gleich neben dem großen Friedhof Campo Verano, der eher einer zy-
pressenbewachsenen Stadt für die Toten gleicht, unweit der
Kirche San Lorenzo mit den prachtvollen Mosaikfußböden
der Kosmaten, ein eigenes kleines Viertel bewirtschaften, in
dem jeder Handgriff dem Marmor und seiner Bearbeitung
dient – ein Straßenzug mit nichts als Läden, in denen den um
so viel ruhigeren Nachbarn vom Verano Urnen, Grabsteine,
Büsten und ganze Figurengruppen gefertigt werden. Jetzt aber
ist Essenszeit, die meisten Rouleaus sind geschlossen, nur von
hier oder dort hört man noch einen müden Hammerschlag.
Genug Muße also, sich auf die Auslagen zu konzentrieren, all
die Gefäße und Statuetten; Porträts von Päpsten finden neben
jenem von Marilyn Monroe ihren Platz, »Nonna, orgoglioso
di avere il tuo cognome« lautet die Inschrift in einer rosa ge-
äderten Platte, »stolz, Großmutter, Deinen Familiennamen zu
tragen«. Ein paar Minuten noch, und die *marmisti* kehren von
ihrer Mittagspause mit Kichererbsen und Fenchelrisotto zurück. Die Kunden haben unendlich viel Zeit, doch warten lassen darf man sie nicht.

III

Wer weiß, ob nicht Dante etwas geahnt haben könnte von den
Magazzini allo Statuto, einem Kaufhaus, das nur wenige Schritte westlich der Piazza Vittorio Emanuele II zu finden ist und

einmal bessere Tage gesehen haben könnte, aber nicht haben muss. Heute zumindest erscheint das M.A.S., wie es kurz genannt wird, als das Urbild aller Schnäppchenhöllen und Ein-Euro-Gruben, als ein Inferno, das nach Mottenkugeln und Polyester riecht. Lasst alle Hoffnung fahren, wenn ihr das Drehkreuz an der Via dello Statuto durchschreitet, gleitet auf den Echsenschwänzen schmaler Rolltreppen in die Tiefe oder zählt die pechschwarzen Kaugummiflecken, die Generationen von Käufern und Gaffern in den grauen Treppenteppich getreten haben. Alles türmt sich vor euch auf, alles ist in Stapeln zu haben, Gästehandtücher in Farben, die nicht von dieser Welt sind, nicht sein sollten, Camouflagewesten und Kindersocken, Kubistenhemden und Kirmesblusen, Restposten von Schirmmützen der vorvorletzten Fußballweltmeisterschaft, Kunstledernes und Läppisches, Nutzloses und Närrisches, Stoffe, deren Muster dem Hautausschlag vorgreifen. Immer führt noch ein Gang tiefer hinein in diesen unersättlichen Bauch, in diesen Ort der Prüfungen, immer ist da noch eine Ecke, hinter der unvorstellbare textile Schrecken lauern. Die Augen schmerzen, die Haut wirkt blutleer unter dem Flimmern der Neonröhren. Wer aber endlich wieder hinausfindet an die Luft der Via dello Statuto, die nie frischer war als gerade eben jetzt, wird belohnt von einem Blick auf Schaufenster, die, es gibt gar keinen Zweifel, von einer liebenden Hand und mit Ehrfurcht arrangiert worden sind: Ramschvitrinen, Schreine des Geschmacklosen.

Die Bibliotheken

Eine Rede zum neuen Jahr

I

Manchmal sind es die unbekannten, die ganz und gar klanglosen Namen, die am Anfang stehen müssen. Gestatten Sie mir also, mit einer Figur zu beginnen, die niemand von Ihnen kennen wird – es sei denn, er hätte wie ich in den neunziger Jahren am altehrwürdigen Trinity College in Dublin studiert; mit einem jener Menschen, deren Bekanntschaft man gleichsam im Vorübergehen macht, die aus ihrem Dunkel auftauchen und bald wieder darin verschwunden sind und die einen trotz allem noch Jahre später, manchmal ein Leben lang, beschäftigen. Jedenfalls kann ich nicht der Einzige sein, der sich an Matteo erinnert, jenen kleinwüchsigen und ein bisschen verwahrlost wirkenden älteren Herrn mit asiatischen Zügen, der Tag für Tag als Erster auf dem Universitätsgelände erschien, stets im selben grünen Mantel am Ecktisch der Cafeteria kauerte, als wäre um ihn keine Welt – wenn er sich nicht, und das war meistens der Fall, im Neubau der Berkeley Library aufhielt, was man ihm, der zwar kein Student, aber so offensichtlich harmlos, ja bedürftig war, gestattete. Wer ihn ansprach, stellte rasch fest, dass Matteo stumm war und sich nur mit Gesten, mit einigen wenigen Lauten, einer Art Grunzen zu äußern vermochte, bevor er erneut zu wühlen und zu suchen begann, tief in sich selbst und in den Büchern, der mit irgendwelchen Geistern rang – bis man herausfand, dass Matteo seit Jahren vor allem mit einem beschäftigt war, nämlich Seite um Seite aus Erstausgaben und Enzyklopädien, aus wissenschaftlichen Studien und erzählender Prosa, aus Bildbänden und Lexika nicht nur herauszureißen, sondern diese Seiten, ob es sich nun um kostbare Drucke oder um profane Zeitschriften handelte, überdies zu essen, sie unterschiedslos und von einem rätselhaften Hunger getrieben zu verspeisen. Diese magere, gebeugte Gestalt, erkannte man mit Schrecken, verbarg hinter ihrem mitleiderregenden Äußeren, hinter der humpendicken Brille und den verhuschten Gesichtszügen die geballte Effizienz und Gier eines ganzen Heuschreckenschwarms und hätte zweifellos, wäre ihm nicht rechtzeitig Einhalt geboten worden, innerhalb kürzester Zeit sämtliche Bibliotheken des Trinity College entkernt, hätte in seiner Gefräßigkeit nichts übrig gelassen als leere Ledereinbände und stumme Hüllen aus Leinen – und vielleicht, wer weiß, nicht einmal den berühmten Long Room mit seinen Handschriften verschont, auch nicht das herrliche *Book of Kells* mit seinen prunkvoll illuminierten Kalbslederseiten, um am Schluss eines der wenigen erhaltenen Exemplare der Osterproklamation von 1916 zu vertilgen, zum Entsetzen der ganzen irischen Republik.

II

Wenn die Gesamtheit der Bücher, die man in seinem Leben liest, eine Art persönliche Bibliothek ergibt, so setzt sich aus all den Lesesälen, die man genutzt oder auch nur besucht hat, aus all den architektonischen Details, ungeachtet der Ländergrenzen, der Epochen, der Stile, vielleicht so etwas wie die ideale persönliche Bücherhalle zusammen. Wie sähe die meine aus? Ich entdeckte sowohl Elemente der Hamburger Carl-von-Ossietzky-Bibliothek wie auch die schmucklosen Winkel meiner ersten Stadtbücherei. Ich träfe auf die überwältigenden Maße der British Library, die so viele Kostbarkeiten beherbergt, vom einzigen Manuskript des *Beowulf* über Shakespeares *First Folio* bis zum letzten Brief, den Admiral Nelson vor Trafalgar an Lady Hamilton schrieb und der noch immer zu zittern scheint, und ich fände auch ihren runden Lesesaal wieder, in dem sich so unterschiedliche Autoren wie Charles Dickens und Karl Marx durch die barocke Pracht ihrer Bärte strichen. Ich sähe den Überfluss der Goldregale in Coimbras Universität und die länglichen Gewölbe der Klosterbibliothek von Strahov in Prag. Und erst recht würde ich eine reizende alte Einrichtung wiedererkennen, die sich in einer Seitenstraße im Schatten der Saint Patrick's Cathedral in Dublin versteckt, in der Jonathan Swift einst Dekan war. Dieser, wie übrigens auch James Joyce, war ein eifriger Nutzer von Marsh's Library, so der Name dieser Institution, immerhin der ersten öffentlichen Bibliothek Irlands mit mehr als fünfundzwanzigtausend Werken und dreihundert Manuskripten – sowie einer Kuriosität: Denn zwischen den dunklen Regalen aus Eichenholz stößt man auf drei Käfige, in welchen die Besucher, wenn sie einen der wertvollen Bände zu lesen wünschten, sich vorzeiten einschließen lassen mussten, um Diebstahl zu unterbinden. Was für ein wunderbares Arrangement: Der Leser in seiner Zelle, in der er gefangen und doch nicht gefangen ist, weil er längst in seinem Buch und damit weit weg ist; der Leser, der nach Beendigung der Lektüre sein Gefängnis verlassen darf, der das Buch zurückgibt und es trotzdem mit sich fortträgt, als reicher Mann, wenn auch nicht als Dieb, in die Stadt zurückkehrt.

III

Es waren ja immer zwei Aufgaben, die eine Bibliothek zu erfüllen hatte, die nicht immer leicht zu vereinen sind und in den Leserkäfigen von Marsh's Library ein stimmiges Bild gefunden haben: Der Nutzbarmachung ihrer Sammlung für eine Öffentlichkeit, mal kleiner und mal allgemeiner, stand der Schutz dieser Sammlung vor allen Bedrohungen gegenüber, sei es durch Witterung, Naturgewalten oder ebenjene Öffentlichkeit. Vielleicht fände sich eine frappierend einfache Lösung in der Schrift *De bibliothecis* des Marcus Terentius Varro, der Julius Caesars Pläne einer Bibliothek umsetzen sollte, zu der es nie kam, der aber immerhin diese Abhandlung über das Wesen der Bibliothek verfasste? Wir werden es nie wissen, denn ausgerechnet Varros Werk ist verschollen – wie ja so vieles verschwand, selbst dort, wo ein schützendes Dach errichtet wurde. Man denke an die Bibliothek Assurbanipals in seiner königlichen Residenz zu Ninive im siebten vorchristlichen Jahrhundert: Zehntausend Tontafeln fand man, doch wie viele ungebrannte Tafeln zerfielen sogleich in den Händen der Archäologen. Man denke an das Museion Alexandrias und dessen Bibliothek, die berühmteste von allen, deren mythischer Untergang ins kulturelle Gedächtnis eingegangen ist – auch wenn es wahr sein mag, dass nur einige Hafengebäude in Brand gesteckt wurden, die eigentliche Bibliothek aber erst Jahrhunderte später zerstört wurde. Man denke an die Bibliotheken, die Augustus und alle Kaiser nach ihm zum eigenen Ruhm errichten ließen und die nach dem Tod ihrer Schöpfer meist ebenfalls zerfielen. Was schließlich muss verlorengegangen sein, als man Aristoteles' Bibliothek als Beute nach Rom schleppte oder als während des Dreißigjährigen Krieges die *Palatina* von Heidelberg in den Vatikan geschafft wurde, fünfzig

Wagen mit fast zweihundert Kisten, abertausend Handschriften und Drucken? Ebendort, in der Vatikanischen Bibliothek, wird einem auf wunderbarste Weise vor Augen geführt, dass selbst die dicksten Mauern ein Überleben nicht garantieren, lagern doch hier Folianten, die mit der Zeit so porös geworden sind, so morsch, dass jeder Versuch, sie zu öffnen, sie sofort zerfallen lassen würde: Bücher, die es gibt und nicht gibt zugleich, deren Geheimnis mit Händen zu greifen und doch für alle Zeiten verloren ist.

Angesichts dessen ist es fast seltsam, wie geschützt man sich als Leser in einer Bibliothek wähnt. Das Versprechen der Dauer mag trügerisch sein, und doch fühlt man sich behütet in diesem Raum, der gewissermaßen ja zeitlos ist, weil er alle Zeiten in sich aufgenommen hat. »In einer Bibliothek«, schreibt Emerson in *Society and Solitude*, »sind wir von hunderten lieber Freunde umringt, wenngleich ein Zauberer sie in jenen Behältern aus Papier und Leder gefangen hat; und obwohl sie uns kennen und seit zwei, zehn oder zwanzig Jahrhunderten auf uns warten, wenigstens einige von ihnen, und obwohl sie uns ein Zeichen geben und sich offenbaren möchten, ist es das Gesetz ihres Limbus, dass sie nicht sprechen dürfen, bevor man selbst sie anspricht.« Erklärt die Anwesenheit so vieler Vertrauter, warum es in Lesesälen so verlockend ist, für ein paar Minuten den Kopf auf sein Buch zu betten und einzuschlummern? Montaigne jedenfalls fühlte sich »unsäglich beruhigt und geborgen in dem Gedanken, dass sie«, die Bücher, »bei mir sind, um mich zu erfreuen«.

Und zuweilen scheinen es doch die Bücher selbst zu sein, die trotz ihrer delikaten Materialität darauf beharren, dass sie, in Ovids Worten, ein Werk sind, »das nicht Jupiters Zorn, das nicht Schwert noch / Feuer wird können zerstören und nicht das gefräßige Alter«. Ich denke an einen Aufenthalt an der

Brown University in Providence, Rhode Island, wo ich das Büro eines alten Dichters besuchen durfte, das im Laufe von Jahrzehnten zu einer lyrischen Privatbibliothek geworden war und dessen Bestände kaum Platz zum Atmen ließen. Kurz zuvor hatte man die Universität restaurieren und dafür alle Büros räumen lassen wollen, merkte aber, als man jene gewichtige Poesiebibliothek entfernte, dass sich die Statik des Hauptgebäudes bedenklich veränderte. Kurz: Die Bücher blieben, wo sie waren, um einen Einsturz der gesamten Brown University zu verhindern. Wo die Architektur sich der Literatur so fügen muss, darf man getrost von einem Sieg des Papiers über den Stein sprechen.

IV

Ich stelle mir Bibliothekare als Menschen vor, die von dieser Wirkmacht der Bücher zutiefst überzeugt sind. Und es kann ja kein Zufall sein, dass so viele dieser Schrifthüter nicht nur Leser, sondern selbst Autoren waren und sind – von Adam Mickiewicz bis zu Robert Musil, von George Bataille bis zu Anne Sexton und Douglas Dunn. Kant war in der Königlichen Schlossbibliothek zu Königsberg beschäftigt, Goethe betreute bis zu seinem Lebensende die Herzogliche Bibliothek in Weimar, wo er nicht nur den Buchbestand verdoppelte, sondern bekanntlich auch Schillers Schädel im Piedestal von dessen Marmorbüste unterzubringen wusste. Der kranke Hölderlin kam 1804, allerdings nur zum Schein, als Hofbibliothekar in Homburg unter, wo er seine Pflichten zwar nicht erfüllte, sich aber mit Eifer in Reisebeschreibungen vertiefte, bevor er selbst erneut abreisen musste: »Seine Irrungen haben den Pöbel dahier so sehr gegen ihn aufgebracht, daß bei meiner Abwesenheit die ärgsten Mißhandlungen seiner Person zu befürchten stünden«, schrieb Freund Isaac von Sinclair, der Hölderlins Gehalt aus eigener Tasche bezahlte, an dessen Mutter. Leibniz, in Hannover tätig, bezeichnete die Bibliothek als »Gedächtnis der Menschheit«, und Gotthold Ephraim Lessing schließlich nahm, als Leibniz' Nachfolger, den Posten als Bibliothekar der berühmten Wolfenbüttler Bibliothek an – aus Geldnot, aber durchaus selbstgewiss: »Ich darf mich rühmen«, schreibt er in einem Brief, »dass der Erbprinz mehr darauf gesehen, dass ich die Bibliothek, als dass die Bibliothek mich nutzen soll.« Wie oft waren es große Dichter, die zu großen Bibliothekaren wurden. Lassen Sie uns zwei hervorheben, einen Argentinier und einen Engländer.

V

Kein Vortrag zur Bibliothek wäre vollständig, ohne Jorge Luis Borges zu nennen. Es steht, ganz im Gegenteil, zu vermuten, dass dessen berühmteste Erzählung, »Die Bibliothek von Babel«, eine Art Pflichterzählung, vielleicht gar Prüfungsgegenstand für Bibliothekarsanwärter ist. Ich lese den Anfang, der den meisten von Ihnen vertraut sein wird:

> Das Universum (das andere die Bibliothek nennen) setzt sich aus einer unbestimmten, vielleicht unendlichen Zahl sechseckiger Galerien zusammen, mit weiten Luftschächten in der Mitte, eingefaßt von sehr niedrigen Geländern. Von jedem Sechseck kann man die unteren und oberen Stockwerke sehen: ohne Ende. Die Anordnung der Galerien ist immer gleich. Zwanzig Bücherregale, fünf breite Regale auf jeder

Seite, verdecken alle Seiten außer zweien; ihre Höhe, die des Raums, übertrifft kaum die eines normalen Bibliothekars. Eine der freien Wände öffnet sich auf einen schmalen Gang, der in eine andere Galerie, genau wie die erste, wie alle, einmündet. Links und rechts am Gang befinden sich zwei winzige Kabinette. Im einen kann man im Stehen schlafen, im anderen seine Notdurft verrichten. Hier führt die Wendeltreppe vorbei, die in den Abgrund hinab und in die Ferne hinauf steigt. Im Gang ist ein Spiegel, der den Schein getreulich verdoppelt. Die Menschen schließen gewöhnlich aus diesem Spiegel, dass die Bibliothek nicht unendlich ist (wenn sie es wirklich wäre, wozu diese scheinhafte Verdoppelung?); ich träume lieber, dass die polierten Oberflächen das Unendliche darstellen und verheißen … Licht kommt aus ein paar kugelförmigen Früchten, die den Namen »Lampen« tragen. Es gibt deren zwei in jedem Sechseck, seitlich angebracht. Ihr Licht ist ungenügend, unaufhörlich.

Die Faszination, die diese Passage auf jeden Liebhaber von Büchern ausübt, ist ungebrochen – auch wenn Borges in einem späten Gespräch behauptete, er habe als junger Schriftsteller nur Kafka nachäffen wollen und könne sich kaum noch an den Text erinnern. Jeder andere, der ihn einmal gelesen hat, wird dies können, was an der konsequent durchgespielten Metapher genauso liegt wie an ihrer liebevollen und detaillierten Ausarbeitung. Was die Vorstellungskraft des Menschen, des »unvollkommenen Bibliothekars«, wie Borges ihn nennt, übersteigt, wird hier zu einer paradoxen Architektur: »Die Bibliothek ist eine Sphäre, deren eigentlicher Mittelpunkt jedes beliebige Sechseck und deren Umfang unzugänglich ist.«

Borges, der viele Jahre lang Direktor der Biblioteca Nacional in Buenos Aires war, kannte, noch als er sein Augenlicht längst verloren hatte, jeden Korridor, jedes Geländer, jedes Regal, und er fand, wie berichtet wird, mühelos jedes Buch und strich zärtlich über die Pergamente und die Lederrücken. In einem Interview erzählt der Dichter, dass er noch immer, als sei er gar nicht blind, Bücher erwerbe, sein ganzes Haus mit ihnen fülle; dass man ihm erst vor kurzem eine Ausgabe der Brockhaus-Enzyklopädie von 1966 geschenkt habe und dass diese zwanzig Bände mit ihrer gotischen Letter, mit für ihn unsichtbaren Karten und Stichen dennoch da seien, er ihre Präsenz deutlich spüren könne. »Ich glaube«, schließt Borges, »dass das Buch eine der Möglichkeiten des Glücks ist, die die Menschen haben.«

VI

So ist es keine Überraschung, dass Borges noch einem seiner letzten, frei gehaltenen Vorträge den Titel »Das Buch« gab: »Unter den verschiedenen Werkzeugen des Menschen ist das erstaunlichste zweifellos das Buch«, lesen wir dort. »Die anderen sind Erweiterungen seines Körpers. Mikroskop und Teleskop sind Erweiterungen des Sehens; das Telefon ist eine Erweiterung der Stimme; dann haben wir Pflug und Schwert, Erweiterungen des menschlichen Arms. Aber das Buch ist etwas anderes: Es ist eine Erweiterung des Gedächtnisses und der Phantasie.« Eine wunderbare Definition – und man könnte hinzufügen, dass die Bücher dennoch alle Sinne ansprechen, mit allen Sinnen, mit dem ganzen Körper wahrgenommen werden wollen, was ein weiterer Grund für das Wohlbehagen sein muss, das uns in ihrer Gegenwart überkommt: mit den

Augen zuallererst, verbinden sie uns doch am stärksten mit ihnen. Aber was ist mit dem Knistern und Rascheln, das unsere Ohren wahrnehmen, wenn wir die Seiten umblättern, was ist mit dem dumpfen Paukenklang eines schweren Folianten, den man zuschlägt? Unseren Fingern schmeichelt nicht nur das Papier, sondern auch die Prägung auf dem Rücken, das Leder oder Leinen des Einbands. Und was erst wäre zum Duft zu sagen, den jeder kennt, der auch nur einmal eine Bibliothek betreten hat, dem Geruch, der mit nichts zu vergleichen ist? Nur der Geschmackssinn fehlt in dieser Liste – was die Möglichkeit nahelegt, dass Matteo das Gesamtkunstwerk Bibliothek um dieses eine, schmerzlich fehlende Detail zu ergänzen wünschte, um es so zur verdienten Perfektion zu bringen.

VII

Philip Larkin, der wohl berühmteste englische *poet* und *librarian* in Personalunion, erblindete nicht wie Borges, war aber früh gezwungen, auf zwei Hörgeräte, eines links, eines rechts, zurückzugreifen, und kam mit seiner gesamten Erscheinung dem Idealbild eines Bibliothekars nahe: ein ernstes Gesicht, als junger Mann schlank und schon um vieles älter wirkend, als er tatsächlich war, fast kahl und mit einer Drahtgestellbrille; ohne Extravaganz in äußeren Belangen und im Auftreten, auch wenn er sich hin und wieder rote Socken zum dunklen Anzug gestattete und im Alter sogar ein Auto erwarb – einen Audi, und das auch nur, weil der Name, *ooh-di*, ihn an den verehrten Auden erinnere.

Larkin war als Kind, wie wir alle, verzaubert von seiner Stadtbibliothek und erinnerte sich ein Leben lang an die Stille nasser Winterabende in Coventry und die langen, stickigen

Lesenachmittage während der Sommerferien, an die Ent-
deckerfreude und den Eifer, mit dem er zwanzig Bücher auf
einmal auslieh und noch am Abend ausgelesen zurückbrachte. Trotzdem deutete zunächst wenig auf die Leidenschaft hin,
mit der er sich später seinem Beruf widmete. Die erste Stelle
im kleinen Wellington trat er nach dem Studium in Oxford
aus purer Ratlosigkeit an und bereute die Bewerbung, als sie
wider Erwarten erfolgreich war, sofort – denn, wie er meinte
(und diese Briefpassagen müssen auf Englisch zitiert werden),
»(a) I am too brilliant« und »(b) I know sweet fuck all about
librarianship«.

Die dunkle kleine Bibliothek von Wellington erschien wenig reizvoll, als sein Vorgänger ihn einführte, ein älterer Herr
mit dem Aussehen eines Bestattungsunternehmers, der auch
im Haus den Hut nicht absetzte und hin und wieder posau-
nenhafte Schnaublaute von sich gab: Larkin musste nicht nur
katalogisieren, die Ausleihe organisieren und Gelder beschaffen, sondern zudem den Heizkessel befeuern, morgens die Gaslampen anstecken und sie abends löschen; die häufigsten Gäste
waren die Landstreicher Somersets, die für Wärme und Sitzge-
legenheiten dankbar waren. Als aber Larkin Wellington nach
ein paar Jahren verließ, hatten sich die Ausleihe und die Zahl
der Nutzer verdreifacht, gab es fast doppelt so viele Bücher. Es
blieb dabei: Wo immer Larkin hinkam, wurde die Bibliothek
zum glanzvollen Mittelpunkt. Dies gilt ganz besonders für die
Universitätsbibliothek von Hull, an der er einundzwanzig Jahre lang wirkte und deren Bau und Einrichtung er selbst organi-
sierte, bis hin zu Tapetenmustern und der Seife in den Wasch-
räumen; die Anschaffungen, die Sammlungen, die Anbauten,
alles wurde mit Akribie von Larkin überwacht und die *Library
of Hull* rasch zu einer nationalen Berühmtheit – wie ihr Lei-
ter, er aber mehr als Lyriker denn als Bibliothekar. Universitä-

ten seien keineswegs ideale Orte für Dichter, bemerkte Larkin, doch gebe es Menschen, die zufrieden damit seien, den lieben langen Tag einen Heizungskessel zu schüren. Er muss an seine eigenen zögernden Anfänge gedacht haben, als er hinzufügte: »Das Dasein als Bibliothekar entspricht, was mich betrifft, dem Schüren von Heizkesseln.«

VIII

Larkin ist auch in anderer Hinsicht eine zuverlässige Quelle – wenn man sich nämlich für die sozialen Strukturen und Beziehungen innerhalb der Bibliotheken interessiert. Wir ahnen ja, dass dort auch das Amouröse, ja das Erotische seinen Platz haben muss, und finden die Bestätigung bei Larkin, der die Emporen für Verabredungen romantischer Art als besonders geeignet ansah und sich zu mehr als einer Mitarbeiterin hingezogen fühlte – über eine Kollegin, vertraute er einem Freund an, hätte er herfallen mögen wie ein Löwe über den täglichen Batzen Pferdefleisch, mit einer anderen verband ihn eine lebenslange Affäre. Andererseits erleben wir Larkin als Beteiligten einer Dauerfehde ohne erkennbaren Anlass, wie es sie vielleicht nur in solch abgeschlossenen und für den Außenstehenden rätselhaften Systemen gibt. In Larkins Fall war es der Vizebibliothekar Arthur Wood, der seinen Unmut erregte – die Briefe an seine Mutter legen Zeugnis davon ab: »Mr Woods Fahrstunden gehen weiter«, schreibt Larkin 1958, »und er ist immer noch am Leben – ich glaube, er fährt zu vorsichtig. Ich sollte ihm sagen, dass nur ein *schneller Fahrer* ein guter Fahrer ist.« Und vier Jahre später: »Mr Wood, dieses abgesägte kleine Schaukelpferd der Dummheit, macht drei Wochen lang Urlaub in Schottland. Hoffen wir, dass das Monster von Loch

Ness ihn erwischt.« Und noch 1969 heißt es: »Mr Wood liegt seit einer Woche mit der Grippe im Bett. Man sagt, er sähe alt aus, aber in meinen Augen ist er derselbe grinsende unterentwickelte Gnom, der mich seit vierzehn Jahren plagt.« Es wird kaum ein Trost für Mister Wood gewesen sein, der vielleicht gar nicht ahnte, welche Aversionen er in Larkin hervorrief, dass er es mit seinem »Glasgow bookie's suit«, seinem Glasgower Buchmacheranzug, vom Bibliotheksalltag von Hull in ein Larkin'sches Gedicht mit dem Titel »Self's the Man« schaffte – endet doch selbst dieses Gedicht mit dem Wunsch des Sprechers, ihn mit einem Pferdefuhrwerk zu überrollen, to »drive a horse and cart over him«. So ist Larkin, der die Bibliothek von Hull seinen Vorstellungen gemäß von der Fassade bis zum Teppich prägte und für den das eigene Erleben und die eigene Geschichte fast immer Anlass und Ausgangspunkt seines Schreibens war, auch in diesem Gedicht nur allzu deutlich erkennbar.

IX

Das Gedicht und die Bibliothek eint der Wunsch, das Flüchtige und Zerbrechliche zu bewahren, die Zeugnisse unserer Existenz gegen den unerbittlichen Fortgang der Zeit zu sichern; Gedicht wie Bibliothek lassen sich als zwei Varianten menschlicher Überlieferungskunst begreifen, auch wenn das Gedicht Zeilen statt Regale errichtet und nicht in Säle und Magazine, sondern in Strophen unterteilt ist. Dabei bedeutet das englische Wort für Strophe, *stanza*, im Italienischen, aus dem es ja kommt, nichts anderes als Raum – und Räume, Speicher, sind beide, die Bibliothek und das Gedicht, dessen alte Verfahren, Reim und Metrum, Refrain und Alliteration, von jeher ästhetischen Genuss versprachen, aber auch stets dem

Erinnern dienen und das Memorieren erleichtern sollten. Nicht nur in buchfernen und aufs Mündliche vertrauenden Kulturen war die gebundene, einprägsame Sprache das sicherste Mittel, um Werte, Rituale, religiöse Praktiken, Abstammungslinien, ja die ganze Historie eines Volkes vor dem Vergessen zu schützen und von Generation zu Generation weiterzureichen; wir sehen das gleiche Bestreben in den Lehrgedichten eines Hesiod oder eines Lukrez, in Vergils *Georgica*, in der altnordischen Spruchdichtung oder in Goethes »Metamorphose der Pflanzen«. Und noch heute ist das Gedicht – abgesehen von allem anderen, was es leisten kann und darf – Medium und Objekt des Erinnerns, ob es einen Augenblick, ein Bild zu bewahren sucht oder als sprachliches Ereignis selbst erinnerungswürdig wird und in das Gedächtnis der Leser eingeht. Auch in seinen Regalen hat dabei das Periphäre seinen Platz neben dem Gewichtigen – so dass auch aus all dem, was bislang gesagt worden ist, ein Gedicht werden könnte, werden muss: Aus dem alten Matteo auf seiner verzweifelten Mission in Dublin, aus dem Mythos von Alexandrias *Museion* und dem erschütternden und grandiosen Bild der brennenden Bibliothek wie aus den Bücherhallen der Welt und dem Lesesaal der British Library; aus Lord Nelsons letztem Brief genauso wie aus den Büchern im Vatikan, die vorhanden und doch unlesbar sind, die im Moment der Lektüre im Nichts versinken müssen.

X

Als Philip Larkin in den fünfziger Jahren des letzten Jahrhunderts seine zweite Stelle antrat, diesmal im nordirischen Belfast, schien ihm die dortige Queen's Library einer riesigen Kirche zu ähneln. »Niemand hatte in jenen Tagen eine Vorstellung davon, wie eine Bibliothek auszusehen habe«, erinnert er sich: »Das Licht war schummrig und religiös.« Diese knappe Notiz erinnert an einen letzten Aspekt, genauso wie die Ähnlichkeit der New Yorker Public Library, deren Deckengemälde den Himmel in den prunkvollen Lesesaal hinabzwingen, mit einem griechischen Heiligtum Apolls, genauso wie die Beinecke Library der Yale University, deren eleganter Granitkubus einen zweiten aus Glas umschließt, in welchem sämtliche Bestände dem Gast wie in einem Schrein präsentiert werden: daran nämlich, dass Bibliotheken immer auch Stätten der Andacht, ja der Verehrung waren. Unwillkürlich beginnt zu flüstern, wer einen Lesesaal und seine feierliche Stille betritt, und er würde, gestattete er sich ein lautes Gespräch oder gar ein schallendes Lachen, durch ein empörtes Zischen nicht überrascht, würde sich vielmehr der eigenen Verfehlung peinlichst bewusst. Und wie sollte man nicht beim Kratzen der Bleistifte und der Federn auf Papier, selbst beim Klacken der Tastaturen, an die Skriptorien des Mittelalters denken, wo vor der Erfindung des Buchdrucks die kostbaren Schriften mühevoll kopiert wurden? Wie vergessen, dass es vor den Städten, den Universitäten und Fürstenhäusern die Klöster waren, die Bibliotheken in ganz Europa gründeten und dabei nicht zuletzt von Irland ausgingen, dessen Mönche im sechsten Jahrhundert über England Richtung Festland zogen und im Jahre 800 ebenjenes *Book of Kells* schufen, das im Long Room des Trinity College verwahrt wird? Noch Montaignes Privatbiliothek war im dritten Stock eines Turms eingerichtet, wie er in einem Essay erwähnt, während sich im ersten eine Kapelle und im zweiten ein Schlafzimmer befand – sicher kein zufälliges und unbedingt ein stimmiges Arrangement.

»Ich kenne Bezirke«, schreibt Borges in der *Bibliothek von Babel,* »in denen die Jungen sich vor den Büchern niederwerfen und in barbarischer Weise die Seiten küssen.« Es mag zu weit gehen, in Matteo eine ähnliche Inbrunst walten zu sehen, die sich nicht mit dem Kuss begnügte, aber ich komme nicht umhin daran zu denken, dass sein Name identisch ist mit dem des Evangelisten, Matthäus, dessen eines Attribut das Buch ist. Die Ehrfurcht vergangener Zeiten ist zumindest auch dem heutigen Besucher nicht fremd, und noch in der ungemütlichsten Ausleihe, angesichts des nüchternsten Verwaltungsaktes, vollzogen von einem Angestellten, der schlecht geschlafen hat und nichts als die Mittagspause herbeisehnt, bleibt man gewahr, dass in jedem Stempel, nimmt man ein S hinfort, der Tempel enthalten ist.

XI

die bibliotheken

alexandria fällt mir ein, die dunklen schwärme
von faltern über ihr, der rauch,
der feuerschein, der noch in weiter ferne
zum lesen hätte reichen können, und an stirn und
    bauch
lange nach mitternacht die stumme wärme
von tausenden verbrannter rollen; auch

paris, new york, ein einziges regal
von murmelnden, von angehimmelten,
verworfenen; der runde lesesaal
der british library, all die versammelten
geschichten darin, vom toten admiral
ein letzter brief an lady hamilton,

noch immer zitternd; tief im vatikan
folianten, nie studiert, weil schon ein schatten sie zerfallen ließe, und das ticken
des staubs; doch denke ich am meisten an die stadtbibliothek, an jenen, der vom ersten tag an
mir auffiel, immer da war, heimlich blatt um blatt

die bücher aufaß, fraß, mit irgendwelchen geistern
zu ringen hatte, bis man ihn verbannte,
matteo, den ich sehen kann, als ob es gestern
gewesen wäre, der nie sprach, weil er nicht konnte
vielleicht, bis auf ein grunzen, ein paar gesten,
oder weil er nicht wollte. oder weil er längst brannte.

XII

Koda. Was, diese Möglichkeit geht mir erst jetzt und nach so
vielen Jahren auf, wenn jener alte Mann gar nicht lesen konnte, wenn Matteo, den man Tag für Tag von Büchern umgeben
sah, in Wahrheit Analphabet war? Ein Gedanke, der zu trostlos
ist, um eine Neujahrsrede mit ihm zu beenden – denn wohl
keine Einsamkeit, selbst in Borges' labyrinthischer Bibliothek,
kann größer sein als die eines Mannes, der, umgeben von allen
Büchern der Welt, von Emersons verzauberten Freunden, diese nicht zum Sprechen zu bringen versteht. Glauben wir also
lieber, dass der stumme Matteo auf radikalste Weise jene Metapher in die Tat umsetzte, die uns allen, die wir Bücher lieben,
die wir von und mit Büchern leben, nicht fremd ist: Las er
doch die Bücher nicht nur, er verschlang sie.

Windwirbel und Gelichter

Zu Peter Huchels Gedicht »Macbeth«

Ein Mann sitzt unter Hausarrest in Wilhelmshorst bei Berlin, wartet darauf, ein Land hinter sich lassen zu dürfen, das er einst für ein besseres gehalten hat, dessen Obrigkeiten ihn nun jedoch als Verfemten behandeln – und schreibt, ohnmächtig, wie er ist, ein Gedicht ausgerechnet über einen Machtmenschen, den schottischen Usurpator Macbeth: Eine Konstellation, die erstaunlich anmutet, auch wenn Peter Huchel sich nicht zum ersten Mal Shakespeare zuwendet. Ein Gedicht über Ophelia ist bereits 1965 entstanden, ein zweites, »Middleham Castle«, 1968 zu Papier gebracht worden. »Macbeth« unterscheidet sich markant von den beiden Vorgängern; denn während Ophelia als Opfer beschrieben wird und der hinkende Richard III. in »Middleham Castle« seinen Auftritt nur dank der Schilderung eines Betrachters hat, haben wir es hier mit einem Rollengedicht zu tun: Der zur Untätigkeit verdammte Dichter spricht als der von seinen Untaten Verfluchte und Getriebene. Huchel erwähnte in einem Gespräch, dass ihm bei Richard III. Walter Ulbricht vor Augen gestanden habe; nicht nur dies, auch die Tatsache, dass die Leiche der Ophelia in einem Grenzfluss des zwanzigsten Jahrhunderts treibt, legt nahe, die Figur Macbeths aus den mittelalterlichen Highlands zu lösen – ohne sie freilich mit einer anderen gleichzusetzen. Und doch: Wirbelt der Wind nicht genau so über der Heide Brandenburgs? Zunächst aber ist es die bildstarke Sprache des Gedichts, die uns bannt, ob die Tore des Himmels aufgesprengt werden oder die »schmutzigen Zehen des Schnees« an der Küste aufsetzen.

Huchel greift auf den bekannten Stoff zurück, dessen fünf Akte die fünf Strophen zu spiegeln scheinen – auf die Hexen, mit denen die Tragödie ihren Lauf nimmt und auf die auch das »Gelichter« verweist, bedeutet doch dieses schöne Wort nichts anderes als Sippe, Schlag, auch Geschwister; und die Hexen, man weiß es, sprechen einander als Schwestern an. Das Wort »Geist« wiederum taucht in Shakespeares Drama mehrfach auf und lässt auch bei Huchel verschiedene Assoziationen zu: Natürlich denken wir an den erdolchten Banquo, der als mahnender Schatten wiederkehrt, doch mag man, gerade bei Huchels wild bewegter zweiter Strophe, auch die Worte der Hexengöttin Hekate im dritten Akt im Ohr haben: »Ruft Geister, die mit listgen Sprüchen / Ihn mächtig täuschen, dass Betörung / Ihn treibt zu eigener Zerstörung.« Sodann ist da jene dunkle Prophezeiung, dass Macbeth erst besiegt werde, wenn der Wald von Birnam sich in Bewegung setze – was er, zum Tarnkleid der Feinde geworden, schließlich tut. Bei Huchel werden seine Wipfel in einer grandiosen Metapher zu den »Ställen des Winds«, und man spürt: so vertraut die Motive sind, so eigenwillig werden sie behandelt und dabei ins Neue gewendet. Das gilt insbesondere für die zentrale dritte Strophe und jenen, der »mit Händen ohne Haut« am Strand wartet: ein Bild, das verstörend bleibt, so rätselhaft wie bedrohlich, selbst wenn wir es herleiten aus den Worten Macbeths, dass kein Ozean das Blut von seinen Händen waschen könne. Hier hat sich, kein Zweifel, jemand in der Verzweiflung die Haut von den Händen geschrubbt. Aber kann es sein, dass Macbeth als Sprecher sich selber sieht? Und war es nicht vielmehr Lady Macbeth, seine ebenso schuldige Gattin, die im Wahn ihre Finger reibt und seift und reibt? Wäre jene männliche Gestalt also sie, die doch im ersten Akt die Geister anfleht, sie zu »entweiben«, sie kalt, ihre Milch zu Galle zu machen? Das Grauen bleibt unauflösbar und ganz gegenwärtig in diesen Zeilen. Argwohn aber ist ein Helm, der keinen Schutz bietet, dessen Gewicht hingegen so ungeheuer ist, dass man der Schlaflosigkeit nicht entgeht. In der Nacht, mit der alles endet, möchte man fast Mitleid haben mit dem Mitleidlosen – der sich in einer Enge wiederfindet, die drückender ist als die von Wilhelmshorst, das Huchel erst im April 1971 Richtung Westen verlassen darf und dem er einstweilen, im Gedicht, in die Weiten Shakespeares und die Tiefen der schottischen Geschichte entflieht.

Unglücklich und daheim

Zum Tod Seamus Heaneys

Für Joseph Brodsky, mit dem er eng befreundet war und dem er selbst einen ergreifenden lyrischen Nachruf widmete, war das Gedicht eine Versicherung gegen die Vulgarität des Herzens, nichts Geringeres als die höchste Form menschlicher Rede. Es soll Menschen geben, denen das zu weit geht, die eine solch glühende Überzeugung gar belächeln. Wer jedoch einmal die Gedichte des Iren Seamus Heaney gelesen hat – und sie danach, etwas anderes ist überhaupt nicht denkbar, wieder und wieder gelesen, sie bewundert, im Herzen getragen, verehrt hat –, der weiß: Brodsky hatte recht, und Heaney war der Beweis.

Wo sollte man anfangen mit dem Zitieren, mit dem Schwärmen? Beim Titelgedicht seines Debütbandes *Death of a Naturalist*, der 1966 beim renommiertesten englischen Verlag, bei *Faber & Faber* also, erschien, bei den Zeilen um den jugendlichen Forscher, in denen die riesigen, mythischen Frösche wie Schlammgranaten hüpfen, in denen »the great slime kings« zu einer so sinnlichen wie bedrohlichen Präsenz finden? Bei einem dem nordirischen Dichterfreund Michael Longley gewidmeten Kindheitspoem über einen Brunnen als »privater Helikon«, in den der Dichter als großäugiger Narziss und Dreikäsehoch starrt und ruft und derart die Dunkelheit zum Widerhallen bringt, während weit unten eine Ratte durchs Wasser huscht? Oder doch bei all den unvergesslichen Beschwörungen der irischen Moorlandschaft, des »bogland«, diesem die Landschaft prägenden und rätselhaften Boden, dem schmatzenden, nassen Grund, der, wie Heaney schreibt, grundlos ist, der selbst ein Stückchen Butter, das er verschlingt, hundert Jahre lang weiß und rein und salzig erhält, sich dabei aber so sanft gibt, ja selbst eine Art »schwarze Butter« ist, die unter den Füßen des Wanderers schmilzt und sich öffnet? Nicht zu vergessen all die herrlichen Gedichte über Tiere, darunter Dachse, ein toskanischer Otter sowie ein erotisches und zutiefst anrührendes Stinktier in Kalifornien. Wo große Dichter am Werk sind, bleibt nichts so, wie es zuvor schien. Unter den Händen Seamus Heaneys verwandelte sich Schlehengin in etwas Sensationelles, ganz genauso Austern und die jährliche Ernte, das Torfstechen, der Grenzübergang, all die nur scheinbar kleinen Alltäglichkeiten einer Welt, die jeder Leser zugleich als seine eigene und eine schlagartig fremde, eine durch und durch erstaunliche wahrzunehmen eingeladen war. Heaney, der als junger Dichter dank Patrick Kavanagh und anderer Vorläufer lernte, dass keineswegs das Außergewöhnliche das Material für große Gedichte liefert, weniger die großen Konzepte (zwischen denen er sich »like a double agent« hin und her bewegte, wie es in einem Prosagedicht heißt), nicht die Schlagwörter, sondern ganz im Gegenteil das, was direkt vor der Nase liegt, zur von jeher vertrauten Umgebung gehört, Heaney versah das Landleben seiner nordirischen Heimat ebenso mit Glanz wie die Gegend ums Glanmore Cottage in den Wicklow Mountains nahe bei Dublin, wohin er sich mit seiner Familie in den siebziger Jahren zurückzog. Er ähnelte darin, scheint mir, dem Handwerker in einem seiner frühesten Gedichte, den er in drei vierzeiligen Strophen beim Decken der Dächer mit neuem und reinem Stroh beobachtet und dessen »Midas touch« er mit Präzision und Zuneigung rühmte; und so wurde auch all das, was Heaney als Dichter anfasste – als Dichter, der sein eigenes Handwerk wie jener »thatcher« von Grund auf beherrschte –, zu poetischem Gold, allerdings nicht zu reinstem, denn das

Unterlaufen der Form war bei all seinem Respekt für die Tradition, die irische wie die englische, ebenso ein Teil seiner Lyrik wie »die Schlammblüten der Mundart«, wie er es nannte. Immer verbanden sich filigrane Metrik und Metaphorik mit irischem Alltagsenglisch und ungeschönt derbem Vokabular, es durfte knarzen und furzen und schmatzen in diesen Zeilen; immer war es weniger das allzu Polierte als »das Krummschwert / Von Kuhpisse im Wind«, was ins Leuchten geraten durfte. Heaneys Gedichte bleiben nah an der sinnlichen Welt, an ihren Gerüchen, Geräuschen, und so augenfällig seine Belesenheit und Weisheit ist, nicht nur in den glänzenden und für jeden Dichter lehrreichen Essays und Vorträgen, so offenkundig ist seine Liebe zum Gewöhnlichen. Nur so konnte es zu Sprachbildern von Heaney'scher Kraft kommen, konnte man eine Melkerin an einer Harfe aus Milch spielen sehen.

Ich hatte bereits Gedichte von Seamus Heaney gelesen, als ich 1994 ans ehrwürdige Trinity College nach Dublin ging, um dort bei dem Dichter Brendan Kennelly, der Heaney seinerseits gut kannte, irische Poesie zu studieren. Wir diskutierten ausgiebig und leidenschaftlich über das vielleicht berühmteste Gedicht des künftigen Nobelpreisträgers, »Digging« – ohne freilich dem Verfasser selbst zu begegnen, der nicht weit entfernt von uns wohnte, in Sandymount im Osten der Stadt, nicht weit vom Martelloturm, in dem James Joyce einst gelebt hatte. Ich sah ihn zum ersten und einzigen Mal vier Jahre später, als ich mit einem irischen Dichter meiner eigenen Generation in die Dubliner Buchhandlung *Waterstone's* in der Dawson Street ging, um einer Lesung des Lyrikers Dennis O'Driscoll beizuwohnen; O'Driscoll, der selbst erst im vergangenen Jahr verstarb, publizierte, das sei am Rande, dafür aber mit Nachdruck bemerkt, einen Band mit Gesprächen, die er über einen längeren Zeitraum hinweg mit Seamus Heaney geführt hatte, einen Band, der jedem zu empfehlen ist, der die Geheimnisse der Poesie ergründen will. Bei *Waterstone's* jedenfalls tauchte mit der größten Selbstverständlichkeit und Bescheidenheit auch Seamus Heaney auf, suchte sich einen Platz irgendwo in der dritten Reihe und grüßte zuvor die ihm bekannten unter den Anwesenden, auch den Freund, für dessen junge Literaturzeitschrift *Metre* er, wie ich danach im Pub erfuhr, die Schirmherrschaft übernommen hatte. Keine unnahbare Berühmtheit betrat da den Raum, sondern ein Freund und ein Leser, ein Ermunterer und Wertschätzer ohne jede Spur von Überheblichkeit. Wie gern hätte ich eine Lesung von ihm selber erlebt, von einer persönlichen Begegnung ganz zu schweigen; es blieb beim Erwerben jedes neu publizierten Bandes, beim Lesen und Wiederlesen des nie an Frische einbüßenden Gesamtwerks – auch wenn es im vergangenen Jahr zwei Gelegenheiten gab, die mich hoffen ließen, es könnte doch einmal über das rein Schriftliche hinausgehen, zwei Gelegenheiten, deren fruchtloses Verstreichen mir heute umso bitterer erscheinen muss: Zum einen die gemeinsame Teilnahme an einem Londoner Poesiefestival im olympischen Sommer, bei dem ich Seamus Heaneys Lesung und den anschließenden Empfang verpasste, weil wir, denn das ging vor, in einem anderen Londoner Stadtteil den Geburtstag meiner Frau feierten; zum anderen ein herbstlicher Aufenthalt in Chicago nur wenige Monate später, nun ausgerechnet an meinem Geburtstag, als die *Poetry Foundation* mich am Vorabend vor meiner eigenen Veranstaltung zu einem Abend mit Heaney eingeladen hatte, aber die amerikanischen Grenzbeamten allzu gnadenlos ihrer Arbeit nachgingen und wir den Flughafen erst Stunden später, nachts und lange nach der Verabredung verlassen konnten. Ich hätte Seamus Heaney gern einmal persönlich gesagt, wie maßgeblich, wie bereichernd und wie ermutigend seine Poesie während des letzten Vierteljahrhunderts für mich gewesen ist. Daraus ist aufgrund widriger Umstände nichts geworden, doch bleibt mir das Wissen, dass zumindest mein Berliner Briefkasten einmal einen handgeschriebenen Brief von ihm entgegennehmen durfte. Er war nicht an mich adressiert, das versteht sich, sondern an den Dichter Matthew Sweeney, der damals in unserer Wohnung lebte. So bleibt ein Briefkasten mit magischer Aura; es bleiben die Bücher und statt eines versäumten Gesprächs doch wenigstens die Aufnahmen, auf denen Heaney unter anderem sein großes Gedicht »The Tollund Man« aus dem Band *Wintering Out* von 1972 vorträgt, das am Anfang einer ganzen Reihe von Poemen über Moorleichen steht, »The Grauballe Man«, »Bog Queen« und nicht zuletzt »Punishment« wären weitere; Gedichte, die wie alle seine Werke von der präzisen Anschauung, Anteilnahme und sprachlichen Brillanz leben und die zugleich dem bitteren Konflikt in Heaneys Heimat Nordirland Form und Fassung zu geben verstanden: »Eines Tages werde ich nach Aarhus fahren, / Um seinen torfbraunen Kopf zu sehen, / Die sanften Schoten seiner Augenlider, / Seine spitze Lederkappe« – man höre nur einmal Heaney selbst diese Verse vortragen, in seinem sanften, melodischen, unendlich anziehenden irischen Englisch. »Out there in Jutland / In the old man-killing parises / I will feel lost, / Unhappy and at home«, so endet dieses Poem: »Dort draußen in Jütland / In den alten männermordenden Gemeinden / Werd ich mich verloren fühlen, / Unglücklich und daheim.« Welcher Dichter, welcher Leser fühlte sich nach der erschütternden Nachricht vom vergangenen Freitag nicht selbst noch etwas verlorener, wer wäre nun nicht unglücklicher als zuvor? Welch ein Verlust. Und doch ist da der Trost dieser großartigen, welterfassenden und weltumarmenden Gedichte, in denen es sich daheim sein lässt, die jedem eine Heimat anbieten, der zu lesen und zu hören versteht.

Der Mann, der nach Achill wollte

Ein Reisestück

Westport, hatte die freundliche Taxifahrerin gesagt, die mich in aller Frühe von meinem Hotel am Dubliner Stephen's Green zur Heusten Station gefahren hatte – Westport, das sei zwar ein Ort von überschaubarer Größe, im Grunde sogar, Verzeihung, ziemlich genau dort gelegen, wo sich auch das Hinterteil der Welt befinde, aber dennoch ganz reizend. Keinesfalls solle ich versäumen, in Matt Molloy's Pub ein Bier oder auch zwei zu trinken, immerhin sei der Besitzer, dessen Name auf das Etablissement übergegangen sei, ein Mitglied der berühmten irischen Folkgruppe der *Chieftains* und deren virtuoser Tin-Whistle-Spieler, der gelegentlich, wenn eine Tresenkraft den Zapfhahn übernehme, auch seinen Gästen die eine oder andere Melodie zu Gehör bringe. Für den Rat hatte ich gedankt, aber bedauernd erklärt, dass keine Zeit für Kneipenbesuche bleiben werde, denn ich wolle gleich am Bahnhof in einen Mietwagen umsteigen und unverzüglich weiterreisen. Und nun saß ich bereits im Zug nach Westport, jenem Städtchen an der Westküste Irlands, das ein Reisender streift, dessen Ziel Achill Island ist, die größte aller irischen Inseln, deren Landschaft, heißt es, ebenso unwirtlich wie magisch ist, eine von den Nordatlantikstürmen geschüttelte und aufgeraute Schönheit mit nur wenigen Besuchern, dafür umso mehr Schafen, felsig und grün und jetzt, Mitte Februar, ausschließlich von Winterginster beleuchtet. Kennern ist Achill Island auch deshalb ein vertrauter Name, weil Heinrich Böll hier mitunter lebte und an seinem *Irischen Tagebuch* schrieb – und tatsächlich, zu seiner Arbeitsstätte zog es mich, zum Böll'schen Cottage am Rande des verschlafenen Dorfes Dugort auf Achill Island, wo ich ein paar Wochen zu bleiben und zu arbeiten gedachte, nur in Gesellschaft von Wind und Torffeuer. Vor dem Zugfenster glitten unterdessen die Grafschaften Kildare, Offaly, Westmeath und Roscommon vorbei, die gleichmütige Landschaft des irischen Binnenlands, die gleichwohl jedem, der einmal längere Zeit in Irland verbringen durfte, das Herz höher schlagen lässt, die Hügel und Felder, von gedrungenen Steinmauern durchzogen und von Wolltupfern akzentuiert, unter ihnen eine Vielzahl übermütiger Osterlämmer; die zentralen Ebenen Irlands mit ihrem nassen, schweren Grün, ihren Seen und Moorlandschaften, die mich, beim Blick hinaus aus dem Fenster, immer wieder an die Landschaftsdichtungen Seamus Heaneys denken ließen:

> Our unfenced country
> Is bog that keeps crusting
> Between the sights of the sun.
>
> They've taken the skeleton
> Of the Great Irish Elk
> Out of the peat, set it up,
> An astounding crate full of air.
>
> Butter sunk under
> More than a hundred years
> Was recovered salty and white.
> The ground itself is kind, black butter
>
> Melting and opening underfoot …

Bahnhof um Bahnhof, die immer winziger und unscheinbarer wurden, und die Mitreisenden verließen das Abteil, um hinaus zu dieser schwarzen Torfbutter zu steigen, in jener Landschaft zu verschwinden, deren nasses Zentrum, so behauptet Heaney am Ende seines Gedichts, keinen festen Grund habe, bodenlos sei. Als wir die Grenze zur Grafschaft Mayo überquerten, hatte sich der Zug bereits merklich geleert, und bei der Ankunft in Westport, der Endstation, hinter der lediglich noch der schienenlose Atlantik wartete, griffen nur mehr ein paar wenige müde Passagiere nach ihren Koffern oder Rucksäcken.

Mir war versichert worden, dass ein Mann namens Michael McDonald mich mit dem Mietwagen erwarten würde, um gleich am Bahnhof die wenigen Formalitäten zu klären und mir Gelegenheit zu geben, noch am frühen Nachmittag, im Hellen also, nach Achill Island aufzubrechen. Da keine der üblichen Autovermietungen eine Filiale in Westport unterhielt, war mit dem örtlichen Volkswagenhändler Hastings ein Arrangement getroffen worden, aber nichts: Vor dem Bahnhofsgebäude stand, nachdem die letzten Reisenden vom Nieselregen verschluckt worden waren, nur ein einziges, einsames Gefährt, ein Taxi, dessen Chauffeur mir hin und wieder einen ermunternden Blick zuwarf. Ich zog mein Mobiltelefon heraus und wählte die Nummer des Autohandels Hastings, die mir für alle Fälle übermittelt worden war, doch bloß ein Anrufbeantworter sprang an; tatsächlich war es ein Samstag und das Geschäft offiziell vielleicht schon geschlossen. Hinter mir lag der verwaiste Bahnhof von Westport, über mir tat sich ein grauer Winterhimmel auf, der Regen fiel auf mich, aber kein Michael McDonald geriet in Sicht; nur der Taxifahrer stand weiterhin da, und an ihn wandte ich mich nun mit der Frage, ob er den Autohandel Hastings kenne. Sicher kenne er den, antwortete der Mann, dessen freundliche Augen und sorgfältig getrimmter grauer Bart sogleich Vertrauen fassen ließen, das Geschäft befinde sich allerdings ein paar Meilen außerhalb von Westport; ob er mich dorthin fahren solle? Da Eingebungen ausblieben und die Straße um uns herum weiterhin menschenleer war, kein Auto und erst recht kein Mietwagen zu sehen war, willigte ich ein, und bald ließen wir Westport hinter uns und fuhren hinaus ins schwarzbuttrige Torfland von Mayo, bis Steve, so hatte sich mein Begleiter vorgestellt, vor dem abgedunkelten und verschlossenen Autohaus Hastings die Handbremse anzog. Ohne Hoffnung wählte ich erneut die Nummer, und immerhin: sie stimmte, denn tief im Innern des Autohauses, unerreichbar auf einem der Bürotische, begann, wie ich durch die Scheibe erkennen konnte, das diabolische rote Auge eines Anrufbeantworters zu blinken.

Steve hatte, an sein Taxi gelehnt, geduldig gewartet, auch als ich, sinnloserweise und um ganz sicherzugehen, noch einmal um das Gebäude herumgegangen war, und öffnete mir nun die Beifahrertür. Auf dem Weg zurück nach Westport wuchs mit meiner Ratlosigkeit die Bereitschaft, nach Strohhalmen zu greifen, Unmögliches zu versuchen, und so fragte ich Steve, ob er nicht, da aus Westport stammend, möglicherweise einen gewissen Michael McDonald, seines Zeichens Angestellter beim Autohaus Tim Hastings, kenne. Steve kannte ihn, ich hätte es wissen sollen, nicht, erklärte sich aber nach kurzer Kontemplation bereit, den Inhaber seines Taxiunternehmens anzurufen, dessen Bekanntenkreis als Entrepreneur um ein Vielfaches größer als der seine war, ja der im Grunde mit der gesamten Einwohnerschaft von Westport befreundet sei. Der Chef war im Gespräch, rief aber nach ein paar Minuten zurück und bedauerte; zwar kenne er Michael McDonald tatsächlich, sei aber nicht im Besitz von dessen Telefonnummer. Dafür teilte er uns die Nummer der Schwiegermutter des Gesuchten mit und empfahl uns, es dort zu versuchen. Wir folgten seinem Rat, aber die ältere Dame, die Steves Anruf nach einer Weile entgegennahm, konnte uns weder eine direkte Durchwahl zu ihrem Schwiegersohn Michael McDonald noch seinen gegenwärtigen Aufenthaltsort nennen, sehr zu ihrem Leidwesen, wie sie uns versicherte, empfahl uns aber, nachdem sie die Gelegenheit genutzt hatte, mit Steve über dieses und jenes Vorkommnis in Westport zu plaudern, Michaels Bruder aufzusuchen, der, obwohl es Samstagnachmittag war und die Dämmerung nicht mehr lange auf sich warten lassen würde, noch immer in seinem Matratzengeschäft in der Bridge Street gleich im Zentrum von Westport anzutreffen sein müsse, und bat darum, ihn herzlich von ihr zu grüßen, auch Michael McDonald, sollten wir ihn ausfindig machen. Mein Fahrer Steve, der mich schon seit einer Dreiviertelstunde ohne Murren durch die Grafschaft Mayo chauffierte, der, zu meiner Verblüffung, seit Erreichen des ursprünglichen Ziels, des Autohauses Hastings also, den Taxameter ausgeschaltet hatte und weder für die zusätzlichen Meilen noch für die Telefonate Geld annehmen wollte, mein bärtiger Westporter Schutzengel Steve, der sich überdies erbot, höchstpersönlich in das Matratzengeschäft in der Bridge Street zu gehen, während ich noch einmal mit dem Anrufbeantworter des Hauses Hastings Kontakt aufnahm, kehrte kopfschüttelnd zum Wagen zurück: Der Bruder von Michael McDonald sei tatsächlich noch dort gewesen, ein freundlicher und hilfsbereiter Mann, *a fine young man*, habe aber, Gott sei's geklagt, nicht die blasseste Ahnung, wo sein Bruder sich derzeit aufhalten könne, und außerdem müsse er, Steve, auch wenn es ihm das Herz breche, nun erneut zum Bahnhof von Westport fahren, weil der nächste Zug aus Dublin, der auch der letzte des Tages sei, in ein paar Minuten dort eintreffe und er einen Fahrgast erwarte. Er kritzelte allerdings die Telefonnummer seines eigenen Mobiltelefons auf einen Zettel und sagte, ich solle mich, um was auch immer es sich handele, in welchen Schwierigkeiten ich auch stecken möge, bei ihm melden, und er riet mir, zunächst eine halbe Stunde in jenem Café an der Ecke zu verschnaufen und die Hoffnung nicht zu verlieren, der Dinge zu harren; er werde sich seinerseits melden, wenn er noch irgendetwas herausfinden könne.

Über Westport brach unerbittlich der Abend herein, während ich mit einem Kaffee, so schwarz wie die Seele von Michael McDonald, am Tisch saß und die nächsten möglichen Schritte erwog. Wo Michael McDonald sich aufhielt, konnte ich nun zumindest erraten, denn in dem Fernseher, der von der Decke des Cafés herabhing, lief, wie in vermutlich jedem einzelnen Pub der Grafschaft Mayo, ja, ganz Irlands, die Liveübertragung des Rugbyspiels, das Frankreich und Irland auszutragen hatten und in dem Irland völlig verdient und zu meiner großen Zufriedenheit mit mehreren Punkten zurücklag. Mein Telefon blieb stumm, auch Steve schienen die Ideen ausgegangen zu sein. Ich beschloss, da an eine sofortige Weiterreise nicht mehr zu denken war und niemand mich mitten in der Nacht ins Böll'sche Cottage einlassen würde, die Nacht in Westport zu verbringen und auf den morgigen Sonntag zu vertrauen, den Valentinstag, wie man mir in allen Westporter Hotels versicherte, in die ich mein Gepäck trug und deren Zimmer ebendeshalb schon seit dem Vortag an Liebespaare aus der gesamten Republik vergeben waren. Schließlich fand ich – die Nacht war mittlerweile hereingebrochen – in einer vormaligen und nun zu einem Bed & Breakfast umgewandelten Destillerie am Rand von Westport ein letztes freies Zimmer und erinnerte mich, während ich dem Koffer nur das Nötigste entnahm, an die Worte – war es wirklich an diesem Morgen gewesen und nicht schon viel länger her? – der Taxifahrerin in Dublin.

Warum also nicht, wenn ich nun schon wider Willen länger als ursprünglich vorgesehen mich in Westport aufzuhalten gezwungen war, den legendären Pub von Matt Malloy besuchen?

Kein Wirt spielt die Tin Whistle, als ich den Schankraum mit der niedrigen, rauchgebräunten Decke betrete, doch es ist bereits zum Bersten voll, die Luft von Stimmenlärm und Gelächter erfüllt, und man drängt sich in mehreren Reihen am Tresen, um eine Runde – nicht die erste – des torfschwarzen Biers zu bestellen und zurück zu einem der kleinen runden Tische zu tragen oder gleich im Stehen den sahnesteifen, kühlen Schaum abzunippen. In der offenen Feuerstelle lodert ein kühn aufgeschichtetes Torffeuer, und ein paar Musiker in der Ecke haben sich bereits in Wallung gespielt – eine Geige erkenne ich, eine Gitarre und den Bodhrán, jene schmale, mit Ziegenfell bespannte und mit einem kleinen Holzschlägel gespielte irische Trommel, während auch ich ein Bier erwerbe und mich in die letzte Lücke auf der schmalen Holzbank an einem der Tische dränge, unweit der Musikerrunde. Ich sei wohl ganz offensichtlich der einzige Ausländer hier um diese Jahreszeit, sagt der freundliche Hüne mir gegenüber mit einer Stimme, die gerade laut genug ist, um durch den Lärm und seinen roten Vollbart zu mir durchzudringen, und stellt seine zartere Begleiterin als Tracey und sich selbst als Shane vor, beide aus Dublin und wie die meisten hier zum Valentinstag an die Westküste gereist. Tatsächlich, ich sehe mich um, sind es vor allem jüngere Paare, die den Pub mit ihrer Ausgelassenheit schier platzen lassen, und auch Dennis aus Limerick und seine Freundin Sabrina, die unseren Tisch vervollständigen, gehören dazu. Dennis spricht schon mit schwerer Zunge, macht sich aber sogleich schlingernd auf den Weg, um unsere Zufallsgemeinschaft mit neuen Getränken zu versorgen. Ein zweiter Gitarrist vollbringt das Kunststück, den Pub mit seinem Instrumentenkoffer zu betreten, dringt zur Runde der Musiker neben uns vor und stimmt sogleich ein. Wir stoßen an, beginnen eine Plauderei, die den Stimmbändern alles abverlangt, während die Hitze vom Torffeuer den ganzen Körper liebkost und der Lärm weiter anschwillt. Eine Mandoline und eine weitere Geige werden ausgepackt, ich erzähle von meinen Plänen, meinem Stranden in Westport, von Michael McDonald, von Steve; man ist begeistert, lacht schallend und schlägt mir auf den Rücken, gratuliert mir zum Aufenthalt in Westport, was für ein Glück, immerhin befände ich mich im spektakulärsten Pub der gesamten irischen Westküste, während sich Dennis erneut auf den Weg zum Tresen macht, denn wir haben einen ganz unwahrscheinlichen Durst, der gelöscht werden will. Ich bin der Hauptdarsteller in einer Posse, die den Titel »Der Mann, der nach Achill wollte« trägt, und spüre, wie wohl mir das Bier und die Gesellschaft tun, während mein Gesicht zu glühen beginnt und die knappe Luft herrlich nach Torfrauch schmeckt. Und wir stoßen mit frischen Bieren an, die von irgendwo herübergereicht worden sind, und brüllen uns Begeisterndes zu, als zwei Flötistinnen sowie ein nur mit Haushaltslöffeln, mit Behelfskastagnetten klappernder Greis sich in die Runde der Musiker zwängen und johlend begrüßt werden. Und Tracey erzählt von ihrer Großmutter und Sabrina von den verborgenen Schönheiten der Stadt Limerick, und wir stoßen an, wobei mir Dennis' Gesichtszüge im schummerigen Licht von Matt Molloys Pub nun doch merklich verrutscht zu sein scheinen. Und das Torffeuer brennt noch höher und heller, während Shane mir einen Arm, der für nichts Geringeres als Streitäxte geschaffen wurde, um die Schulter legt und mir erklärt, dass die englische Fahne, ich wisse ja, Rot auf Weiß, auch *the butcher's apron*, die Metzgerschürze also, genannt werde, und der Name Oliver Cromwell fällt, und nach unserer Exkursion in die Historie stehe ich auf und erwerbe weitere fünf Gläser göttliches kaltes Schwarz, und als ich zurückkomme, legen zwei der Musiker eine Verschnaufpause bei uns ein, und wir stoßen an, und man erklärt mir brüllend den Unterschied zwischen Jig und Reel, zwischen Reel und Jig. Und Dennis' Mund steht nun schon seit geschlagenen zwei Minuten offen, ohne dass etwas anderes aus ihm gekommen wäre als jener dünne Speichelfaden, und der Gitarrist serviert ein paar dringend benötigte, ja lebensrettende Biere vom Tresen, als der Geiger mir ins Ohr schreit, Berlin, aber ja, da habe er ein paar Jahre lang auf einer Baustelle geschuftet, und aus dem Pub gleich neben der Baustelle, ebenjenem, ganz genau, sei er ungezählte, herrliche Male hinausgetragen worden. Und wir sitzen in einer tobenden Masse, in einer Höhle aus Lärm, und ich habe nicht die geringste Ahnung mehr, wer Michael McHastings oder Donald McStevens überhaupt sein sollen, es ist ja alles wunderbar egal, während Shane mir, aber wirklich nur unter Brüdern, das Geheimnis seiner unmittelbar bevorstehenden Hochzeit ins Ohr schmettert, vorausgesetzt, Tracey willigt ein, und wir stoßen darauf mit den Bieren an, die ebenjene Tracey in der Zwischenzeit, Gott schütze sie, herbeigeschafft hat, und nun wird Dennis seinerseits unter großem Gejohle und Beifall hinausgetragen, während das Torffeuer noch höher und gleißender brennt und die Musik einen Jig spielt und gleich darauf einen Reel und dann wieder einen Jig, wer weiß, sich schneller und schneller zu drehen beginnt, es müssen mittlerweile vier Geigen und noch mehr Gitarren sein, wie mir scheinen will, es ist eine Hitze und es ist ein Glühen, denen man nur mit der Farbe Schwarz beikommen kann, weshalb wir erneut anstoßen, nur noch mit T-Shirts bekleidet, und plötzlich springt Shane, mein bärtiger Stammesführer Shane, neben mir auf und brüllt, nun sollten alle Hurensöhne in diesem herrlichen Höllenloch von

Kneipe, verdammt noch mal, einfach für ein paar Augenblicke die Klappe halten, und er steigt, während der Lärm wie gekappt ist, auf unseren kleinen, runden Tisch, dass die Biergläser überschwappen und wanken, und beginnt leise und mit einer Stimme, die so melodisch und von so erstaunlicher Sanftmut ist, dass sie unmöglich aus dem Inneren dieses Hünenkörpers kommen kann, eine alte gälische Ballade zu singen, während das Torffeuer knackt und rauscht und rings um uns alles in Stille versinkt, und ich mit.

Unerheblich, wie viele Getränke es letztlich wurden, bevor ich in den ersten Stunden des heiligen Sonntags meinen Weg durchs schlafende Westport suchte und schließlich fand; ein Detail nur, dass mein Wirt, denn um ihn musste es sich wohl handeln, weil kein Wirt sich über den Lärm beschwerte, die ganze verbleibende Nacht lang brüllend und offenbar von einem Dämon besessen durch die Flure zog und auf Wände und Türen eintrommelte, so dass ich, sowieso schlaflos, die schwere Holzkommode vor die Tür zu schieben mich entschloss; keiner Rede wert auch der am nächsten Morgen nicht zu leugnende Kopfschmerz, der mich zu einem langen Spaziergang durch die winterliche Gegend um Westport ermunterte. Kein Anruf von Steve, dem Taxifahrer – dafür, wie zum Hohn, überall der Name und das Logo des Autohändlers Hastings, auf den Aufklebern an fast jedem geparkten Auto, an dem ich vorüberging, auf dem Schild einer stillgelegten Tankstelle, auf dem riesigen Wandbild eines Wohnhauses am Ende der Straße. Am Meer griff der Wind mir noch kälter, ja wohltuend eisig ins Gesicht; am Hafen schaukelten die Fischerboote in ihrer Sonntagsstille, und wie zum Greifen nah, gleich hinter den Weiden und Koppeln, ragte der Berg Croagh Patrick auf, jenes Pilgerziel, dessen Gipfel von einer nahezu perfekten runden Wolke verhüllt war und einer Freimaurerpyramide mit zu groß geratenem Auge glich. Und dort, die Insel, die man im dunstigen Nordwesten gerade noch erkennen konnte, einer fernen Küste vorgelagert – es musste Achill Island sein, mein Ziel, mir versagt, Achill, das aus irgendeinem Grund nach jenem antiken Helden benannt worden war und mich an Zenons berühmtes Paradox denken ließ, nur dass in diesem Fall Achill unerreichbar und ich noch langsamer als jede Schildkröte war. Ich sah die Uhrzeit auf meinem stummen Telefon und machte mich auf den Rückweg, um eine weitere Nacht in meinem Bed & Breakfast zu buchen, schlief steinern und diesmal ohne Unterbrechung bis zum Montagmorgen durch und wurde, nachdem ich ein weiteres Mal in Steves Taxi zu Gast sein durfte, von einer freundlichen jungen Mitarbeiterin des Autohauses Hastings Ltd. empfangen und mit meinem Mietwagen vertraut gemacht: Nein, sagte sie, Michael McDonald sei an diesem Montag leider nicht in seinem Büro, er habe sich heute einen freien Tag genommen, was man aber, nicht wahr, gut verstehen könne, immerhin habe er nicht weniger als sechs Kinder. Und wirklich: Ich konnte alles und jeden verstehen, sah nach diesen zwei nicht verlorenen, sondern geschenkten Tagen alles in einem gütigen irischen Licht. Immerhin, so dachte ich, gab es auf dieser Welt sechs Geschöpfe, die sich der Existenz von Michael McDonald ganz und gar sicher sein durften, vorausgesetzt, er behandelte seinen eigenen Nachwuchs nicht wie die Kundschaft im Autohaus Hastings, und so bedankte ich mich bei der Mitarbeiterin und, besonders innig, bei Steve, stieg, ganz im Reinen mit Westport und dem Rest der Welt, in meinen Volkswagen und setzte die Reise nach Achill Island fort.

Wer weiß, ob man nicht jeden Ort in seinem Leben zumindest zweimal besucht. Mich jedenfalls verschlug es Jahre später aus Gründen, die nicht von Bedeutung sind, erneut nach Westport; ein weiteres Mal hatte ich den Zug in Dublin bestiegen und war in einem rasch sich leerenden Abteil Richtung Westen gereist, vorbei an Frühjahrslämmern und erschrockenen Kälbern, vorbei an Schwarzbuttertorf und Wassertümpeln, auf denen ein hoher irischer Himmel sich einen Augenblick lang ausruhte – und ich war fest entschlossen, erneut Matt Molloys Pub aufzusuchen, in dem ich so herrliche, trunkene Stunden verbracht hatte. Als ich ankam, fand ich die Tür zu meinem Erstaunen verriegelt vor, und statt der Öffnungszeiten war ein handgeschriebener Zettel angebracht worden, von schwarzem Trauerflor umrahmt: Das Lokal sei vorerst geschlossen; man möge für die Seele Claire Kavanaghs beten, Tochter von Matt Molloy, die vor zwei Tagen, kurz vor ihrem vierunddreißigsten Geburtstag und nach langer schwerer Krankheit, gestorben sei.

Erst jetzt bemerkte ich, dass auch die meisten anderen Geschäfte geschlossen hatten, sogar die Supermärkte, und dass überall die Fotografie einer blonden, fröhlichen jungen Frau in den Fenstern hing. Ganz Westport nahm Anteil, so schien es, und so kehrte ich, der ich eine der ausschweifendsten Nächte meines Lebens in Matt Molloys Pub erlebt hatte, an dessen vielleicht düsterstem Tag zurück. Claire Kavanagh, geborene Molloy, las ich, sei friedlich entschlafen; sie hinterlasse einen Ehemann, jung wie sie selber, wenn auch keine Kinder, hinterlasse ihren noch dazu seit Jahren verwitweten Vater und die untröstlichen Familien beider; die Trauerfeier finde am Mittag des folgenden Tages in der St. Mary's Church statt: *May her gentle soul rest in peace.*

Das Wetter von Westport hatte sich in all den Jahren nicht verändert, blieb sich vielleicht sogar im Frühjahr, Sommer und Winter gleich; der Wind jedenfalls blies so kalt wie damals, obwohl es schon Mitte Mai war. Der Croagh Patrick war diesmal von Kopf bis Fuß in Wolken gehüllt, verbarg sich nahezu vollständig in ihnen, die Böen hingegen wurden noch stürmischer und begannen schwere Regentropfen mit sich zu führen, als gelte es, bis zum Morgen ein besonders angemessenes irisches Begräbniswetter zu gestalten. Durfte ich denn den Gottesdienst überhaupt besuchen, war es schicklich für einen Fremden wie mich, an eine Teilnahme an den traurigen Feierlichkeiten auch nur zu denken, mochten sie noch so öffentlich annonciert sein? War all dies nicht den gebürtigen Westportern, den Menschen dieser Gegend, vorbehalten, wie die Tochter Matt Molloys einer gewesen war? Kavanagh, dachte ich: ein Name, der so unzweifelhaft irisch war wie kaum ein anderer, und prompt sah ich ihn, wie Jahre zuvor den des Händlers Hastings, überall, auf dem Reisebus voller Pilger, der an mir vorüber auf den Croagh Patrick zuglitt, und eingelassen auf jedem wuchtigen Kanaldeckel Westports, über den ich lief. Weinte in diesem Augenblick irgendwo ein Busunternehmer, trauerte ein Eisengießer um die Liebe seines Lebens? Mir kam das Gedicht »In Gedenken an meine Mutter« von Patrick Kavanagh in den Sinn, dem berühmtesten aller Kavanaghs, auch wenn er nicht aus dem hiesigen Mayo, sondern aus der Grafschaft Monaghan stammte:

Ich stell mir dich nicht vor, wie du im Lehm
Eines Monaghan Friedhofs liegst; ich seh dich,
Wie du auf einer Straße zwischen Pappeln
Zum Bahnhof schreitest oder fröhlich

An einem Sommersonntag zur zweiten Messe gehst –
Du triffst mich und sprichst mahnend:
»Vergiß nicht, einmal nach dem Vieh zu sehen – «
Um dein frühstes Wort ziehen Engel ihre Bahnen.

Und ich stelle dich mir vor, wie du im Juni
An hafergrünem Ackerland
Entlanggehst, voller Gleichmut, voller Leben –
Und wie an einem Markttag wir am Rand

Der Stadt uns zufällig begegnen, wenn
Das Feilschen vorbei ist, und wir zwei gelassen
Zu Geschäften, Ständen, Märkten schlendern können,
Frei in des Denkens orientalischen Gassen.

Oh, du liegst nicht tief im feuchten Lehm,
Denn es ist Abend in der Erntezeit –
Wir schichten hoch das Heu, dem Mond entgegen,
Und du lächelst zu uns empor – in Ewigkeit.

Ich aß früh in einem kleinen Fischrestaurant am Hafen zu
Abend und verbrachte die Nacht in einem der Westporter Ho-
telzimmer, an denen diesmal, lange nach dem diesjährigen Valentinstag, kein Mangel war. Nein, mich verband nichts mit
der Familie Molloy als eine kleine, mir allerdings kostbare Erinnerung, und die Verbundenheit, die ich deshalb fühlte, ohne
jemals mit Vater oder Tochter auch nur ein Wort gewechselt
zu haben, schien mir stark genug zu sein, um zumindest einen
schmalen Platz auf einer weit hinten im Kirchenschiff gelegenen Bank zu rechtfertigen.

Die St. Mary's Church war bereits voll, als ich am nächsten Mittag, feucht vom anhaltenden Regen, eintraf, und noch
immer strebten ganze Gruppen Schwarzgekleideter unter ihren gleichfalls schwarzen Schirmen von überall her auf sie zu.
Ich fand meinen Randplatz nahe beim Eingang und setzte
mich. Es war bereits zwölf Uhr, aber die Schlange derer, die
im Mittelgang geduldig warteten, um an dem vorm Altar auf-

gebahrten Sarg Abschied zu nehmen, nahm kein Ende. Claire Kavanagh, es war unübersehbar, war weit über Westport hinaus geliebt worden. Es wurde halb eins, und die Glocken der Kirche hörten auf zu läuten; es wurde Viertel vor eins, und noch immer legten Trauernde die Hand auf das weiße Sargholz, knicksten oder verbeugten sich, fügten ihre Sträuße der Blütenfülle hinzu, die den Sarg schier verschwinden ließ. Sitzplätze gab es schon lange keine mehr, doch hatte unterdessen Musik eingesetzt. Keine Kirchenorgel war es, die dort, gleich neben dem Altar, spielte, sondern eine irische Folkgruppe, gedämpft, respektvoll, wie zögernd und dennoch virtuos, es waren, ich ahnte es, die legendären *Chieftains*, jene alte Gruppe von Musikern also, der auch der heutige Pubbesitzer Matt Molloy als Tin-Whistle-Meister angehört hatte, und sie setzte während des gesamten Gottesdienstes immer wieder zu spielen an: nach der Begrüßung der gewaltigen Gemeinde durch den Pfarrer und nach dem Schuldbekenntnis; bevor der Geistliche aus dem Evangelium vortrug und bevor er begann, vom allzu kurzen Leben Claire Kavanaghs zu erzählen, von ihrer Hingabe als Lehrerin und von der Ehe, die erst vor zwei Jahren geschlossen und nun, lange vor der Zeit, beendet worden war. Doch schwiegen die Musiker, als der jungenhafte Witwer selbst sich zur Bestürzung aller erhob und, als schleife sein schmaler Körper ein Tonnengewicht hinter sich her, als habe er Schritt um Schritt das gesamte steinerne Grau der St. Mary's Church mit seinen eigenen kraftlosen Schultern vorm Einsturz zu bewahren, die Kanzel erklomm wie einen letzten Gipfel, sich vielmehr auf ihr Holz zog wie ein Schiffbrüchiger auf das eine Fass, das den Untergang überstand, und von seiner Frau zu sprechen versuchte, zu erzählen begann von ihrer und seiner Liebe, dabei aber immer wieder stockte, aufstöhnte, innehalten musste, bevor er den nächsten Satz weniger aussprach als ihn aus sich herausquälte, sodann erneut mit sich rang, ächzend Halt am Rand der Kanzel fand; wie er sich Wort um Wort abzwang, dabei versuchte, die abgründigen Laute zu unterdrücken, die der Jammer ihm, ohne dass er es hätte unterbinden können, aus der Brust presste; wie er tapfer ihre Tapferkeit pries, ihre fast jenseitige Zuversicht, und schließlich mit einer übermenschlichen Kraftanstrengung nichts als ein Blatt Papier entfaltete, jenen Brief, den seine Frau ihm und allen Lieben zum Abschied und zum Trost geschrieben hatte, ihn mit kaum noch vernehmlicher, fadendünner Stimme vortrug, bevor er noch schmaler, noch knabenhafter und wie ausgewrungen von Gram zur Kirchenbank zurückfand. Und da plötzlich, während wohl kein Betrachter in der Kirche war, dem es nicht in der Kehle gepocht hätte, während auch um mich herum alle mit den Tränen kämpften, die Familie neben mir, die alte Dame an meiner Seite, auch vor mir der Mann mit dem grauen Tweedjackett, das zu eng an seinen breiten Schultern anlag, dieser Mann mit der feierlichen Pomade im Haar, den es, ich sah es an seinem Rücken, schüttelte, als man also in der Stille des allgemeinen Entsetzens und der Ergriffenheit ringsum nur gedämpftes Weinen erwartete, da plötzlich begann so hell wie wehmütig eine Tin Whistle zu spielen, schwebte einzig ihr glasklarer Klang, ohne von den übrigen Instrumenten begleitet zu werden, durch das Kirchenschiff und zog über die Trauernden hinweg, die wie gebannt die Köpfe neigten und den Tönen folgten, rankte sich empor an den Steinsäulen und unter die getäfelte Decke, legte sich als leichteres Maßwerk über das Maßwerk, perlte vom Kandelaber, schluchzte und jubilierte zugleich – und so hörte ich nun doch und zum allerersten, vielleicht zum letzten Mal jenen Matt Molloy, der in seiner Untröstlichkeit für seine Tochter spielte, sie mit seiner Kunst hinausbegleitete aus der Welt. Es sei immer Schmerz, mit dem wir für unsere Liebe zahlen müssten, hatte der Pfarrer gesagt, und es mussten noch weitere Worte gefallen sein, während das Spiel der Tin Whistle in uns allen nachklang. Nun aber hatten wir uns erhoben, und der Friede des Herrn, sagte der Geistliche, solle mit uns sein, und auch mit seinem Geiste, so antworteten wir, und er sagte, nun dürften wir einander die Hand geben, und wir taten es, ich nahm die Hand der alten Dame zu meiner Linken, ich nahm die Hand der jungen Mutter zu meiner Rechten, und der Mann mit den pomadierten Haaren und dem grauen, allzu engen Tweedjackett in der Reihe vor mir drehte sich um, suchte nach einem Gegenüber und streckte dann mir seine Hand entgegen, und ich sah seine roten verweinten Augen und die feuchte, geäderte Haut darunter, sah seine fleischigen Rugbyspielerwangen und das Kinn, sachlich wie ein Vertragsabschluss, sah diesen perfekt getrimmten Verkäuferschnurrbart, und ich ergriff seine riesige Volkswagenhand und ich dachte, Friede sei mit dir, Michael McDonald, Friede sei mit dir.

Schamane mit verbranntem Fuchs

Über Ted Hughes

Bringen wir es gleich zu Anfang hinter uns: Ja, es handelt sich bei Ted Hughes um jenen englischen Dichter, der mit der gleichfalls bedeutenden amerikanischen Lyrikerin Sylvia Plath verheiratet war – deren Selbstmord im Februar 1963, nach sechs so stürmischen wie schwierigen Jahren gemeinsamen Lebens und Schreibens, von einem allzu beflissenen Teil ihrer Leserschaft ihm, und stets ausschließlich ihm angelastet wurde. Die Wahrheit muss wie immer komplizierter sein, und so lässt sich angesichts dieser Liaison zweier außergewöhnlicher Dichter vor allem dies festhalten: Sylvia Plath und Ted Hughes waren zunächst sehr gut füreinander, später dann sehr schlecht füreinander. Und doch: gerade dieser Abschnitt seiner an Tragödien nicht armen Biographie hat jahrzehntelang, insbesondere in den Vereinigten Staaten, den Blick auf sein Werk getrübt, wenn nicht gar verstellt. Aus heutiger Sicht erscheint das fast überraschend – nicht nur aufgrund der Bewunderung und der offiziellen Ehrungen, die nie ausblieben und Mitte der achtziger Jahre in der Ernennung zum *poet laureate* der Queen gipfelten, einem Posten, der, das sei nebenbei als Kuriosität vermerkt, seit Alfred Lord Tennysons Zeiten alljährlich in liebenswert britischer Manier mit sechshundert Flaschen Sherry entlohnt wird und den Hughes bis zu seinem Tod mit Würde und Engagement ausfüllte. Der Sympathie seitens der königlichen Familie durfte er sich sicher sein, wie die Stunden gemeinsamen Angelns mit der Königinmutter in der schottischen Sommerresidenz Schloss Balmoral belegen. Erstaunlich ist die Fixierung aufs Biographische vor allem deshalb, weil die Dichtung Ted Hughes' unzweifelhaft zu den bleibenden Errungenschaften der britischen Literatur gezählt werden muss. Der neunzehnjährige Hughes muss dies geahnt haben, als er augenzwinkernd, dabei mit dem Selbstbewusstsein des Heranwachsenden, einer Freundin brieflich mitteilte, er freue sich, dass sie eines seiner Gedichte auswendig gelernt habe; wenn dereinst seine Urne in einem ihm zu Ehren errichteten Tempel überm Trafalgar Square in London ruhe, möge sie bei Gelegenheit ihre Enkel auf das Gebäude und ihrer beider Beziehung hinweisen. Dabei lag Hughes mit seiner koketten Vorhersage auch geographisch nur knapp neben der Wirklichkeit, denn eine halbe Meile entfernt vom Trafalgar Square erinnert heute, in der Poets' Corner von Westminster Abbey, eine Ehrentafel an den Dichter. Seine Asche allerdings wurde nicht in einer Urne beigesetzt, sondern 1998 im Hügelland von Dartmoor in der Grafschaft Devon verstreut, ganz wie Hughes es verfügt hatte und wie es angemessen scheint, war er doch nie ein Dichter der Urbanität, der Cafés und Galerien, sondern ein Poet der englischen *countryside*, kein Naturdichter allerdings im klassischen Sinne, erst recht kein Sänger einer kultivierten Gartenlandschaft, sondern Hymniker eines ungebändigten, kraftvollen, erdnahen Seins. Wir finden bei Hughes keine Verse über Fahrradklammern, Industriegebäude, den Nahverkehr, das Unterhaus und Gurkensandwiches, wenn auch die Gegenwart stets greifbar ist und man durchaus auf einen pensionierten Colonel treffen kann oder auf einen Auktionator, auf fernseherhellte Pubs, Schiffe, Bahnhöfe, englische Straßenszenen; die unvergesslichsten Begegnungen in diesen Gedichten verdankt man jedoch Ochsenfröschen, neugeborenen Lämmern und dem Mond zur Erntezeit.

Seine Wurzeln hat Hughes nicht in Devon, sondern in

Yorkshire, jener Grafschaft in Nordengland, die für einen besonders markanten Dialekt und eine gewisse Verschrobenheit, für ihre *shrewdness*, bekannt ist: Hughes ist ein Yorkshireman, ganz so wie Simon Armitage, erfolgreichster Dichter einer jüngeren Generation, der wie so viele stark von Hughes beeinflusst wurde und vor einigen Jahren eine sehr persönliche Auswahl seiner Gedichte zusammenstellte. In Yorkshire also wurde Ted Hughes geboren, am 17. August 1930 in Mytholmroyd, einem Städtchen am Fluss Calder, gelegen in einer Schlucht in den Pennines, das Hughes selbst in einer Kindheitserinnerung als dunklen und feuchten Ort beschrieben hat; hier wuchs er auf, inmitten von Wiesen, Kricketplätzen, Eisenbahngleisen und Textilfabriken, überragt von einer bedrohlichen dunklen Felswand: »Nichts«, so Hughes, der sich selbst einzuschließen scheint, »nichts schafft es hier jemals, ganz ins Glück zu entkommen. Die Menschen sind den Steinen zu stark verhaftet, als ob die Erde sie nur halb geboren hätte, und die Gräber sind zu dicht unter der Oberfläche.« Dabei trägt Mytholmroyd, das für wenig mehr berühmt ist als eben für Ted Hughes, wunderbarerweise schon das Wörtchen »myth«, den Mythos also, im Namen – durchaus angemessen bei einem Dichter, der in fortgeschrittenem Alter die *Metamorphosen* Ovids in ein zeitgenössisches Englisch umformte und zu dessen zeitlebens bevorzugter Lektüre Volksmärchen, englische, irische, aber auch solche aus aller Herren Länder gehörten, der nie müde wurde, sich mit Mythen zu beschäftigen, mit klassischen ebenso wie mit jenen der Naturvölker, und der die Macht des mythischen Denkens in poetischer wie gesellschaftlicher Hinsicht immer wieder beschwor. »Ein Mythos von Gazellenherden«, so heißt es prägnant in einem Essay, »ist das Schwanzzucken. Eine Gazelle zuckt mit dem Schwanz – und das Schwanzzucken geht von Gazelle zu Gazelle geradewegs durch die Herde, während alle ihre Köpfe gesenkt halten und unbekümmert weiteräsen. Für die einzelne Gazelle muss es sich anfühlen wie ein gemeinsames, kurzes Gebet, das aussagt: Solange wir alle als *eine* Gazelle existieren, ist die volle Gazellenkraft in mir, bin ich eine unsterbliche Gazelle.«

In Yorkshire waren es sicherlich auch Gazellen, vor allem aber all die heimischen Säugetiere, Reptilien, Vögel und Fische, die seine Vorstellungskraft belebten und formten. Schon der vierjährige Ted Hughes fing mit Begeisterung Mäuse und trug lebende Frösche in seinen Hosentaschen nach Hause, sammelte Spielzeugtiere aus Blei und folgte seinem bewunderten älteren Bruder Gerald, wie er schreibt, als »Apportierhund« bei dessen Jagdausflügen, erstellte ganze Tagebücher mit Listen der Beutetiere, jagte und angelte bald auch selbst – eine Leidenschaft, die ihn nie losließ und, zwangen ihn die Umstände, in der Großstadt zu leben, durch eine Jahreskarte für den Londoner Zoo gestillt werden musste.

Bald nach dem Umzug in die Industrie- und Kohlestadt Mexborough, wo sein Vater, eigentlich Tischler, einen Laden für Zeitungen und Tabak übernimmt, kommt eine zweite Leidenschaft hinzu, die für Comics, die er druckfrisch am Vortag des Verkaufs zu lesen bekommt; Spuren dieser kindlichen Lektüre finden sich in den späteren Gedichten nicht nur, wenn Minnie Mouse aufzutauchen gestattet wird, sondern auch in seinem bildreichen, unmittelbaren, schlaglichtartigen Stil – und vor allem in den Zügen seiner berühmtesten Kunstgestalt, der Krähe, »Crow«, in der Mythos und Comicfigur vereint sind. Schließlich, bestärkt von der Mutter und einfühlsamen Lehrern, erkennt er sein wahres Talent, vertieft sich zunächst in Kipling, dessen Rhythmen er nachzubilden versucht, dann in all die Dichter, die ihn ein Leben lang begleiten und seine selbstgewählte lyrische Ahnengalerie bilden werden: Chaucer, Shakespeare und Marlowe, die Romantiker Blake, Wordsworth, Keats und Coleridge, den Erfinder des »sprung rhythm« Gerard Manley Hopkins, von den Modernen vor allem Yeats und T. S. Eliot, doch studiert er auch die Zeitgenossen Dylan Thomas, dessen Werk ihm sehr vertraut wird, und W. H. Auden, dem er mit mehr Skepsis begegnet – sowie, als einzigen fremdsprachigen Dichter, den Hughes selber ausdrücklich erwähnt, Rilke, der ihn, in der Übersetzung Stephen Spenders, fasziniert. Wie sehr, lässt sich an einem seiner am häufigsten anthologisierten Gedichte, »The Jaguar«, erkennen: Ganz wie bei Rilkes »Panther« gilt der bewundernde Blick jenem Raubtier hinter den Stäben, sieht der Betrachter »gebannt / Wie das Kind den Traum einen Jaguar an, der wutentfacht / Durchs Kerkerdunkel hetzt, seinen bohrenden Blicken nach«. Doch ist hier, anders als bei Rilke, kein Wille betäubt, bleibt die Energie der Welt just dort am spürbarsten, wo der Jaguar sich befindet, selbst in Gefangenschaft, »denn«, so heißt es in der letzten Strophe, »wie keine Zelle / Den Visionär beengt, so gibt es für ihn keinen Käfig; / Wie Wildnisse von Freiheit ist sein Schreiten. / Die Erde dreht sich, wo sein Fuß sich abstößt / Vom Käfiggrund, aus dem die Horizonte steigen.«

Schon in den ersten Gedichten, die Ted Hughes zu Papier bringt, stehen die Tätigkeiten im Zentrum, denen er sich bislang ganz praktisch, auf der Pirsch mit Bruder Gerald, gewidmet hatte, das Jagen und Angeln. Noch bemerkenswerter ist, dass Hughes im Laufe der Jahre seine Theorie der Dichtkunst in Anlehnung daran entwickelt. In dem wichtigen Essay *Wie Dichtung entsteht* weist Hughes auf die Gemeinsamkeiten zwischen dem Schreiben von Gedichten und dem Jagen oder Fangen von Tieren hin. Mehr noch: Für Hughes *ist* das Gedicht eine Art Tier, ein Wesen, das eine eigene Existenz zu führen beginnt, unabhängig von dem, der es in die Welt gesetzt hat, und der Dichter muss sich hüten, es zu verletzen oder gar zu töten. Der gesamte, so komplizierte wie schöne Organismus muss in allen seinen Teilen stimmig sein, alle Glieder des tierischen Gedichtkörpers bedingen einander: »Es dauerte noch Jahre«, so Hughes über seine Anfänge,

> bis ich das schrieb, was man ein Tiergedicht nennen würde, und ein paar weitere Jahre, bis mir aufging, dass das Gedichteschreiben teilweise die Fortsetzung meiner früheren Jagd auf Tiere sein könnte. Heute habe ich keinen Zweifel mehr daran. Diese so besondere Aufregung, die leicht hypnotisierte und völlig unwillkürliche Anspannung, mit der man die Regungen eines neuen Gedichts in seinem Kopf wahrnimmt, dann den Umriss, die Masse, Farbe und zum Schluss seine klare Form, seine einzigartig lebendige Wirklichkeit inmitten der allgemeinen Leblosigkeit – all das ist viel zu vertraut, als dass ich es falsch verstehen könnte. Das ist Jagen, und das Gedicht ist eine neue Spezies von Geschöpf, ein neues Exemplar aus dem Leben außerhalb deiner selbst.

Nun schöpft ja jeder Dichter aus dem gewaltigen Reservoir der Bilder, die seine Kindheit ihm mitgegeben hat; selten aber ist dies so deutlich wie bei Ted Hughes, der als einer der unübertroffenen Tierdichter gelten muss: Stier, Schwein, Otter, Dachs, Habicht, Drossel, Krabben, Bär, Pferd, Möwe, Schnecke, Mücke, Katze, Maus, Lerche, Makrele, Schaf, Schnake, Ente, Taube, Käuzchen – man wird kaum ein Tier finden, an das Hughes sich nicht lyrisch angepirscht hätte; und großartig werden seine Gedichte auch deshalb, weil sie den Lebewesen den gleichen Respekt zollen, den Hughes dem Gedicht gegenüber einfordert; sie fangen sie ein, ohne sie festzusetzen, bekommen das Gegenüber zu fassen, ohne es als Symbolfigur zu missbrauchen, und feiern zunächst einmal nichts als sein reines In-der-Welt-Sein. Man wird, hat man einmal Hughes' bekanntes Porträt des Hechts, »Pike«, gehört, diesen Raubfisch nie wieder sehen können, ohne Hughes' Verse im Ohr zu haben:

> Hecht, zehn Zentimeter lang, perfekter
> Hecht durchweg, von Grün getigertes Gold.
> Vom Ei an Killer: von alters her böse ihr Grinsen.
> Sie tanzen zwischen Mücken überm Wasser.
>
> Oder gleiten, von der eigenen Pracht betört,
> Über ein smaragdgrünes Bett, Schemen
> Von Unterwasserbravour und Grauen.
> Dreißig Meter lang in ihrer Welt.

Auch diese Hechtbesessenheit geht übrigens auf Kindheitserlebnisse zurück – nicht zuletzt auf eine Situation, die im Gedicht geschildert wird, das Halten dreier erbeuteter Hechte in einem Aquarium, bevor es zwei Fische sind, schließlich nur noch einer, dieser allerdings dick und satt, übrig bleibt – er und das kindliche Grauen angesichts eines solch ungezügelten Kannibalismus. Robert Lowell, der selber ein passionierter Angler war, hielt Hughes' Hechtgedicht für ein Meisterwerk, und auch, wer niemals mit Rute und Schnur am See saß, wird sich diesem Urteil anschließen wollen.

1951 geht Hughes nach Cambridge, um Englische Literatur zu studieren, und entdeckt bald, dass er zu dieser altehrwürdigen Universitätsstadt, nicht zuletzt aber zur Wissenschaft selbst, ein durchaus zwiespältiges Verhältnis hat. Gelegentlich, schreibt er an seine Schwester Olwyn, die ihm zeitlebens auch in den dunkelsten Jahren zur Seite stehen wird und früh eine Vertraute in Fragen der Poesie wird, gelegentlich sei Cambridge herrlich, dann wieder komme es ihm vor wie ein Graben voll kaltem Wasser, in dem alle Frösche verreckt sind, wie ein Vogel ohne Federn, eine Brieftasche ohne Geld, ein alter trockener Apfel. Während der Prüfungszeit, als Hughes über einem der ungeliebten Essays brütet, kommt es zu einem nächtlichen Traum, zu einer wahrhaft lebensentscheidenden Traumvision: »Während ich lauschend wartete«, so schildert es Hughes,

> sah ich, wie sich die Tür langsam öffnete. Dann schob sich ein Kopf um die Türkante. Er hatte etwa die Größe eines menschlichen Kopfes, war aber eindeutig der Kopf eines Fuchses. (…) Es war ein Fuchs, aber vom Wuchs eines Wolfes. Als er näher kam und ins Licht trat, sah ich, dass sein Körper und seine Gliedmaßen gerade eben einem Brennofen entronnen waren. Jeder Zentimeter war geröstet, schwelend, schwarzgekohlt, aufgebrochen und blutig. Seine Augen, die auf gleicher Höhe mit den meinigen waren, glänzten vor Schmerz. Er kam näher, bis er schließlich neben mir stand. Dann spreizte er seine Finger und legte seine Hand – eine Menschenhand, wie ich jetzt sehen konnte, doch verbrannt und blutig wie der Rest seines Körpers – mit der Handfläche nach unten, flach auf die leere Fläche auf meinem Blatt Papier, und gleichzeitig sagte er: »Lass das – du tötest uns.« Dann, als er seine Hand forthob, sah ich den Abdruck, mit allen Linien und Falten, wie das Muster eines Handlesers, in nassem, glänzendem Blut auf der Seite.

Für Hughes ist dies eine unmissverständliche Warnung, er begreift den Traum als Aufforderung, sich der Poesie nicht länger wissenschaftlich, sondern einzig mit den eigenen kreativen Energien zu widmen; er wechselt für die restliche Zeit seines Studiums zu Archäologie und Anthropologie – und konzentriert sich vor allem auf die eigenen Gedichte. Auch die mahnende Gestalt des Fuchses wird in ein Gedicht eingehen, in eines seiner bekanntesten zumal, »The Thought-Fox«, das nicht umsonst mehrere Ausgaben seiner *Selected Poems* eröffnet. Hughes lauscht Lesungen von Dylan Thomas und Stephen Spender, freundet sich mit anderen jungen Dichtern und Poesieliebhabern an und hat bald, obwohl er sich kaum je offenbart und mit Veröffentlichungen zurückhält, sein erstes Gedicht in der Zeitschrift *Granta* gar nur unter dem Pseudonym »Daniel Hearing« zulässt, einen Ruf als Ausnahmepoet. Schon in dieser Zeit fasst er den Plan, sein Leben einzig der Dichtung zu widmen, auf bürgerliche Berufe zu verzichten, um, sei es auch kärglich, von nichts als dem eigenen Schreiben zu leben, was er nach den Studienjahren, sieht man von Tätigkeiten in Stahlwerken, im Zoo oder in einer Rosenzucht ab, auch in die Tat umsetzt. Hughes' Kanon war, was die britische Lyrik betrifft, schon vor seinem Umzug nach Cambridge fest gefügt; nun aber entdeckt er auch die amerikanische Poesie, Robert Frost, Wallace Stevens, Elisabeth Bishop, Robert Lowell, vor allem aber John Crowe Ransom, eine Offenbarung, die sein eigenes Schreiben von Grund auf verändert. Er veröffentlicht freimütiger, agiert gar als Mitbegründer einer Zeitschrift, der *St. Botolph Review*, von der nur eine einzige Ausgabe erscheint. Die Premierenfeier, die am 26. Februar 1956 stattfindet, rasch in ein Gelage ausartet und eine Reihe von Fenstern in Cambridge zu Bruch gehen lässt, wird dennoch legendär, begegnet doch Hughes in dieser Nacht zum ersten Mal der jungen amerikanischen Fulbright-Stipendiatin Sylvia Plath, die das denkwürdige Treffen in ihrem Tagebuch dokumentiert hat:

> Dann geschah das Schlimmste, dieser große, dunkle, wunderbare Kerl, der einzige, der groß genug war für mich, der sich auf die Frauen stürzte und nach dessen Namen ich mich erkundigt hatte, gleich als ich ins Zimmer trat, ohne dass mir jemand eine Antwort gegeben hätte, kam herüber und schaute mir tief in die Augen, und es war Ted Hughes. Ich fing wieder an zu brüllen, etwas über seine Gedichte, und zitierte »most dear unscratchable diamond«, und er schrie zurück, gewaltig, mit einer Stimme wie ein Pole »Gefällt's dir?«, und dann fragte er mich, ob ich Brandy wolle, und ich schrie ja, und dann zogen wir uns ins andere Zimmer zurück, vorbei an Berts selbstgefälligem Glühbirnengesicht, das aussah, als habe er mittlerweile mindestens neun oder zehn Kinder geboren, und Boing war die Tür zu, und er goss Brandy in ein Glas, und ich goss ihn dorthin, wo nach meiner letzten Erinnerung einmal mein Mund war.

Ein Kuss, ein Biss in die Wange, und sie kehren, er blutend, beide berauscht, zum Fest zurück. Vier Monate später folgt die Heirat, die sie zunächst geheim halten, sowie eine Reise nach Spanien; es folgen Jahre des gegenseitigen Befeuerns, Kritisierens und Ermunterns, zunächst in Cambridge. Man kann noch heute bequem vom Stadtzentrum zu ihrem Haus spazieren (dessen Fenster der genervte Besitzer allerdings mit Sichtschutzfolie abgeklebt hat), in die Eltisley Avenue im Stadtteil Newnham, wo Hughes an jenem Manuskript arbeitete, das Plath schließlich abtippte und zu einem vom New Yorker Verlag Harper Brothers organisierten Wettbewerb für den ersten Gedichtband einschickte. Die Juroren waren keine geringeren als Marianne Moore, Stephen Spender und W. H. Auden – und sie erkannten den Preis dem siebenundzwanzigjährigen Ted Hughes zu. Im selben Jahr, 1957, erschien *The Hawk in the Rain* zunächst in den USA, dann bei Faber & Faber in London, während Hughes schon an seinem zweiten Band arbeitete, *Lupercal*, der 1960 publiziert und mit ebenso großer Aufmerksamkeit bedacht wurde.

Innerhalb von nur drei Jahren also wird aus einem fast völlig unbekannten Jungdichter eine feste Größe der englischsprachigen Poesielandschaft – und das liegt auch an der erstaunlich produktiven Arbeitsgemeinschaft von Plath und Hughes, die ab 1959, nach einem Aufenthalt in den USA, deren puritanische Kleinstädte mit Rasenmähern und Holzhäusern Hughes verhasst sind, wieder in einer kleinen Wohnung in London leben und nach der Tochter Frieda den Sohn Nicholas bekommen. Die Intensität des gemeinsamen Lebens und Schreibens lässt sich den Briefen und Tagebüchern entnehmen, und sie lässt sich auch erahnen, liest man die Gedichte beider parallel: Endet beispielsweise Hughes' Hechthymne von 1960 mit der Dunkelheit und dem See, aus dem etwas ihm entgegensteigt (»the dream … that rose slowly towards me, watching«), so steht am Schluss von Plaths herrlichem Monolog eines Spiegels – »Mirror« aus dem Herbst 1961 – das Bild des Spiegelglases als See, in dem die junge Frau sich betrachtet, und in der Dunkelheit »an old woman / Rises toward her day after day, like a terrible fish«. Keiner kopiert hier den anderen, aber der poetische Raum, den die Eheleute um sich errichten, treibt beide, ihn scheinbar mühelos, sie oft unter Qualen, zu lyrischen Höchstleistungen.

Wie ideal Plath ihm als Partnerin erschien – trotz wachsender Spannungen und teils heftiger Streitereien, trotz des Ungleichgewichts zwischen dem längst erfolgreichen Hughes und der immer noch mit sich und den Verlegern ringenden, psychisch labilen Plath –, hat Hughes immer wieder deutlich gemacht, in Gesprächen, in den hinreißenden Liebesbriefen an Plath selbst, in Briefen auch an seinen nach Australien ausgewanderten älteren Jägerbruder Gerald, dem er die funkensprühende Qualität des gemeinsamen Lebens schildert, oder auch, im Mai 1956, gegenüber der Schwester Olwyn: »Sie ist Skorpion, 27. Oktober«, so Hughes entzückt, »Mond im Sternzeichen Waage, die letzten Grade vom Widder ansteigend, und ihr Mars liegt direkt über meiner Sonne, das passt alles ganz wunderbar zusammen.«

Tatsächlich: Wann immer es in Ted Hughes' Leben eines letzten Beweises bedurfte, fand er ihn in der Astrologie, die alles zu erklären in der Lage war, darauf beharrte er – so sehr, dass er selbst die Publikationstermine seiner Bücher nach den Sternen zu bestimmen suchte: »Wäre es wohl möglich«, heißt es in einem Schreiben an seinen Verleger, »das Publikationsdatum festzulegen? – auf den neunten Mai. Ich verrate Ihnen, weshalb ich frage. Ich habe tausende Stunden damit verbracht, Astrologie zu studieren, und als Belohnung dafür würde ich gerne die Geburtstage meiner Bücher auswählen können.« Auf viel Verständnis stieß er nicht, und auch die spätere Bitte, das Werk *Crow* am 1. 10. 1970 zu publizieren, fruchtete nichts – es erschien zwei Tage nach dem astrologisch günstigsten Termin. Erst der Band *Season Songs* kam wunschgemäß am 13. Mai 1976 in die Buchhandlungen. So sehr beschäftigten ihn die Konstellationen, dass seine Idee, mit dem Erstellen von Horoskopen seinen Lebensunterhalt zu verdienen (für Freunde und Verwandte verbrachte er unentgeltlich zahlreiche Stunden mit der Sterndeutung), weitaus ernster gemeint war als der seinem

Bruder mehrfach unterbreitete Vorschlag, mit einer Nerzfarm derart vermögend zu werden, dass man sich ganz den wirklich wichtigen Dingen zuwenden könne.

Hughes' Vorliebe für den Mythos ist bereits erwähnt worden: Er ließ ihn nicht los, seit er als Schüler Robert Graves' Werk *The White Goddess* geschenkt bekommen hatte, das für Hughes, wie er dem Verfasser selbst gestand, das heilige Buch seines poetischen Bewusstseins war, ein Buch, das den Untertitel *Historical Grammar of Poetic Myth* trägt und sich den frühzeitlichen Ritualen, dem heidnischen Matriarchat und dem Mondgöttinnenkult widmet, die folglich auch Hughes' Denken prägten. Vom Mond zur Astrologie ist es kein weiter Weg, doch waren Hughes' Interessen noch breiter gefächert, umfassten auch Alchemie, Mystik und Kabbala sowie allerlei okkulte Techniken. Sylvia Plath schenkte er Tarotkarten und versuchte, ihr während der Schwangerschaft mit Hypnose beizustehen. Und gemeinsam wie auch mit Freunden experimentierten die Eheleute mit dem Ouija, jenem mit Buchstaben bedruckten Hexenbrett. »Respektvoll beschworen wir einen Geist. / Es war so leicht wie Aale zu angeln / Im warmen Sommerdunkel«, beschreibt Hughes die Szene Jahrzehnte später in einem Gedicht und fährt fort:

> Vielleicht hattest du ein Flüstern vernommen, das ich
>   nicht hörte,
> Bevor unser Glas sich bewegen konnte, irgendein
>   Stimmchen:
> »Ruhm wird kommen. Ruhm vor allem für dich.
> Ruhm wird unvermeidbar sein. Und wenn er kommt,
> Wirst du für ihn bezahlt haben mit deinem Glück,
> Deinem Ehemann und deinem Leben.«

Nicht zuletzt aber ist es der Schamanismus, der Hughes fasziniert und in dem er »eine Form des praktischen Umgangs mit Seelen und Geistern in einer praktischen Krise« erkennt. Erwählt, so Hughes, werde der Schamane von den Geistern selbst, die sich ihm im Traum nähern – womit sich in seinem eigenen Werdegang der Kreis zu jener gespenstischen Fuchsgestalt schließt, die sich ihm in Cambridge zu erkennen gab. Doch auch andere Tiere erscheinen Hughes im Traum, Fische, der verehrte Hecht sogar regelmäßig – und immer wenn es ihm gelingt, einen dieser Fische im Traum zu fangen, lässt Hughes seinen Bruder wissen, verkauft er anderntags ein Gedicht an eine Zeitschrift. Das beeindruckende Poem auf den »Stier Moses« vollendet Hughes erst, als ebenjener Stier im Traum auf ihn zutrottet und ihn dazu zu ermuntern scheint. Ist Hughes also der Schamane der englischen Lyrik, mit einem verbrannten Fuchs als Totemtier? Vielleicht, doch darf man nicht übersehen, dass er bei aller Neigung zu Spirituellem ein in sich selbst ruhender, der Erde und allem Irdischen stets zugewandter Mann war, weit mehr sonnengebräunter Farmer als blässlicher Esoteriker. Dennoch gehört die Magie zu seinem Weltgebäude dazu, wie sie vielleicht bei jedem Dichter eine mal größere, mal weniger bedeutende Rolle spielt. Vor kurzem besuchte ich im Hannoveraner Sprengel-Museum eine Ausstellung der englischen Fotografin Hannah Collins, die anlässlich einer Serie über den kolumbianischen Regenwald ein Gespräch wiedergab, das sie mit einem Schamanen geführt hatte:

Der Schamane verwandelt sich in einen Jaguar, wenn er stirbt.

Wie verwandelt er sich in einen Jaguar? Kehrt er zurück in sein Haus?

Man kann seine Spuren sehen.

Was für eine Art von Spuren?

*Die Fußabdrücke des Jaguars natürlich, sein Weg
zum Haus.*

Und was wird aus seiner Frau, sie ist ja sehr viel
jünger als er?

*Der Schamane kehrt zurück für seine Frau. Sie geht
mit ihm.*

Wie?

*Du fragst wie ein Quadrat. Nein! Wie eine ganze Reihe
von Quadraten.*

Es ist, könnte man sagen, das nichtquadratische Denken, das
Zulassen überraschender Stichstraßen und Irrwege, die Vorliebe nicht für Geradlinigkeit und Winkelmaß, sondern für ir-
rationale Geistesarabesken, die den Schamanen, der hier zunehmend gereizt auf die ganz und gar nüchtern-praktischen
Fragen reagiert, mit dem Dichter verbindet. Hughes erwähnt
in einem Brief beiläufig, wie just in dem Moment, als er, in
einem winterkalten Zimmer arbeitend, das Bild einer in der
Nase sitzenden und kitzelnden Fliege entwickelt, tatsächlich
eine angesichts der Temperaturen und der Jahreszeit gänzlich
unwahrscheinliche Fliege sich seinem Gesicht nähert und ihm,
der dies eben erst beschrieben hat, in die Nase kriecht – ein
Beleg für das mirakulöse Wirken der Poesie. Er habe, bemerkt
Hughes, das magische Insekt sogleich aus der Nase extrahiert

und zwischen den Seiten seiner schweren Shakespeareausgabe gepresst. Vielleicht beschreibt nichts besser die Hughes'sche Mischung aus spiritueller Empfänglichkeit und zupackendem Pragmatismus als diese Anekdote.

So aufsehenerregend Hughes' Dichtung in der damaligen Literaturlandschaft wirkte – es gab, auch in England, durchaus kritische Reaktionen, vor dem Hintergrund einer nach wie vor sorgfältig gepflegten *Britishness* erschienen diese ganz neuartigen Gedichte noch radikaler. Anders als die Gedichte der sogenannten *Movement*-Dichter um Philip Larkin wollten Hughes' Verse nichts wissen von Abgewogenheit und Traditionsbewusstsein, von feiner Ironie und Maßhaltung. Gerade Dylan Thomas, der ihn als einziger britischer Zeitgenosse faszinierte, galt ja dem *Movement* als Gegenbild, genauso wie andere moderne Dichter, darunter einige der Amerikaner, die Hughes mit Begeisterung las. Ein Gedicht über die Mohnblume, »Big Poppy«, mit der Anrufung »Hot-eyed Mafia Queen!« zu beginnen, wäre Larkin nicht in den Sinn gekommen, zeigt aber Hughes' unbändige Lust am Bild, an der verblüffenden Volte, am Impulsiven. Hughes schreibt Gedichte, in denen der Gestank eines Fuchses heiß und stechend ins Kopfdunkel fährt, in denen Mammut und Säbelzahntiger eine neue Eiszeit herantragen und eine Faust aus Kälte das Feuer erstickt; in seinen Versen wird ein totes Schwein mit all seiner fetten, rosigen Masse auf drastische, originelle Art porträtiert und ein Otter unter Einsatz aller klanglichen Möglichkeiten des Englischen zum Leben erweckt; hier zerfetzen riesige Krabben einander, ist ein Bär der Fährmann ins Totenreich, hier wachsen Disteln nicht in Öl wie auf den Bildern eines Constable, sondern ziehen ihre Energie, die sie wie zersplitterte Waffen aussehen lässt, aus einem verwesenden Wikinger unter der Erde.

Vielleicht lässt sich das verstörend Neue an Hughes wirk-

lich am besten begreifen, vergleicht man ihn mit dem abge-
klärt-ironischen, traditionsbewussten, misanthropischen Philip Larkin, den Hughes durchaus zu schätzen wusste, ganz
wie die Larkin'sche Lyrik, insbesondere den Band *The Whitsun
Weddings*. Dass diese Wertschätzung ganz und gar nicht auf Ge-
genseitigkeit beruhte, erfuhr Hughes erst nach Larkins Tod, als
dessen Briefe publiziert wurden, in denen er unter anderem als
»loony«, als Verrückter also, und als »embarassing«, als peinlich,
bezeichnet wird. Und nach einer gemeinsamen Lesung an der
Universität von Hull, deren Bibliothek Larkin leitete, schrieb
dieser ausgerechnet an Charles Monteith, ihrer beider Lektor
beim Faber-Verlag: Hughes, so Larkin, »füllte unsere Aula und
wurde begeistert aufgenommen. Ich moderierte und bot eine
gebildete, unaufrichtige, verweichlichte und golduhrenketti-
ge Alternative zu seiner primitiven, unverblümten, virilen, le-
derbejackten *persona*« – Adjektive, welche die beiden Dichter
durchaus beschreiben und die Abneigung fassbar machen, die
Larkin gegenüber Hughes hegte. Die Aufnahme jedenfalls, die
der Universitätsfotograf von ihrer gemeinsamen Lesung gemacht hatte, hängte Larkin daheim über der Toilette auf. Und
als er selbst es ablehnte, das Amt des *poet laureate* zu überneh-
men, tat ihm dies nur deshalb leid, weil Hughes stattdessen gewählt wurde; mit der Schuld, schrieb Larkin an Kingsley Amis,
dass aufgrund seiner Verweigerung nun Hughes ein Staats-
begräbnis in Westminster Abbey erhalte, könne er wahrlich
nur schwer leben. Es entbehrt nicht der Ironie, dass der arg-
lose *poet laureate* Hughes ebendort, in der Westminster Abbey,
bei Larkins Trauerfeier und ihm zu Ehren »Let us now praise
famous men« aus dem *Ecclesiasticus* vortrug.

Bei aller Wertschätzung von Larkins Lyrik hat Hughes
doch sehr klare Vorstellungen vom gelungenen Gedicht. Ihn
ermüden, teilt er der Schwester Olwyn mit, all die Gedichte,

die über einem Quäntchen von Inspiration eine riesige Vers-architektur errichten, all das Wohlgesetzte, in dessen makellosen Strukturen die Vitalität verlorengeht, die einem Gedicht für Hughes innewohnen muss. Hughes zieht dem Gekonnten und Wohlgeformten den kreativen Impuls vor, der Rhetorik die reine Energie, und so bringt er seine Gedichte bevorzugt in einem Arbeitsgang zu Papier, »Hawk Roosting« beispielsweise, jenes Gedicht aus der Perspektive des Habichts auf seinem Ast, in dem, so Hughes, »die Natur selbst denkt«: »Meine Umgangsform«, spricht der Habicht, »ist das Kopfabreißen, / Die Zuteilung des Todes. / Denn der einzige Pfad meines Fluges führt / Direkt durchs Gebein der Lebenden.« Für Hughes ist eine der Eigenheiten des Gedichts, dass sein Geist, ganz wie bei den lebendigen Wesen, den Tieren, mit denen er es vergleicht, nicht zu bändigen ist, sich nicht zähmen und lenken lässt, und er definiert Lyrik als etwas, das all das ausschließt, was ganz bewusst vom Ich kommt oder vom Ich gesteuert werden soll. »Du musst dir das wirklich vorstellen, wovon du schreibst. Es sehen und es leben. Denke es dir nicht mühselig aus, als müsstest du dich im Kopfrechnen üben. Schau es nur an, berühre es, rieche es, höre ihm zu, verwandele dich in es«, schreibt Hughes, der Körperwandler und Schamane: »Wenn du das tust, kümmern sich die Worte schon um sich selbst, es ist wie Zauberei.« Der instinktive Zugriff ist es, den Hughes beim Dichten wünscht, und er ähnelt dem der Tiere, wie er ihn in »Hawk Roosting« beschreibt oder auch in »Thrushes«, einem seiner bemerkenswertesten Tiergedichte:

> Furchterregend sind Drosseln, wachsam und glänzend im Gras,
> Mehr Stahldraht denn lebend und stets in Bereitschaft ihr dunkles,

Tödliches Auge, die zierlichen Beine, in Gang gesetzt
Von kaum spürbarer Regung – mit Ruck und Sprung
        und Stich
Zerren sie, schneller als der Moment, ein sich
        windendes Ding heraus.
Kein träges Vertagen, kein Gähnen und Starren,
Seufzen und Kopfgekratze. Nichts als ein Sprung,
        ein Stich
Und eine Sekunde des Prassens.

Gibt ihr Schädel, der einen Gedanken nur fasst,
        ihr geschulter
Körper, Genie oder ein Nest voller Bälger
Ihren Tagen diese projektilhafte, vollautomatische
Bestimmtheit? Mozarts Hirn war so, und das Maul
        des Hais,
Der dem Blutduft nachgiert – bis zur Wunde im
        eigenen
Leib, zur Selbstzerfleischung: Effizienz, die derart
Stromlinienförmig zupackt, daß kein Zweifel,
Kein Hindernis sie beirrt.

Diese Zeilen, die Nonchalance vor allem, mit der sie Mozart,
Drossel und Haifisch in einen Zusammenhang bringen, waren, was man sich heute nur noch schwer vorstellen kann, für
viele Leser ein Schock – und die Reaktionen fielen mitunter
heftig aus. Man warf Hughes vor, einer »Lyrik der Gewalt« zu
huldigen, der vor allem an grellen Kontrasten und provokati-
ven Gesten gelegen sei – ein Vorwurf, den Hughes in einem
Interview glänzend parierte, indem er zunächst die Heuche-
lei all jener herausstellte, die erst die Grausamkeit des Löwen
gegenüber dem Gazellenjungen beklagen, um sich kurz darauf

das sauber verschweißte Steak aus dem Supermarkt zu braten, und dann eine Umwertung der Anklageformel vornahm: »Es ist nicht unorthodox«, argumentiert Hughes, »darin einen klaren und starken Sinn zu erkennen, wie sowohl Drossel als auch Hai in selbstlosem, inspiriertem (d.h. erleuchtetem) Gehorsam, Mozarts Hirn gleich, dem Schöpfergesetz gehorchen, das ihr Wesen und die ihnen angeborene Aktivität geformt hat. Und sie befolgen es mit jener mühelosen Blitzesschnelle, die auch ein ›göttlicher‹ Wesenszug von Mozarts Komposition ist. An diesem Punkt entpuppt sich das, was die Kritiker ›Lyrik der [negativen] Gewalt‹ nannten, als Lyrik positiver Gewalt, als Lyrik über das Wirken göttlicher Gesetze in Kreaturen.«

In der Tat, scheint mir, muss Hughes' Lyrik eher als lebensbejahender Hymnus gelesen werden. In ihrer kühnen Bildlichkeit und ihrer Lust am Klang ist sie vor allem eine Feier des Daseins – aber ehrlich genug zu sich selbst und ihren Lesern, um die Drossel nicht als keusche Sängerin zu verklären, sondern ihre, wie er es nennt, »furchtbare, heilige« Energie in all ihren Konsequenzen vorzuführen. Und wer genauer hinhört, vermeint in den Zeilen über die Drossel ein Echo aus der englischen Literaturgeschichte zu vernehmen, aus der Poesie der Romantik nämlich, genauer: von John Keats, den Hughes schon als Schüler las und in dessen Briefgedicht »An J. H. Reynolds, Esq.« es (in der Übersetzung Mirko Bonnés) heißt: »… auch wenn ich, heute, / An Frühlingsblättern, buntem Flor mich freute, / Am Immergrün und an den Walderdbeeren – / Ich seh doch noch dies schreckliche Verheeren: / Der Hai auf Raubzug, Falken stürzend Sieger, / Das Rotkehlchen, wie Jaguar und Tiger, / Zerreißend einen Wurm.« Der Hai, der Habicht, der den Wurm fressende Singvogel: Es scheint von hier eine direkte Linie zum Nachgeborenen Ted Hughes zu führen, der

Schönheit und Schonungslosigkeit zusammenführt und um das Genie Mozarts ergänzt.

Hughes' Lyrik gegen derartige Vorwürfe in Schutz zu nehmen heißt natürlich nicht, zu behaupten, dass es keinerlei Düsternisse, keine Rauheit und Trostlosigkeit bei ihm gibt; die sind sehr wohl allgegenwärtig, doch werden sie gebunden durch einen sprachlichen Reichtum und einen dunklen, teils grimmigen Humor, der sich kaum überlesen lässt. Das gilt insbesondere für den Zyklus über die Krähe, das Buch *Crow*, das 1970 erschien, eine »Legende in Liedform«, wie Hughes es nannte, für den dieses Buch, in dem das Wort »nothing« tatsächlich sehr oft auftaucht, sein Meisterwerk war. Die Krähe ist archaisches Wesen und Gegenspieler Gottes, halb Mensch, halb Vogel, Urprinzip, mythischer Nein-Sager und burlesker Schöpfungskommentator, unzerstörbar und bereit, in immer neuen Szenen als Zyniker und als Trickster aufzutreten, als eine durch und durch zwiespältige und faszinierende Schelmengestalt also, »who sings on one base, brutish note«, wie Hughes einen Freund wissen ließ. Man nimmt in diesen Krähengesängen auch den Einfluss der osteuropäischen Lyrik wahr, etwa die Vasko Popas, für die sich Hughes zunehmend zu interessieren begann – vielleicht, wie seine Biographin Elaine Feinstein meint, weil die Art Popas und anderer, das Grauen der Historie in der Lyrik zu verarbeiten, ihm ein Muster an die Hand gab, um seine ganz persönlichen Schrecken zu bewältigen, die mit dem Selbstmord Plaths nicht endeten – auch Assia Wevill, die Frau, die, wenn nicht der Grund, so doch der Anlass für die Trennung von Plath gewesen war, nahm sich wenige Jahre später das Leben, und das der gemeinsamen Tochter dazu.

War Ted Hughes ein unkomplizierter Zeitgenosse, ein einfacher Partner? Sicherlich nicht. Wir Nachgeborenen aber sind auf Dokumente und Zeugnisse anderer angewiesen, um die komplexe Persönlichkeit eines Mannes zu erfassen, der seinen Teil an Schwärze zu tragen hatte, und lernen ihn als eigensinnigen, aber auch gütigen und hilfsbereiten Mann kennen. Wir hören von seiner hünengleichen Heathcliffbescheinung, von dem Mannsbild, das selbstbewusst und sanftmütig sein konnte, Frauen wie Männer in seinen Bann zog – in den Worten Plaths »ein riesiger, wuchtiger, gesunder Adam, halb Franzose, halb Ire, mit einer Stimme gleich göttlichem Donner – ein Sänger, Geschichtenerzähler, Löwe und Weltenwanderer, ein Vagabund, der nie aufgeben wird«. Wir lesen von dem Schriftsteller, der zeitig ins Bett ging, um früh am Morgen schon wieder am Schreibtisch zu sitzen, vom Ehemann, der noch in Krisenzeiten Steaksandwiches und Aprikosentörtchen ins Krankenhaus brachte, dem Landhausbewohner in Devon, der Tierhäute, Schädel, Adlerklauen sammelte, seinen Bruder in Australien um eine Pythonhaut bat, einmal einen verwaisten Dachs auflas und zu Hause aufpäppelte, und der mit Vorliebe Beethoven-Platten lauschte. Wir lesen seine Briefe, die erschütternden Selbstanklagen nach Plaths Selbstmord, adressiert an deren Mutter, lesen die ganz und gar entzückenden, innigen Schreiben an die beiden Kinder, deren Erziehung er sich allein zu widmen hatte. Und wir blättern immer wieder zu jenem Gedicht vor, das den Titel »Full Moon and Little Frieda« trägt und das vielleicht schönste ist, das jemals ein Dichter seiner Tochter gewidmet hat, ein Gedicht, in dem ein kühler Abend auf dem Land zu Hundegebell und dem Scheppern eines Eimers schrumpft, in dem es dunkel wird, ein Stern erscheint und ein Mädchen lauschend dasteht, während Kühe ihre Atemkränze in die Hecken flechten und die Milch nach Hause balancieren: »›Mond!‹, rufst du plötzlich, ›Mond! Mond!‹ / Der Mond macht einen Schritt zurück wie ein Künstler, der staunend ein Werk betrachtet, / Das staunend auf ihn zeigt.« Es ist kein Zufall, dass Hughes mit seinem Freund und Bewunderer Seamus Heaney zwei Anthologien mit Gedichten für Kinder herausbrachte, *The Rattle Bag* und später *The School Bag*. Jedes Kind, sagte Hughes einmal, sei eine Chance, die Fehler der Kultur zu korrigieren. Man sollte darin weniger den Pessimismus hören, denke ich, als ein unerschütterliches Grundvertrauen in die menschliche Natur.

Als Kinderlieder haben auch die Mitte der siebziger Jahre publizierten *Seasons Songs* begonnen, in die sich versöhnlichere, zärtlichere Töne mischen – Kinderlieder, so Hughes, die im Laufe der Arbeit erwachsen wurden. Es sind Jahreszeitengesänge, in denen die ersten zögernden Schritte eines Märzlamms verfolgt werden, die silberne Sau des Lachses im Märzfluss genauso gewürdigt wird wie ein Geburtstag im April, die Heuernte, Schafe und Äpfel, der erste Schneefall. Wie immer aber, und trotz eines gelasseneren Zugriffs auf die Welt, bieten die Gedichte eine Fülle kühner Bilder und Vergleiche, ob Mauersegler als »frog-gapers, / Speedway goggles, international mobsters« beschrieben werden, ob die Forelle sich in ihrem Loch verbirgt wie ein glucksendes Lachen im Träumer oder aber die schwitzenden Bauern sich im Schlaf drehen und wenden wie Ochsen am Spieß. Auch das *Moortown Diary*, das ein paar Jahre später entsteht, wendet sich dem rauen, staunenswerten, deftigen, dungduftigen Alltag auf dem Lande zu, bildet Tag für Tag das anstrengende und erfüllende Leben auf einem Hof ab: Das Enthornen, eine vorbeihastende Fuchsjagd, den Besuch von Rehen, die Geburt und das Sterben von Kälbern, das Bildnis eines Traktors, überfahrenes Getier und zuletzt die von Plackerei gezeichneten Hände des Schwiegervaters. Hughes hatte 1970 erneut geheiratet – die Ehe mit Carol Orchard hielt bis zu seinem Tod – und eine Farm in Moortown erworben, mit zeitweise achtundzwanzig Kühen, einem Bullen, vierundzwanzig Kälbern und zwischen fünfzig und zweihundert Schafen – unterstützt von dem Vater seiner Frau, einem Mann mit Erfahrung in der Viehzucht, bei dessen Tod sie dieses Experiment eines ländlichen, landwirtschaftlichen Lebens abbrechen mussten.

»Nichts schafft es hier jemals, ganz ins Glück zu entkommen«, hatte Hughes über seinen Geburtsort Mytholmroyd geschrieben. Dass die Urtragödie seines Lebens ihn nie losließ, es vielmehr konturierte, legt die Publikation jenes Buches nahe, das ihm im Jahr seines Todes, 1998, noch einen wahrhaften Welterfolg bescherte: die *Birthday Letters*, Gedichte über die Liebe und das Leben mit Sylvia Plath, diese verdichteten Briefe an eine Tote, die ihm nie ganz abhandenkam – schon weil er der Verwalter ihres literarischen Erbes war und sich über Jahrzehnte dem Nachlass und der Edition ihrer Werke verpflichtet fühlte. Hughes hatte sich, trotz seiner Freundschaft mit Robert Lowell und obwohl Plath, wie jener, von jeher der *confessional poetry* zugerechnet wurde, immer gesträubt, das eigene Leben, die eigene Biographie zum Stoff von Gedichten zu machen. Nun tat er es, aber auf eine zurückhaltende, diskrete Weise, die das Gedicht und den ästhetischen Anspruch nie dem Aufarbeiten der eigenen Geschichte unterordnete und den voyeuristischen Neigungen des Lesers an keiner Stelle entgegenkommt – es handelt sich wahrhaftig, in den Worten seines Lektors, des Dichters Christopher Reid, um »intime Rede, die auf künstlerisches Niveau angehoben wurde«. Berührt, doch nie peinlich berührt, liest man die lyrischen Versuche Hughes', die Zeichen von damals zu deuten, die Zerwürfnisse zu verstehen, Schuld zu verarbeiten und die lichten Momente zu feiern:

Schwummrig hielten wir uns aneinander
Fest und trieben gemeinsam in einem Faß
Über irgendeinen Niagara. Im Fallen,
Im Seelendröhnen verriet mir deine Narbe –
Als wäre es ihr geheimer Name, ihr Passwort –
Wie du dich hattest umbringen wollen. Und ich hörte
Ohne dabei aufzuhören, dich zu küssen,
Als hätte ein nüchterner Stern es geflüstert
Über der rotierenden, polternden Stadt: Halt dich fern.

Eine Memme von Stern. Ich weiß nicht mehr,
Wie ich mich, eingewickelt in dich,
Ins Hotel schmuggelte. Aber da waren wir.
Du warst schlank und geschmeidig und glatt wie ein
    Fisch.
Du warst eine neue Welt. Meine neue Welt.
Dies also ist Amerika, staunte ich.
Herrliches, herrliches Amerika!

In einem späten Gespräch mit der Zeitschrift *Paris Review*, einem seiner seltenen Interviews, denkt Ted Hughes nach über den Drang des Autors zur Enthüllung, zur Preisgabe eines in ihm Verborgenen, das er mitteilen, von dem er sich lossagen muss, und er fragt sich, ob nicht jedem Gedicht der Wunsch zur Beichte zugrunde liege. In den siebziger Jahren hatte Hughes, und das passt natürlich zu seinem Faible für alternative Denkweisen, mehrere Heiler kennengelernt, die ihn so sehr beeindruckt hatten, dass er dem todkranken Philip Larkin die Adresse eines der beiden übermittelte – worauf dieser, Sie ahnen es, mit keiner Silbe einging. Das Schreiben und Publizieren der *Birthday Letters* aber darf in diesem Zusammenhang durchaus als Versuch einer Selbstheilung gelesen werden –

auch weil Hughes die eigene Rolle, die des Dichters, des Künstlers ganz allgemein, gelegentlich mit der eines Heilers verglich, der die Trennung des Menschen von der Natur und von seinen natürlichen Instinkten vergessen mache, Trost spende. Lyrik, so Hughes in einem Brief, sei etwas, das den gesamten Organismus befriedige und befriede, und anderswo bekennt er: »Ich betrachte Dichter wie mich selbst als eine Art Heiler auf dem Lande, während die Kirche die Schulmedizin und den staatlichen Gesundheitsdienst darstellt.« Auch diese Idee der Poesie als Heilmittel lässt sich übrigens bis zu John Keats zurückverfolgen, der ganz ähnlich dachte und über dessen Vorstellungen vom Gedicht als einer »healing substance« Hughes in einem Essay nachsann.

So gesehen, muss man Andrew Motion zustimmen, dem Dichter, der Hughes im Amt des *poet laureate* nachfolgte und der die Erkrankungen seines Vorgängers, auch eine schwere Gürtelrose zwei Jahre vor seinem Krebstod, darauf zurückführte, dass Hughes zu viel Prosa geschrieben habe. Tatsächlich widmete sich Hughes in den neunziger Jahren unter ungeheurer Kraftaufwendung einem monumentalen Werk über Shakespeares Dramen, die ihn von jeher begleitet hatten, schien er also im Alter die Weisheit des Geisterfuchses vergessen zu haben, der ihn ja ermahnt hatte, sich ausschließlich der Poesie hinzugeben: »5 oder 6 Jahre Prosa – nichts als die Füchse zu verbrennen«, so reumütig formulierte Hughes es selbst. Aber was sind fünf oder sechs Jahre Prosa, hält man ihnen ein lyrisches Werk entgegen, das seinesgleichen sucht – ganz zu schweigen von den lyrischen Entwicklungen und Ereignissen, die ohne ihn unmöglich gewesen wären, den Festivals, den Übersetzungen, dem Engagement für die immens einflussreiche Zeitschrift *Poetry in Translation*, ohne seine Freude am Entdecken und Fördern jüngerer Dichter, der Vermittlung von

Poesie in Schulen in ganz Großbritannien? Ted Hughes' poetisches Werk wird bleiben, schillernd und mineralisch und hart, er ragt aus der englischen Dichtung, ja aus der internationalen Dichtung heraus wie der Felsen seiner Kindheit, erhebt sich ehrfurchtgebietend über den Köpfen von uns Jüngeren, aber wir stehen nicht in seinem Schatten, sondern ganz im Licht.

Sechs Postkarten aus Kalifornien

Erste Karte

Der Sunsetboulevard endet wahrhaftig nur knapp vorm Sonnenuntergang – dort nämlich, wo er im Westen auf den Highway entlang der kalifornischen Küste und damit auf den Pazifik trifft, wo die Möwen und Pelikane am späten Nachmittag in strenger Formation am Strand stehen und überwachen, ob der Flammenball auch pünktlich vom Horizont geschluckt wird. Und eine Fahrt mit dem Bus Nummer 2, der ebenhier seine Ausgangs- und Endhaltestelle hat, würde, wollte man tatsächlich der ganzen Route quer durch die monströs große Stadt folgen, wohl tatsächlich vom Morgengrauen bis zum Einbruch der Nacht dauern. So tut man gut daran, schon auf der halben Strecke nach Beverly Hills und Hollywood Wasser und einen Apfel im Gepäck zu haben. Doch ist es so, wie Freunde berichtet haben? Ist das Transportwesen von Los Angeles ausschließlich für die Ärmsten der Armen gedacht, für all jene, die sich kein eigenes Auto leisten können? Der Bus als eine Art Suppenküche des öffentlichen Nahverkehrs? Ja und nein. Denn sieht man einerseits durchaus auch Studenten und Angestellte, fällt gerade bei Fahrten am Abend und an Feiertagen auf, wie vielen Menschen der Bus ein Obdach bietet. Dafür, dass der Bus mehr soziale Einrichtung denn ein auf Funktionalität ausgerichtetes Fuhrunternehmen ist, spricht auch, dass Passagiere von den Kontrolleuren manchmal nur müde durchgewinkt werden oder eine willkürliche Anzahl von Münzen angenommen wird, dass ein Bus mal kommt, mal nicht kommt und der Fahrplan Auslegungssache ist. Nein, er fahre nicht zehn nach zehn los, sondern jetzt, kurz vor der vollen Stunde, wolle nicht länger warten, sagt der freundliche Chauffeur und bittet mich, da er mit Schalten und Lenken beschäftigt ist, die auf- und zuschlagende Klappe über ihm zu schließen. Aber was für ein Blick auf die Stadt sich von den Fenstern des Zweier-Busses aus bietet, wenn man die Kehren von Pacific Palisades und den Schlenker zum Universitätsviertel mit all den Studentenverbindungen und den griechischen Buchstabenkombinationen ihrer Namen, Alpha Zeta Delta, Gamma Lambda Pi, Epsilon Iota My, hinter sich hat! Das dunstige Häusermeer scheint endlos unterhalb der Hügel von Hollywood, dessen Schriftzug zarter wirkt als erwartet, der trockenen Klapperschlangen- und-Berglöwen-Hügel, auf denen die Paläste der Reichen wie Adlerhorste thronen. Der Prunk der alten Filmpaläste, die verspielten Fassaden und Decken der Kinos, die doch, wie das Pacific Theater, teils leerstehen, mit Dunkel verrammelt sind. Was sich in den Filmen nicht wahrnehmen lässt, sind der Uringestank und das Erbrochene, die besudelten Hauseingänge, und in jedem von ihnen ein armer Mensch auf seinem Stückchen Pappe. Nur wer sich am Sternenhimmel im Asphalt orientiert, wird die Schäbigkeit übersehen, die unglamouröse Wirklichkeit, über die keine beharrlich grinsende Riesenmaus und kein Monroe-Double hinwegtäuschen können, die billigen Läden, den lauten Ramsch, die Souvenirhöllen und Tattoogrüfte. Aus alldem Elend leuchtet herrlich das Schaufenster von »Hollywood Wigs« mit seinen abenteuerlichen Kreationen, und ein Uhrmacher geht irgendwo beharrlich und sekundengenau seinem Handwerk nach. Am Geldautomaten steht Elvis Presley, und Batman ist kein Rächer, eher ein schlotternder Held, der selber ganz offensichtlich Hilfe benötigt und den gewaltigen Brustpanzer nicht annähernd ausfüllen kann. So wandert man benommen bis nach Echo Park und holt Luft vor einem Schnellimbiss, der frei von jeder Falschheit ist – wenigstens »Fatburger« wird halten, was er verspricht. Die Strände sind gesperrt, weil ein Hai gesichtet wurde, erzählt der Inhaber, und so zieht man im letzten Licht – und das letzte Licht Kaliforniens ist, wie das Licht am Morgen, magisch – stattdessen durch Beverly Hills, an den gestriegelten Gärten vorbei, wo Schilder vor Wachdienst und Waffeneinsatz warnen, vorbei an einem Reichtum, der sich noch obszöner gibt als erwartet, Hecken, die unüberwindlich sind und Vorbeigehenden doch genug Sicht gewähren, um deren Neid wecken zu können. Alleen von Palmen, Königs-Strelitzien und Olivenbäume, Magnolien und Oleander, ein Überfluss von Bougainvillea und Hibiskus; breite Straßen, die so sauber sind, dass es schier Frevel wäre, etwas fallen zu lassen, jedes Spucken sich verbietet, und Gehwege, die, scheint es, nur zum Joggen genutzt werden, warten doch die schwarzen und cremefarbenen Limousinen vor den Häusern, all den Zuckerbäckervillen, den rosa Apollotempeln und Phantasieherrenhäusern mit ihrem Stuck und den korinthischen Säulen, und tief in ihrem Innern die Kühlschränke, silbern, mit glänzenden Türen, Kühlschränke, groß wie Flügelaltäre; tief im Innern das kalte, glucksende Herz.

Zweite Karte

Los Angeles muss, was immer es sonst noch ist, die Hauptstadt der Armen und Verrückten sein – und es sind weniger die halb- oder viertelprofessionellen Verschrobenen, die schrägen Vögel, an die zu denken wäre, die mit ihrem Spleen, mag er echt oder überzeichnet sein, am Strand von Venice die Touristen in Scharen anlocken und für ein paar Dollar zu unterhalten wissen, rauschebärtige Zylinderträger, die auf Rollschuhen durch die Reihen der Spaziergänger schweben und dabei ihre elektrischen Gitarren bearbeiten, und eine Vielzahl anderer bunter Gestalten. Aber ist der junge Mann, dessen Pappschild unlesbar ist, der irgendetwas mit seinem klobigen Kopfhörer lauscht und dazu markerschütternd und vollkommen Unverständliches brüllt, noch Entertainer oder schon Pflegefall? Amüsieren sich die Menschen, die mitten im U-Bahn-Waggon zu einer Musik tanzen, die nur sie hören können, oder werden sie von Dämonen zum Zucken und Kreisen gezwungen? Der Herr, der wild gestikulierend auf der Promenade auf und ab geht, mit Gott, einer höheren Macht, dem eigenen Gehirn nicht enden wollende Debatten führt. Die Frau, die auf einem Mauervorsprung sitzt, sich immer wieder zwanghaft kratzt, am Bein, am Arm, am Rücken, als wolle sie ihre eigene Haut abschälen, dazu einen Unsichtbaren im Minutentakt auf das Unflätigste beschimpft. Vielleicht, mutmaßen die Freunde, trägt das allzu grob geknüpfte Versicherungsnetz des Landes Schuld daran, dass so auffallend viele Menschen auf der Straße zu sehen sind, die mit sich selber reden, kreischen, jaulen, dass niemand sich um sie kümmern kann oder will, sie sich einreihen müssen in das riesige Heer der Obdachlosen von Los Angeles, die in den Mülltonnen wühlen, nichts als Lappen an den Füßen, den Kopf mit Lumpen umwickelt, um ihn gegen die kalifornische Sonne zu schützen, die ihre Einkaufswagen vor sich herschieben mit den letzten Habseligkeiten oder den Funden eines Tages, mit Hausrat, Müll, Dosen, Tornistern, Pappen oder wenigstens einer zusammengerollten, fleckigen Schaumstoffmatratze. Auf der Brücke, mit der die Main Street den Freeway überspannt, kampieren sie in Zelten aus schwarzen Müllsäcken, und in Skid Row, einem Teil von Downtown, leben seit Jahrzehnten Zigtausende von Obdachlosen auf den Bürgersteigen, in den Hauseingängen, es ist ein Skandal als öffentlich geduldetes Kontinuum. Auch an unserer Bushaltestelle finden sie sich ein, die Ausgestoßenen, Aussätzigen, so zuverlässig, dass ihre Gesichter bald vertraut sind. Was mag dieses Kabuff so attraktiv machen? Ist es, da jeder Tag dem anderen gleichen muss, die letzte Ordnung, das Gerüst, das ein Fahrplan zu bieten vermag, die Gewissheit, dass, wenn Gott, der Fahrer und die Verkehrsbetriebe von Los Angeles es wollen, ein letzter Bus fahren und morgen ein erster erneut zur Stelle sein wird? Wer mögen diese Menschen sein? Die Frau, die auf dem riesigen Parkplatz in Silver Lake einsam ihr Wägelchen vor sich herschiebt, immer im Kreis, im Kreis, und dazu ohne jedes Publikum ausgerechnet den Klassiker »Streetlife« singt, »It's the only life I know«, mit einer Stimme, die ihr in einer gerechteren Welt einen Thron in sämtlichen Hitparaden garantieren würde. Der alte schwarze Herr, der sein Hab und Gut durch die hintere Tür in den Bus wuchtet, so dass fortan kein Durchkommen ist, seine Kanister, die Taschen und das Prunkstück der Sammlung, ein Mercedes-Kühlergrill samt Stern, sich wie eine Schranke zwischen Bug und Heck senken, der sich aber mit ausgesuchter Höflichkeit und wohlgesetzten Worten bei den Mitpassagieren entschuldigt und dessen schönes Gesicht tatsächlich ausstrahlt, was nur mit dem Wort Würde zu fassen ist. All die kleinen Gassen jedoch, die in Downtown auf halber Höhe die Blocks durchschneiden – sie scheinen direkt ins Inferno zu führen, wagt man den Blick hinein, und dort, im Dreck, im schummrigen Licht, bewegen sich die gebeugten, verkrüppelten, berauschten, schmerzlichen Schemen der Verdammten. »Harmloser Veteran braucht etwas zu essen«, steht auf dem Pappschild des Bärtigen in der Unterführung. Er ist nicht der Einzige, der auf seine Vergangenheit in der Armee hinweist. Wenn nachts die leuchtenden Punkte der Flugzeuge über der Bucht vor Santa Monica steil in den Himmel streben, eines nach dem anderen, denke ich an den Hinflug: Mein Sitznachbar, ein junger Mann, auch er Veteran, ohne Arme, ohne Beine, aber, so wirkt es, ungebrochen. Unmöglich, ihn nicht aus dem Augenwinkel heraus zu beobachten: wie er seinen Beinstumpf lässig aufs Tablett legt, dabei sein Telefon mit dem Rest des Oberarms bedient, wie er Orangensaftdose und Erdnusspackung mit Zähnen und Stümpfen öffnet und verzehrt, ohne jede Hilfe. Sobald nach der Landung die Türen geöffnet sind, wird er nicht auf den herbeieilenden Stewart mit dem Rollstuhl warten, sondern sich aus dem Sitz stemmen und auf den beiden Oberschenkelknochen durch den Gang eilen, gefolgt von den verblüfften Blicken aller Mitreisenden. Als er zehntausende Fuß überm Atlantik einschläft, zuckt sein rechter Armstummel, schlägt ruckartig aus und trifft mich wieder und wieder. Wovon, denke ich, träumt er? Und will ich es wissen?

Dritte Karte

Von Paso Robles nach Fresno geht es zunächst über den Highway, der die Nummer 46 trägt, und schon bald lässt man die letzten menschlichen Behausungen hinter sich, geht einem die Ungeheuerlichkeit, die Weite dieses Landes auf. Und wo eben noch die Radiosender von San Luis Opispo und Santa Barbara zu hören waren, da beginnt es plötzlich zu rauschen, schiebt sich – *Und er ging aus von da und kam in seine Vaterstadt; und seine Jünger folgten ihm nach* –, ohne dass man am Regler gerührt hätte, eine mahnende Predigerstimme über den seichten Pop und den klassischen Rock 'n' Roll, die irrwitzigen mexikanischen Sender mit ihren rasenden Melodien, übernimmt das Markusevangelium nach und nach alle Frequenzen. Endlos windet der Highway sich durchs Hügelland, das von kargem Präriegras bewachsen ist – *Und er sprach zu ihnen: Lasset uns besonders an eine wüste Stätte gehen und ruht ein wenig. Denn ihr waren viele, die ab und zu gingen; und sie hatten nicht Zeit genug, zu essen. Und er fuhr da in einem Schiff zu einer wüsten Stätte besonders –*, von Präriegras, das zwischen Gelb und Braun changiert, da, wo es golden in der Sonne leuchtet, die Ödnis kostbar macht; hier sind die Hügel Sanddünen gleich, weil das Gras die Farbe von Sand hat, dort sind sie faltig, rissig wie Elefantenhaut, treten hervor wie die Tatzen der Sphinx, und an manchen Hängen schenkt die Erosion der Erde die Eleganz von Faltenwürfen auf Renaissancegemälden, bevor der Highway sich dem Hügelland entwindet und schnurgerade durch wüste Ebenen führt. *Und sprach zu ihnen: Wo ihr in ein Haus gehen werdet, da bleibet bis ihr von dannen zieht.* Kein einziges Auto, das einem entgegenkäme. *Und welche euch nicht aufnehmen noch hören, da gehet von dannen heraus und schüttelt den Staub ab von euren Füßen zu einem Zeugnis über sie. Ich sage euch wahrlich: Es wird Sodom und Gomorrha am Jüngsten Gericht erträglicher gehen denn solcher Stadt.* Kein einziges Auto, das einem entgegenkäme, schon seit vielen, vielen Minuten keine Menschenseele, nur die geplatzten Reifen irgendwelcher Trucks am Rand der Straße wie Armadillos, zusammengerollte Gürteltiere, und dort, sieh hin, eine Abzweigung, mitten im Nirgendwo, eine Straße, die ihrerseits in ein Nichts zu führen scheint, aber den stolzen Namen »York Avenue« trägt, erkenne ich im Vorbeifahren. *Und es kam ein gelegener Tag, dass Herodes auf seinen Jahrestag ein Abendmahl gab den Obersten und Hauptleuten und Vornehmsten in Galiläa. Da trat hinein die Tochter des Herodias und tanzte, und gefiel wohl dem Herodes und denen die am Tisch saßen.* Was müssen die ersten Siedler gedacht haben, als sie dieses Land durchquerten? Man selbst möchte dieses Land, das gottverlassen erschiene, wenn nicht jener Radiosender Gottes wäre – *Bitte von mir, was du willst, ich will dir's geben* –, man selber möchte dieses Land nicht zu Fuß durchqueren müssen, den Sattel über der Schulter und den Geschmack des eigenen Pferdes noch immer im Mund. Die Duftmarke eines Stinktiers ab und zu, ein toter Kojote am Straßenrand. *Sie ging hinaus und sprach zu ihrer Mutter: Was soll ich bitten?* Und das Land, das einen nun schon seit Stunden begleitet, ist ja selbst ein Tier, die Prärie, ihr Gras ein borstiges Fell. *Die sprach: Das Haupt Johannes des Täufers. Und sie ging alsbald hinein mit Eile zum König, bat und sprach: Ich will, dass du mir gebest jetzt zur Stunde auf einer Schüssel das Haupt Johannes des Täufers.* In der Ferne ein paar ausgesetzte schwarze Wiederkäuer, gelegentlich gar ein Rindergatter, eine Rinderverladerampe, und dann, wie eine Geistererscheinung, eine Vision, mitten auf dem flirrenden Asphalt ein breitkrempiger, pinker Damenhut mit rosafarbener Schleife. *Und er gebot ihnen, dass sie sich alle lagerten, tischweise, auf das grüne Gras. Und sie setzten sich nach Schichten, je hundert und hundert, fünfzig und fünfzig.* Hinweise auf Ortschaften, die nicht zu sehen sind, die es vielleicht einmal gab, vielleicht immer noch gibt, und die Namen tragen wie Crows' Landing, Diablo Grande, Mercy's Well, die so gut in diese schimmernde Einöde passen. *Und er nahm die fünf Brote und zwei Fische, sah zum Himmel auf und dankte und brach die Brote und gab sie den Jüngern, dass sie ihnen vorlegten.* Acht Kilometer Staubgefahr, droht ein seinerseits von Staubkörnern zerschossenes Schild. *Und die zwei Fische teilte er unter sie alle. Und sie aßen alle und wurden satt.* Linker Hand ein verlassener Trailerpark, ein paar geduldig vor sich hin rostende Wohnwagen und ausgeschlachtete Trucks, die man rasch hinter sich lassen möchte. *Aber alsbald redete er mit ihnen und sprach zu ihnen: Seid getrost, ich bin's, fürchtet euch nicht!* Was hatte der Toyotahändler in Paso Robles am Morgen erzählt, während er die Bremsen überprüfte? Nicht er habe aus dem Stück Fichtenholz auf seinem Schreibtisch so kunstvoll den eigenen Namenszug geschnitzt; ein taubstummer Junge sei, als er im Norden zu tun hatte, auf ihn zugekommen und er habe ihn zusehen lassen, immer wieder mit ihm gesprochen, erklärt. Am nächsten Morgen habe das Schnitzwerk vor der Tür der Werkstatt gelegen. Seitdem hüte er es, stehe es ganz vorne auf dem Tisch, wo alle es sehen können. *Und wo er in die Märkte oder Städte oder Dörfer einging, da legten sie die Kranken auf den Markt und baten ihn, dass sie nur den Saum seines Kleides anrühren möchten; und alle, die ihn anrührten, wurden gesund.*

Vierte Karte

Wer einmal falsch abbiegt, kehrt als Marching Band wieder. Nur ein Blick zu viel auf die Straßenkarte, schon findet man sich zwischen rotweißblauuniformierten Stockwirblerinnen und Puschelschüttlern wieder, bis ein freundlicher Polizist den Weg zurück zur Hauptstraße weist. Und irgendwann kommt man an im kalifornischen Hinterland, im alten Gold Country östlich von Sacramento, wo Mitte des neunzehnten Jahrhunderts ein kollektiver Rausch zur Masseneinwanderung wurde, findet sich im Hügel- und Waldland unterhalb der Sierra Nevada in Orten wie Amador City wieder, in Jackson oder Jamestown, in Murphys, Volcano oder Sutter Creek, in einem Landstrich, der, wie Mitch, der Gebrauchtwagenhändler aus der Nachbarstadt, am Tresen erklärt, das wahre Kalifornien sei, weshalb er einer Bewegung angehöre, die den »State of Jefferson« zu gründen bestrebt ist – ein Kalifornien ohne die verhassten Liberalen, abgetrennt von der Küste mit ihren sündigen

Großstädten. Wie Mitch sie verabscheut, all die Dünkelhaften und Freigeistigen, die, wie er sagt, dir schon für einen Dollar die Kehle durchschneiden würden, und fast bekommt man es mit der Angst zu tun, sieht man sein grimmiges Gesicht, den Schnurrbart, der sich wie ein wuchtiges Hufeisen um Lippen und Kinn legt. Dabei ist Mitch keineswegs unfreundlich, auf seine raue Art sogar herzlich, und es ließ sich bislang wunderbar mit ihm über Bachforellen, Steinpilze und die geheimen Orte plaudern, an denen sie in Fülle zu finden sind; gleichzeitig ahne ich, dass er mich, ohne zu zögern, über den Haufen schießen würde, sollte ich sein Autohaus oder seinen Angelplatz unbefugt betreten. Das Gold Country mit seiner berückenden Landschaft, den eichenbewachsenen Hügeln und tiefen Tälern, dem durchdringenden Geruch von Kiefern, Harz und Skunk, der nach einem kurzen Regen noch intensiver wird, mit Abenden, die der Flügelschlag einer einsamen Taube nur stiller macht. Über den Canyons kreisen, kreisen, kreisen die Truthahngeier. Die alten Goldgräberstädtchen mit ihren Holzarkaden und erhöhten Bürgersteigen, die am Schlamm und Staub der Main Street vorbeiführten, ihren bunten Holzhäusern. Ein Straßenschild warnt vor querenden Bären und ihren Jungen, das Mobiltelefon findet tagelang kein Netz, was nicht überrascht, fährt man doch durch eine andere Zeit, eine, in der an Mobiltelefone noch nicht zu denken war. In den Ortschaften aber ist jedes zweite Auto einer jener monströsen, chromglänzenden Trucks, auf denen sich ein Quartett von Ochsen mühelos transportieren ließe, die die Erde beben lassen, die alten Goldrauschfassaden zum Zittern bringen. Großvaters General Store ist noch immer geöffnet, hier lassen sich Hosenträger und Strumpfhosen kaufen genauso wie Vogelfutter und Tee, Pfeifentabak und Reinigungsmittel, *Fleischmann's Yeast for Health*. Im Gästebuch des Cary Historic House Hotel haben sich Mark Twain und Buffalo Bill verewigt. Mitch lädt mich zur morgendlichen Truthahnjagd ein, ich lehne dankend ab. Es sind freundliche Menschen, die man hier trifft, doch ihr Blick ist misstrauisch, wenn sie die Hand zum Gruß erheben; Menschen, die einem alles über einen gelungenen Ölwechsel oder das fachgerechte Auswaiden eines Wapitihirsches erzählen könnten, aber nichts, gar nichts mit der großstädtischen Kultur, erst recht nicht mit der Politik der Ostküste zu tun haben wollen. Ihre Bach'sche Cellosuite ist ein Blattschuss im Morgengrauen. In Sonora wirbt die Eckkneipe mit »Guns and Beer«, und tatsächlich sind hinterm Tresen, an dem schon am frühen Nachmittag ein paar wuchtige Trinker mit Baseballmützen, Karohemden und Vollbärten lehnen, die Vitrinen mit Colts, Flinten und Schnellfeuergewehren zu sehen – ein vollkommen stimmiges Konzept. Am Waldrand, aus dem in der Dämmerung die Rehe treten werden, hüllt sich vor der letzten schäbigen Holzhütte eine Frau in ihr Schultertuch, verschwindet fast hinter Türmen von Drahtkäfigen, in denen wer weiß was gehalten wurde oder werden soll; zwischen zwölf und sechzehn Katzen habe sie, allesamt zugelaufen, krächzt sie und lacht, während drei der Tiere auf ihren Schoß zu springen versuchen, sie werde, ruft sie, in der Gemeinde die wahnsinnige Katzenfrau genannt. Mulmig aber wird mir erst, als die freundliche Buchhändlerin des Ortes mich einlädt, ihren Keller zu besichtigen, und mich die knarrenden Stufen hinabbegleitet. Man habe ihn erst trockenlegen müssen, weil er alle paar Wochen bis zur Decke mit Wasser gefüllt war, ein unterirdischer Fluss verlaufe genau an dieser Stelle – und tatsächlich höre ich jetzt das Rauschen und sehe eine Kaskade von Wasser aus der Wand stürzen. Im Boden klafft ein Loch, in dem das Wasser verschwindet: Ein Freund habe es mit dem Vorschlaghammer etwas vergrößern wollen, dabei seien ganze Mauerpartien abgebrochen und ins Dunkel gefallen, ohne dass man den Aufprall habe hören können. Ich solle gern einen Blick in die großen Durchbrüche an den Wänden werfen, dort führten alte Gänge in ein riesiges System aus Stollen, ein Labyrinth im Fels, das die Goldgräber angelegt hatten und das es ihnen erlaubte, die Nuggets und den kostbaren Staub ohne Zeugen direkt von den Minen in die örtliche Bank zu schaffen. Die geschlossene Stahltür hingegen, die zu einer Kammer führt, sei kein Originalstück, man habe sie auswechseln wollen – und hier wird ihre Stimme leiser –, weil die Kratz- und Hieb- und Blutspuren an der Innenseite auch ihnen unheimlich gewesen wären. Ich ahne: Ich werde seltsame Träume haben.

Fünfte Karte

Im winzigen Stadtmuseum von Placerville, das ursprünglich Hangtown hieß, weil man nicht lange fackelte mit Pferdedieben, Falschspielern und anderem Gesindel, lernt man dank einer liebevoll eingerichteten Vitrine den »goat healer« kennen, der vor einigen Jahrzehnten in der gesamten Region und über deren Grenzen hinaus berühmt war – den Ziegenheiler also, der einst, als Junge, von der Tuberkulose durch bloßes Handauflegen kuriert wurde durch die kräuterkundige und wunderwirkende Anne, die ihn an Sohnes statt annahm und ihn einführte in die Geheimnisse der Heilkunst, deren Amt er schließlich übernahm und mit noch mehr Macht auszufüllen verstand. Davon zeugen die alten Schwarzweißfotos, auf denen lange Schlangen parkender Autos vor der Hütte des Ziegenheilers in Placerville zu sehen sind. Ist es nicht seltsam, zu welchen Extremen Körper und Geist in diesem Land finden, wie das Körperliche im Körperkult und das Geistige in Geisterseherei mündet? Ersteren lernt kennen, wer am Strand von Santa Monica zu joggen beginnt, nur um dreimal von einem Herkules, von einer Atalante sechsmal mühelos überholt zu werden; doch reicht es schon, ein Eis leckend die Promenade von Venice entlangzuschlendern, wo mit dem sogenannten Muscle Beach eine staunenswerte Institution geschaffen wurde – ein Bereich bestens einsehbarer Gewichthebe- und Dehnbänke, ein furchteinflößendes Arsenal muskelbildender Geräte, wo ölglänzende Hünen schwerfällig von Herausforderung zu Herausforderung schreiten und sich der Blicke eines schmächtigen Publikums gewiss sein dürfen. Man kommt nicht umhin daran zu denken, dass der ehemalige Gouverneur dieses Staates ein in Österreich geborener Bodybuilder war, dem die wunderbare Aussage zugeschrieben wird, er habe Muskeln an Stellen, wo andere Männer nicht einmal Stellen hätten. Und wie um ein Gegengewicht zu schaffen zu all den harten Bäuchen, der gestrafften Gesichtshaut, dem gemeißelten Bizeps, findet man in jeder Straße eine Wahrsagerin, sitzt an der Ecke von Third Street und Wilshire Boulevard in Santa Monica eine alte Dame mit rotem Schlapphut und flammendem Mantel an ihrem Tischchen und bietet ein Irisches Teeblattorakel an, trifft man allerorten auf eines jener winzigen Geschäfte, in denen ein grüner oder orangefarbener Neonschriftzug »Psychic Readings« anbietet, Geisterséancen, ja ein Laden in Pacific Palisades wirbt gar mit »Enchanted Gifts and Psychic Solutions«, mit verzauberten Geschenken und übersinnlichen Lösungen. Mir fällt die wuchtige Dame wieder ein, die am Hollywood Boulevard, gelangweilt in ihrem eigenen Schaufenster sitzend, meinen Blick auffing, behände aufsprang und mir den Boulevard entlang hinterhereilte, mich zum Handlesen überreden wollte, eine Sybille in Turnschuhen, ein kaugummikauendes Orakel. Und in einer jener Kleinstädte auf dem Land, die eine Main

Street, aber wenige Abzweigungen haben, in Angels' Camp, dessen Name schon eine besonders innige Beziehung zu übernatürlichen Sphären verspricht, nehme ich den Prospekt eines weiteren Mediums entgegen, einer blondierten Mittvierzigerin mit bezwingendem Lächeln, die sich auch der bildenden Kunst verpflichtet fühlt, aber vor allem als »medium-psychic« und »spirit artist« aktiv ist, sich, so der Prospekt, darauf spezialisiert hat, mit all denen in Kontakt zu treten, die ins Jenseits vorausgegangen sind. Die Liste der Leistungen umfasst Nachrichten aus früheren Leben des Kunden und Porträts seiner einstigen Erscheinungsformen, Hypnotherapie, Geisterlesungen und Auraerkundungen, darüber hinaus Tarotkartenenergiefeldauslegungen und, auch hier also kocht man durchaus mit Wasser, das Teeblattorakel. Zweimal schon, erinnere ich mich, war ich versucht, ein solches Angebot aus Neugier anzunehmen, schreckte aber zurück – in Miami Beach, wo im Schaufenster des Mediums ein riesiger Louis-Seize-Sessel dazu einlud, sich fallen zu lassen, in ihm zu verschwinden, sich in seinen roten Polstern zu dematerialisieren, und in einer Seitenstraße in Chicago, wo eine steile, rotbeleuchtete Stiege in die Gemächer einer Madame Claire, Geisterseherin, führten. Aber sind nicht die Lebenden, die man trifft, interessant genug? Mit ihnen lässt sich eine Unterhaltung ganz ohne Vermittlung und Teeblätter führen. Etwa mit jener gerade noch jung zu nennenden Frau, der es in Ralph's Supermarket obliegt, die Waren des Kunden in einer Vielzahl brauner Papiertüten verschwinden zu lassen. Ob ich von »jenem Eiland jenseits des Teiches« komme, fragt sie, mich offenbar für einen Engländer haltend. Nein, antworte ich, aus Berlin, aus Deutschland – woraufhin sie mir ihre Verehrung für Alexander von Humboldt beichtet, wir eine Viertelstunde lang alle Papiertüten dieser Welt vergessen und über Humboldts Besteigung des Chimborazo und seine Beschreibungen des Rio Magdalena reden. Wenn man Geister beschwört, dann solche und in Gesellschaft solcher Magier.

Sechste Karte

Wer sich gezwungen sieht, als Autofahrer am Stadtverkehr von Los Angeles teilzunehmen, ist gut beraten, eine Ausgabe von Melvilles *Moby Dick* oder zumindest ein, zwei Chandler-Romane dabeizuhaben; denn es wird dauern. Nur ein bisschen weiter nördlich, im herrlichen San Francisco, muss man als Fußgänger nicht betteln, keinen Ampelknopf betätigen, um die Straße überqueren zu dürfen, ist man als freier Bürger und Spaziergänger selbstverständlich Teil des großen Ganzen und die evolutionäre Entwicklung des Menschen hin zum aufrechten Gang offensichtlich glücklich abgeschlossen; in Los Angeles hingegen dient alles dem Auto, reicht zur Fortbewegung eine leicht gekrümmte Hock- oder Sitzhaltung, die es dem Untertanen erlaubt, sich hinter das Steuer seines Ford Mustang oder Chrysler zu zwängen. Der selbstverständliche Aggregatzustand des Alltagslebens von Los Angeles ist der Stau, eine kilometerlange Zusammenballung von Chrom und Blech und Gehupe, die sich zentimeterweise auf sechsspurigen Highways ins Zentrum hinein- und am Abend aus ihm herausquält. Wer ein Buch vergessen hat und nicht, wie so viele, auf Telefon oder Minibildschirm herumtippen oder -wischen möchte, kann sich mit Kopfrechnen behelfen, etwa mit der Frage, wie viel Lebenszeit ein durchschnittlicher Bewohner von Los Angeles in seinem Auto zu verbringen gezwungen ist, weil der öffentliche Nahverkehr reizlos und ein Hubschrauber unerschwinglich ist. Geht man davon aus, dass er, was zu Stoß- und Schubzeiten nicht ungewöhnlich ist, drei Stunden pro

Tag im Stau ausharrt, und gesteht man ihm einen autofreien Sonntag zu, so kommt man auf 18 Stunden Stillstand in der Woche und 72 Stunden im Monat, was exakt drei vollen Tagen entspräche. In einem Jahr, rechnet man weiter, beliefe sich die Warterei auf 36 Tage reine Stauzeit, auf mehr als einen Monat also, und so kommt man zu der Schlussfolgerung, dass von zehn Jahren im Leben eines Angelito ein ganzes Jahr sitzend und wartend im Auto verbracht wird. Und doch: Von der überwältigenden Panoramaterrasse des Getty Centers aus wirken sie in der Abenddämmerung fast schön, jene langen Perlenketten aus roten und weißen Lichtern, die schnurgerade über die Freeways gespannt sind. »Als hätte der liebe Gott den Verkehrsstau geschaffen«, wie ein Freund bemerkt. Vielleicht reicht ja immer schon ein winziger Perspektivwechsel, die Einnahme einer leicht erhöhten Position, um das überraschende Funkeln in der Tristesse wahrnehmen zu können? In Brennan's Pub am Lincoln Boulevard, wo nachts bei Schildkrötenrennen gewettet wird? In der Friseurstube vom Saint Vincent's Court und im gediegenen Deli der Herren Nate und Al, in den alten Hotels, die in ihrer eigenen, prunkvollen Vergangenheit schlummern, und in den verriegelten Theatern am Broadway. An den Dachgerüsten mit ihren verrosteten Werbeschriftzügen für Produkte, die es schon seit Jahrzehnten nicht mehr gibt, im Wirbel der Markthalle mit ihren Imbissständen aus El Salvador, Mexiko und Italien, in der Rainbow Bar am Sunset Strip, wo John Belushi seine letzte Suppe aß. Der Mann am Strand bildet mit großer Hingabe Frauenkörper aus Sand, allesamt ohne Kopf, und in Gehrys Konzerthalle singt das gesamte Publikum Händels *Messias*, hallt das Halleluja aus zweitausend Kehlen. Und währenddessen wird unermüdlich gefilmt, überall und zu jeder Zeit, auf den Balkons in großer Höhe, in den leerstehenden Kinosälen von Downtown, auf dem Parkplatz von Santa Monica, über den Dächern von Little Tokyo, auch an den Stränden von Malibu, wo alle hundert Meter ein anderes Kamerateam die Geräte bereitstellt, eine zukünftige Leinwandgöttin über den Sand schwebt oder zwei schlotternde Jungschauspieler in weißen Oberhemden in der Dezemberbrandung stehen, auf ihren Einsatz und die große Karriere warten. Auch der nette Taxifahrer ist eigentlich im Showgeschäft tätig, fährt, wie er sagt, nur nebenbei und sei eigentlich ein Stand-up-Comedian. Süchtig danach, die Stars und die Sternchen zu treffen, sei er keineswegs, versichert er, erzählt dann aber doch von der Begegnung mit jener Hollywoodlegende, die ihn spontan einlud, ein Bier zu trinken, was er ablehnte, ablehnen musste, wie der Fahrer erzählt, weil er die Siamkatze seiner Geliebten zum Tierarzt zu bringen versprochen hatte, weshalb er die Hollywoodlegende stehenließ, sich verabschiedete und, die Siamkatze unterm Arm, sich auf den Weg zum Tierarzt machte, hatte er es doch versprochen, hoch und heilig, hätte er doch seine Beziehung, sein gesamtes Liebesleben aufs Spiel gesetzt, wenn er auf das Angebot des Filmstars eingegangen wäre, doch bereue er es noch heute, ärgere er sich noch immer, dass ausgerechnet an jenem verflixten Tag und zu jener Stunde Hollywood in sein Leben treten musste und ihn einlud zu einem Bier, aus dem wer weiß was sich hätte entwickeln können. Und die Katze?, fragen wir. Die, so der Fahrer, sei trotzdem gestorben. Als wir in den dunklen Canyon jenseits des Küstenhighways einbiegen, tritt er scharf auf die Bremse, weil ein Fuchs direkt vor dem Auto über die Straße läuft. Nein, kein Fuchs sei das gewesen, sagt er, sondern ein Kojote. Wir schweigen. Dann kurbeln wir die Fenster herunter, lauschen auf das Heulen irgendwo in den Bergen hinter Los Angeles.

Gedenke der Lücke

Eine Rede für Abiturienten

In einem wiederkehrenden Traum – ich sollte besser sagen: Albtraum, weist er doch alle Merkmale eines solchen auf, dazu die physischen Phänomene wie Herzrasen, Gliederzucken und kalte Schweißausbrüche –, in einem wiederkehrenden Traum also finde ich mich unvermittelt in meinem ehemaligen Gymnasium in einer Kleinstadt nördlich von Hamburg wieder. Die Räume sind erschreckend vertraut, die gebohnerten Gänge, die Tafeln, der Pausenhof, die Fahrradständer, sogar, scheint mir, der Geruch, auch wenn, denke ich kurz, Träume doch für gewöhnlich geruchlos sind, alles ist ganz so, wie es damals war – nur ich bin so alt, wie ich mittlerweile eben bin, und damit den Schülern, mit denen zusammen ich zu meiner Verblüffung in einem der Klassenzimmer Platz nehme, um ein Vierteljahrhundert voraus. Keines der Jahre, die seit meiner Schulzeit vergangen sind, ist gelöscht, ich habe auch im Traum in Hamburg, Dublin und Berlin studiert, einen Abschluss gemacht, habe eine Reihe von Büchern publiziert und bin als freier Lyriker tätig, verdiene mein Brot – nur entbehre all das, so teilt man mir im Traum bedauernd mit, jeder Grundlage, sei doch mein Abitur und damit alles, was darauf folgte, ungültig; ein Versehen, eine bürokratische Laune, ein Aktenfehler, für den niemand etwas könne, weder ich noch die Verwaltung, an dem aber nicht zu rütteln sei, kurz: ich müsse die Oberstufe wiederholen und, fünfundvierzig Lebensjahre hin oder her, mein Abitur noch einmal bestehen.

Sie sehen: Ich spreche heute gewissermaßen als Gleicher

unter Gleichen zu Ihnen, als Abiturient unter Abiturienten, nicht nur als Lyriker; das kann nur von Vorteil sein, denn die Dichter, schreibt Erasmus von Rotterdam in seinem *Lob der Torheit*, »sind eine sprichwörtlich lose Sippe, deren ganzes Sinnen und Trachten ausschließlich dahin geht, die Ohren der Toren zu umschmeicheln, und zwar mit lauter Blödsinn und lächerlichen Lügengeschichten. Dennoch halten sie sich darauf so unglaublich viel zugute, dass sie nicht nur sich selbst, sondern auch andern Unsterblichkeit und göttergleiches Leben versprechen. Mit dieser Zunft stehen Selbstgefälligkeit und Schmeichelei [...] auf vertrautem Fuß.« Aber selbst wenn ich nicht gelegentlich des Nachts gezwungen würde, erneut die Schulbank zu drücken, wäre mir bewusst, wie wichtig diese Zeit für Sie ist. Sie wurden geprüft, Sie haben sich bewährt und diese Prüfung bestanden. Herkules erlegte den Nemeischen Löwen, zähmte die Rosse des Diomedes, pflückte die goldenen Äpfel der Hesperiden, fing den Erymanthischen Eber und die Kerynitische Hirschkuh; Sie rangen mit dem Subjonctif, besiegten die Integralrechnung und das Periodensystem und behielten im Kampf mit der Cytogenetik die Oberhand. All das sind Dinge, an denen Herkules schon deshalb verzweifelt wäre, weil er von ihnen nichts ahnen konnte. Es sind alles andere als Kleinigkeiten, und Sie haben allen Grund, Erleichterung, Stolz und Freude zu empfinden.

Ich darf heute etwa vierzig Minuten zu Ihnen sprechen. Das erscheint fast zu lang angesichts der Tatsache, dass Sie mehr als genug Zeit im Sitzen verbracht haben, ist aber in Wahrheit natürlich ein überschaubarer Rahmen. In nur vierzig Minuten vollzieht sich die Teilung des Pyrococcus furiosus, eines einzelligen Organismus aus der Ordnung der Archaeen. Vierzig Minuten dauert die Paarung der Scharlachlibellen, aber auch eine der Schönheit des Stückes angemessene Präsentation des Klaviertrios Nr. 1 von Franz Schubert. Und genau vierzig Minuten benötigte im vergangenen Jahr ein australischer Schermeister, um ein ausgebüxtes und verwildertes Schaf namens Chris von der haarigen Last seiner zweiundvierzig Kilo Merinowolle zu befreien. Jede einzelne Ihrer Klausuren hat mehr Zeit in Anspruch genommen, aber dafür haben Sie nun den Nachweis Ihrer Eignung, Ihres Wissens und Ihres Fleißes schwarz auf weiß in der Hand, sind Sie im Besitz eines Zeugnisses, das sich für den Rest des Lebens vorlegen lässt und an dessen Gehalt nicht zu rütteln ist. Gestatten Sie mir dennoch, ein Plädoyer nicht für das Faktische, sondern für den Traum zu halten, ein Plädoyer nicht für das Nützliche, sondern für das Nutzlose, nicht für den Fleiß, sondern für den Müßiggang, eine Fürsprache nicht für das Schwarz-auf-Weiße, vielmehr eines für die Unsicherheit, das Schwanken, die Ungewissheit – und, selbst wenn man auch Ihnen versichert haben mag, nun, nach Vollendung der Schulzeit, beginne ein für alle Mal der Ernst des Lebens, halte ich auch ein Plädoyer für das Spiel, das heiter, aber nicht ohne Gewicht ist, und für die Narrheit.

Es ist durchaus denkbar, dass gerade im Moment Ihres Triumphes ein Gefühl der Unsicherheit aufkeimt – Unsicherheit angesichts des Übermaßes an Zeit, das sich vor Ihnen auftut. War bislang alles streng reglementiert und portioniert, also in überschaubare Zeitparzellen unterteilt, in Ferien und Nichtferien, in Schul- und Freistunden, so dehnt sich die Zeit vielleicht nun aus wie jene immense und grenzenlose Landschaft, als die Thornton Wilder sie einmal beschrieb, eine Landschaft, in der das Einzige, was sich bewegt, das Auge des Betrachters ist. Ein schönes Bild – wie wir uns ja immer aufs Neue bemühen, das Wesen der Zeit in Worte zu fassen und ihm so auf die Schliche zu kommen. Die Zeit sei kurz wie der Kittel, dem man entwachsen ist, bemerkte die Dichterin Emily Dickinson 1880 in einem Brief, und Kirchenvater Augustinus fand viele Jahrhunderte zuvor in seinen *Bekenntnissen* zu einer Formulierung, die wohl viele von uns als gültig empfinden werden: »Was ist die Zeit?«, schreibt Augustinus. »Wenn man mich nicht danach fragt, weiß ich es. Wenn man mich fragt, was Zeit ist, weiß ich es nicht.« Charles Baudelaire schließlich begehrte in einem Prosagedicht auf gegen das Diktat der Zeit und proklamierte, es sei »die Stunde, sich trunken zu machen! Wenn ihr nicht die gequälten Sklaven der Zeit sein wollt, macht euch trunken, ohn Unterlass! Mit Wein, mit Poesie, mit Tugend, wie es euch gefällt.« Rätselhaft aber bleibt die Zeit allemal, weil sie mal langsam vergeht, dann wieder rasend schnell, mal schneckenhaft, mal im Fluge, nur weil wir einer unbehaglichen oder einer amüsanten Tätigkeit nachgehen – ganz zu schweigen davon, dass Länge oder Kürze der Zeit auch davon abhängen, ob man die Perspektive einer Eintagsfliege, eines Menschen oder des Planeten Erde einnimmt, über den wir uns bewegen, wobei wir selbst uns in der Skala weit näher bei der Fliege als beim Erdball einordnen dürfen. Ja, man darf gar nicht erst anfangen, sich selbst ins Verhältnis zu setzen; allzu schnell wird man überwältigt von melancholischen Gedanken. Bald schwindelt es einen beim Blick in die Tiefe, wenn man Schritt um Schritt zurück wagt und von der nächsthöheren Warte aus das eigene Tun betrachtet. Was ist mein Leben verglichen mit dem des Staatenlenkers? Und was das Dasein meines Vorgesetzten mit dem des herrlichen Mozart? Und ja, aus der Sicht eines unbestechlichen, ewigen Forscherauges irgendwo in den Tiefen des Universums war selbst der göttliche Mozart lediglich eine Mikrobe, die sich etwas auffälliger verhielt als all die anderen.

Dass alles eitel sei, ist keine Erkenntnis der Barockdichter, die gleichwohl dem Vanitas-Gedanken die herrlichsten Verse widmeten – wie sich bei Gryphius und anderen jederzeit nachlesen lässt. Schon die alten Ägypter, so berichtet Montaigne in seinen *Essais*, pflegten bei Festen immer dann, wenn es am schönsten war und am lautesten gefeiert wurde, ein Menschengerippe in den Saal tragen zu lassen, um sich selbst und ihre Gäste an das unvermeidliche Ende zu erinnern. Eine überaus komische Variante dieser Art des Memento mori finden Sie in einem Gedicht des australischen Lyrikers Les Murray, das den Titel *Folklore* trägt: Auf die Frage nach den Sehenswürdigkeiten seiner offenbar recht unspektakulären Stadt beschreibt der stolze Sprecher ein Lokal, über dessen Ausschank ein menschliches Skelett baumelt, welches ein Gummiband mit dem Bettrost der Hochzeitssuite ein paar Etagen weiter oben verbindet und das bei einer Nutzung des Bettes durch Verliebte und Verlobte auf der Durchreise seinen wilden und scheppernden, grotesken Knochentanz beginnt, zur großen Freude all der Raubeine und Säufer. »Sonst gibt's hier noch Fleischfabriken und Zechen«, bringt der rustikale Fremdenführer seine Erläuterungen zu Ende.

Man muss die Momente der Heiterkeit eben nutzen, geht doch alles so schnell und wenig erquicklich vorbei, und ehe wir's uns versehen, irren wir selbst nur noch als Stimme durch den Raum der Nachgeborenen, der nicht mehr der unsere ist, bevor wir vollends und auf immer verschwinden. Erinnern Sie sich noch an die Meldung, die vor ein paar Jahren im Panoramateil der Tageszeitungen zu lesen war? Die Londoner Verkehrsbetriebe hatten sich, so erfuhr man, entschlossen, die Tonbandstimme, die Fahrgäste beim Verlassen der Untergrundbahn auf die Lücke zwischen Waggon und Bahnsteigkante aufmerksam macht – »Mind the gap«, und wieder: »Mind the gap« –, nach Jahren oder Jahrzehnten des immer gleichen männlichen Baritons durch eine jüngere, frischere Stimme zu ersetzen – und stießen auf den erbitterten Widerstand der Witwe des vertrauten Sprechers, die sich schließlich, getragen von den Sympathien der Bevölkerung, durchsetzen konnte: Es blieb bei der Stimme ihres verstorbenen Mannes, der die Londoner also auch weiterhin mahnt, nicht zu stürzen und zu stolpern. Man kann nicht anders, als sich vorzustellen, wie diese resolute englische Dame selber Tag für Tag und Jahr um Jahr mit der U-Bahn fährt, um an den Stationen Baker Street, Charing Cross und Hampstead dem bisschen zu lauschen, was von ihrem Mann geblieben ist, seine Stimme nämlich, und, »Mind the gap«, ihrerseits an die Lücke erinnert zu werden, die er in ihrem Leben hinterlassen hat. Und auch uns anderen ruft diese Stimme eines Toten, als den wir ihn nun erkennen, zu, der Lücke, all der Lücken in unseren Leben zu gedenken – ein modernes Memento mori also auch dies, und in seiner ständigen Wiederholung dreier Wörter vielleicht noch dazu ein Echo von, ja: Echo, jener Bergnymphe, die sich dem Mythos zufolge nach dem schönen, aber nur sich selbst liebenden Narziss verzehrte, bis nichts als ihre traurige Stimme zu vernehmen war:

> Nimmer ruhender Kummer verzehrt den kläglichen
> Leib, und
> Dörrend schrumpft ihre Haut, die Säfte des Körpers
> entweichen
> All in die Lüfte. Nur Stimme und Knochen sind übrig.
> Die Stimme
> Blieb, die Knochen sind, so erzählt man, zu Steinen
> geworden.
> Seitdem hält sie im Wald sich versteckt, wird gesehen
> an keinem
> Berg, doch von allen gehört. Was in ihr lebt, ist der
> Klang nur.

Sie kennen diese Geschichte aus einem der poetischen Urbücher, aus den wundervollen *Metamorphosen* des Ovid, der in der Verbannung am Schwarzen Meer starb, sich selbst aber mit seiner Dichtung Unvergänglichkeit gesichert zu haben glaubte; weder Götter, Schwert noch Feuer, so schreibt er im letzten Teil der *Metamorphosen*, würden je sein Werk zerstören können. In Ovids Fall, denke ich, dürfte das ausnahmsweise stimmen. Diejenigen seiner römischen Zeitgenossen, denen es an Geld nicht mangelte, errichteten derweil steinerne Epitaphe entlang der Ausfallstraßen Roms. Auf lange Sicht, ach, werden sie so wenig Bestand haben wie die Gebilde des Wattwurms, der, von diesem Augenblick an gerechnet, in exakt dreißig Minuten etwas Sand aus seinem unterirdischen Labyrinth nach draußen befördern wird, ein Häufchen, das ihm gewaltig wie ein Mausoleum erscheinen wird. Wir Heutige jedenfalls können uns schon freuen, wenn wir in einer U-Bahn-Ansage wenigstens ein bisschen überdauern.

Die offensichtliche Flüchtigkeit allen Seins hat von jeher dazu eingeladen, das Leben mit einem Traum zu vergleichen – *La vida es sueño*, wie es bei Calderón schon in einem Dramentitel heißt. Gerade für die Dichter war es immer schon reizvoll zu erkunden, wo der Traum im Leben Eingang erhält, was, so teilt Homer uns mit, dann der Fall ist, wenn er nicht durch die Traumpforte aus Elfenbein, sondern die Pforte aus Horn zu uns gelangt, wo also die Grenzen zwischen Traum und Wirklichkeit sich aufzulösen beginnen, verschwimmen. Mein literarischer Lieblingstraum stammt aus den Märchen von *Tausendundeiner Nacht*, dieser gewaltigen und bezaubernden Geschichtenarabeske, genauer: aus der 351. jener tausend Nächte, in denen die arme Sheherazade gegen ihren Tod anerzählt. Sie berichtet in dieser Nacht von einem Mann aus Bagdad, der all sein Vermögen verloren hat, dem jedoch eine

Gestalt im Traum erscheint und ihm mitteilt, sein Glück warte in Kairo auf ihn. Der Mann zögert nicht und macht sich auf die lange Reise nach Kairo, wird dort fälschlich für einen Dieb gehalten, fast zu Tode geprügelt und hernach in den Kerker geworfen, wo ihn nach drei Tagen der zuständige Hauptmann einem Verhör unterzieht, ihn nach Herkunft und Ziel fragt – und so erzählt der Mann wahrheitsgemäß von seinem Traum und dem Hinweis auf das Glück, das in Kairo, also hier, auf ihn warte. Woraufhin der Hauptmann dröhnend lacht und ihn einen Dummkopf schilt, der Traumgespinste für wahr halte; er selber, so der Hauptmann, habe auch schon dreimal geträumt, dass eine Gestalt auf ihn zutritt und ihm ein Haus in Bagdad beschreibt, den Garten jenes Hauses und einen Springbrunnen am Ende des Gartens, an dessen Grunde sich ein riesiger Schatz befinde, aber natürlich habe er nichts auf diesen Traum gegeben, er sei ja noch bei Sinnen; und so gibt er seinem Gefangenen aus Mitleid ein paar Münzen für die Rückreise. Der Mann kehrt nach Bagdad zurück, zu seinem Haus, das er in dem Traum des Hauptmanns aus Kairo so präzise geschildert fand, gräbt unter dem Springbrunnen am Ende des Gartens, hebt den Schatz und ist fortan mit Reichtum gesegnet.

Der englische Dichter Coleridge, der sogar seine Gedichte, jedenfalls das berühmte »Kubla Khan«, in perfektem jambischem Versmaß träumte, stellte einmal die Frage: »Wenn ein Mensch im Traum das Paradies durchwanderte, und man gäbe ihm eine Blume als Beweis, dass er dort war, und er fände beim Aufwachen diese Blume in seiner Hand – was dann?« Dann, so muss wohl die Antwort lauten, wäre das Paradies kein Traum – oder aber wir selbst in einem weiteren Traum erwacht. Diese Möglichkeit besteht ja durchaus. Blaise Pascal, der französische Mathematiker und Philosoph, konfrontiert uns mit folgenden

Überlegungen: »Träumten wir jede Nacht das gleiche, würde es uns genauso beschäftigen wie alles, was wir täglich sehen; wenn ein Handwerker sicher sein könnte, jede Nacht zwölf Stunden lang zu träumen, er sei König, so wäre er, glaube ich, fast ebenso glücklich wie ein König, der jede Nacht zwölf Stunden träumen würde, er sei ein Handwerker.« Und wenn bei Pascal der König den Handwerker und der Handwerker umgekehrt den König träumt, so gewinnt die Überlagerung von Traum und Leben doch noch einmal an Deutlichkeit, wenn wir vom Traum des vorchristlichen chinesischen Philosophen Dschuang Dsi lesen: Der träumt nämlich des Nachts, er sei ein Schmetterling, und kann, als er aufwacht, nicht länger sagen, ob er nun ein Mensch ist, der geträumt hat, ein Schmetterling zu sein – oder nicht doch ein Schmetterling, der soeben zu träumen begonnen hat, er sei ein Mensch.

Man sieht: Es gibt Grund genug, die Träume nicht zu belächeln – auch wenn das die meisten Menschen gern tun. Wie auch könnten wir wissen, nicht nur zu wissen vermeinen, was wirklich ist, was geträumt? Das Tagträumen hat nicht erst seit Hans Guck-in-die-Luft keinen guten Ruf; Träume sind offenbar für die Nacht reserviert, aber auch dann nicht wirklich ernst zu nehmen. Dabei ist jeder Traum ein Spiel mit den Elementen unserer Existenz und spätestens seit Freud von einigem Gewicht. Zu träumen, ob im Wachen oder im Schlaf, heißt aber auch: offen zu sein für die Möglichkeiten einer anderen, in uns bereits angelegten Existenz, im Guten wie im Bösen, und sollte uns damit auch den Respekt vor allen anderen Entwürfen lehren. Konkret gesagt und auf die aktuellen Entwicklungen bezogen: Wenn die Vorsitzenden gewisser fremdenfeindlicher Parteien damit zu rechnen hätten, schon morgen als eine syrische Mutter von drei Kindern im zerbombten Aleppo zu erwachen; wenn ein Donald Trump sich vorstellen könnte, er sei ein mexikanischer Tagelöhner, der seinerseits träumt, er sei Donald Trump – es wäre wohl eine bessere, schönere Welt.

Demut lehren sollten uns indessen schon all die Kuriositäten, die jeder Lebenslauf bereithält, Verwicklungen und *punch lines*, auf die der kühnste Träumer nicht im Traum käme. Hätte Tschechow sich ausmalen können oder wollen, dass er als Toter von der Krim per Eisenbahn zurück nach Sankt Petersburg gebracht werden würde – in einer Zinkkiste mit dem Aufkleber »Frische Austern«? Wäre Königin Marie Antoinette im Leben darauf gekommen, sich selbst in einer Zelle zu sehen, nur Stunden vor dem endgültigen Gang zum Schafott, jetzt aber noch mit den Reisebeschreibungen James Cooks in der schmalen Hand, die ehemalige Herrscherin der Welt, die ihr auf wenige Quadratmeter geschrumpft ist, noch eben in die Lektüre von der Entdeckung neuer Welten vertieft? Niemand von uns vermag ja im Nachhinein zu bestimmen, was reiner Zufall war und was ein Schenkelklopfer des Schicksals, eine Art göttlich vorherbestimmter Riesenulk, einfach deshalb, weil uns die Linearität der Zeit, die wahrzunehmen wir gewöhnt sind, daran hindert; wir kennen schlicht die Alternativen nicht, die sich aus jeder einzelnen unserer vielen Tausenden, Abertausenden von Entscheidungen ergeben hätten. Nur auf der Bühne, im Film und natürlich in der Literatur können wir die Alternativen durchspielen – was, etwa in einem Stück Alan Ayckbourns, beträchtlichen Reiz hat. Gustav Mahler komponierte als glücklicher Vater seine *Kindertotenlieder*, trotz der Warnungen und Bitten seiner Frau; kurz nach Fertigstellung der Komposition starb eines seiner Kinder. Wer hätte sich an seiner Stelle und in seiner Trauer nicht die Schuld daran gegeben, wenn doch die Geschehnisse sich nicht zurückkurbeln lassen, etwas getan oder unterlassen werden kann, um zu erfahren, ob ein bloßer, böser Zufall verantwortlich war? Wir sind, wie Baudelaire sagt,

Sklaven der Zeit, der Zeit, die längst vergangen ist, die uns als Schuldgefühl oder nagende Ungewissheit weiterquält, und der Zeit, die auch weiterhin darauf besteht, zu verstreichen: Noch zwanzig Minuten, und Ihnen werden, legt man die sogenannte »Vergessenskurve« des Psychologen Hermann Ebbinghaus zugrunde, genau sechzig Prozent dessen, was ich bislang gesagt habe, wieder entfallen sein. In zwanzig Minuten vollzieht sich die Paarung der Weihnachtsinselkrabbe, gerade einmal zwanzig Minuten dauerte es im Jahre 1884, bis der Ozeandampfer *Daniel Steinmann* nach dem Auf-Grund-Laufen mit Mann und Maus in der Tiefe versunken war. Und das Hechtherz, das Sie jetzt einem gefangenen Raubfisch entnähmen, würde noch ganz genau zwanzig Minuten auf Ihrer Handfläche schlagen und schlagen und schlagen.

Ich hoffe, liebe Mitschülerinnen und Mitschüler, denn Lernende bleiben wir ja immer, ich hoffe, Sie können sagen, was ich sagen kann – nämlich, dass ich Glück hatte mit meinen Lehrern. Ich rede natürlich nicht von jenen pädagogischen Totalausfällen, mit denen wohl jeder im Laufe seiner Schul- und Studienzeiten zurande kommen muss – nicht also von dem Rektor, der noch glaubte, Kopfnüsse verteilen zu müssen, der sadistischen alten Sportlehrerin, die uns zwang, in nichts als Unterwäsche zu turnen, sofern wir den Sportbeutel zu Hause vergessen hatten, und die mit dieser Erziehungsmethode zweifellos für ungezählte Traumata verantwortlich war, und so weiter und so fort –, sondern ich rede von den wenigen, entscheidenden, auf immer prägenden Persönlichkeiten, auf die es ankommt und die uns helfen, zumindest die wichtigsten, folgenreichsten Entscheidungen nach bestem Wissen und reinen Herzens zu treffen – was den Zufall und die absurde Wendung, die verhängnisvolle Rutschpartie selbstverständlich nicht ausschließt, aber doch selbst sie erträglicher machen könnte. Diese Lehrer nämlich brachten mir etwas bei, was nicht auf den offiziellen Lehrplänen zu finden war – die Leidenschaft, die Begeisterung also für etwas, das in meinem Fall die Literatur und die Poesie waren, denen ich zwar schon immer zugeneigt war, die mir aber so noch dringlicher wurden. Aber woran man sich entzündet, ist letztlich natürlich unerheblich. Bei Ihnen, wenn es sich glücklich gefügt hat – und ich vertraue darauf, dass es so war –, könnte es die Begeisterung für die Mikrobiologie sein, für die sogenannten schwarzen Raucher am Meeresgrund, für die Quantenphysik und die Gravitationswellen oder aber für die Zwölftonmusik. Vielleicht auch, wer weiß es schon, für die perfekte Wurfkurve beim Kricket oder beim Basketball. Macht euch trunken, fügt Baudelaire eben hinzu, Sie erinnern sich, und er nennt Wein, Poesie, Tugend, doch ließe sich eine Vielzahl anderer Begriffe einfügen, wenn man das Wort Trunkenheit nur als Begeisterung versteht, die ja eine Trunkenheit des Geistes bei gleichzeitiger vollkommener Klarsicht ist. Wer Leidenschaft für eine Sache empfindet, fühlt sich nicht länger als der gequälte Sklave der Zeit – und auch nicht jenes Zeitkonzepts, das man uns schon sprachlich von Kindheit an näherzubringen versucht.

Der amerikanische Linguist George Lakoff hat in einem klugen und einflussreichen Buch aufgezeigt, dass es kein Vorrecht der Poeten ist, Metaphern zu verwenden, eine bildhafte Sprache, dass es ganz im Gegenteil *Metaphors We Live By* gibt, so der Titel jenes Buches, Metaphern also, nach denen wir unser Leben strukturieren, uns ausrichten, und die entscheidend dafür sind, wie wir uns selbst und unsere Rolle in der Welt wahrnehmen. Lakoff weist nach, dass es sogenannte Konzeptmetaphern gibt, die einen abstrakten Sachverhalt bildlich definieren und so zur Grundlage aller Redeweisen über diesen Sachverhalt werden. Eine dieser Metaphern, die jedenfalls unseren Kulturraum nachhaltig geprägt hat und noch immer prägt, findet in dem Konzept »Zeit ist Geld« oder, wahlweise, »Zeit ist eine wertvolle Ware« ihren Ausdruck – was sich sofort nachvollziehen lässt, wenn wir uns beim Gespräch über Zeit belauschen: etwas kostet uns mehrere Stunden oder einen ganzen Tag; man solle seine Zeit nicht verschwenden, sagen wir, oder wir verschenken etwas von unserer Zeit, wenn wir nicht gerade einem Dritten seine Zeit stehlen. Natürlich gibt es nie nur eine einzige Konzeptmetapher, das wäre allzu ermüdend, und so nutzt ein Sprecher, der seine Zeit totschlägt, womöglich eher eine Konzeptmetapher, die sich mit »Zeit ist ein gefährliches Raubtier« in Worte fassen ließe. Doch so mächtig die Vorstellung von Zeit als Geld bei uns auch ist, ohne dass wir uns dessen immer bewusst wären – ganz in der Nähe, etwas weiter südlich, redet man vielleicht schon anders über die Zeit, wenn es um bestimmte Aspekte geht: So bezeichnet man in Italien als *perdigiorno* den Menschen, der seinen Tag, der ihm also gehört, verliert, während wir abschätzig vom *Tagedieb* sprechen und den Müßiggänger somit unter die Juwelenräuber und Handtaschengrabscher einordnen. Offenbar will man uns schon von Kindesbeinen an ein schlechtes Gewissen machen; ja, vielleicht sollte man sich bemühen, Thornton Wilders Bild von der Zeit als einer Landschaft seinerseits als Konzeptmetapher zu etablieren, es hier und da ins Gespräch einzuwirken, es einwirken zu lassen?

Dichter spielen natürlich mit derartigen Konzepten; und sie lassen sich, so wertvoll sie ist, Zeit bei diesem Spiel, ist doch nichts schädlicher für ein entstehendes Gedicht als die Hast. Das berühmteste aller japanischen Haikus – »Der alte Teich. / Ein Frosch springt hinein – / das Geräusch des Wassers«, so lautet eine mögliche Übersetzung – dichtete der alte Meister Bashō an einem Tag im März im Kreise seiner Schüler; man saß, schwieg, starrte in den Garten, überlegte, suchte nach Worten, während Stunde um Stunde um Stunde verstrich. Und natürlich könnten Sie jetzt sagen: Na und? Was weiter? Da ist anscheinend von einem Teich und einem Frosch die Rede, und offenbar entscheidet sich der Frosch, ein Bad zu nehmen. Sie könnten aber auch Ihrerseits viele Stunden, ja Tage und Wochen damit verbringen, über diese drei kurzen Zeilen nachzudenken und eine Wahrheit, eine Schönheit in ihnen zu entdecken – oder auch damit, selbst in einen Teich zu starren und den Fröschen zuzuhören. Diese windstillen Winkel, in denen man sich aufhält, während alles weiter seinen Gang geht, gehen muss, sind ja so wohltuend, und man empfindet eine diebische, eine tagediebische Freude, wenn man sich später dieser Verstecke entsinnt – ob es die alte Hochsprungmatte am Ende des Schulsportplatzes ist, hinter der man sich wunderbar unsichtbar machen konnte, um eine Zigarette zu rauchen, während alle anderen schwitzend und schnaufend ihre Runden drehten, um tausend oder gar zweitausend Meter zusammenzubringen, oder ob es die Straßen von Berlin in der ersten Frühlingssonne sind, wenn alle Passanten plötzlich stehenbleiben, die Augen schließen und sich zum jungen Licht hin drehen, allesamt plötzlich wollüstig erstarrt, Leguanmenschen. Tatsächlich sind die entscheidenden Momente ja oft da zu finden, wo man sich selbst sozusagen herauszunehmen versucht aus der Zeit und der Geschäftigkeit, wenn man zusieht, nicht Teilnehmer ist, sondern Außenstehender – wie in jener kindlichen Vorstellung, die jeder kennt, in der man an einem magischen Seil, das irgendwie aus dem hohen Himmel herabhängt und damit den Naturgesetzen nicht gehorcht, sich festklammert und hinabschaut, während die Erde sich unter den baumelnden Füßen weiterdreht, der Garten, die Straße, die Heimatstadt verschwinden, andere Länder, Meere, Kontinente weit unten unter den eigenen Füßen erscheinen. Und auch bei wirklichen Reisen in solche Länder sind es ja nicht immer die Spektakel und die berühmten Sehenswürdigkeiten, die einem in Erinnerung bleiben, nicht die großen Museen, Schlösser und Paläste, sondern oft genug der Wind, der einem an einer Straßenecke plötzlich kühl ins Gesicht weht, der Blick auf ein vollkommen gewöhnliches Kornfeld, die Lichtreflexion in einer Pfütze. Die Offenbarung findet immer am Rande statt und immer unerwartet – ein Satz, der sich womöglich in einem Buch mit dem Titel *Mystik für Anfänger* wiederfinden ließe, wer weiß.

Aber innehalten, den Moment anhalten – das tut auch jedes Gedicht, das versucht es jedenfalls oder gibt vor, es zu tun, und es ermahnt uns dabei, langsamer zu werden, die Zeit verrinnen zu lassen, in der Gewissheit, dass aus dieser vergeudeten Zeit auch ein Nutzen erwachsen kann, dass im Verlust ein Gewinn liegt, der sich nicht in Geld, Aktien oder Macht übersetzen lässt. Das sehen natürlich nicht alle Menschen so, und ganz gewiss nicht jene Richterin, die 1964 einen jungen Angeklagten, den Dichter Joseph Brodsky, zu einem Dialog zwang, der noch heute zum Verzweifeln komisch wirken und mit seinen absurden Qualitäten zum Lachen reizen würde, wüsste man nicht, wie überaus bedrohlich die Situation für Brodsky damals war, dem die sowjetische Obrigkeit wegen Arbeitsverweigerung und angeblicher Asozialität den Prozess machte:

Richterin: Brodsky, erklären Sie uns, warum Sie nicht gearbeitet haben.

Brodsky: Ich habe gearbeitet. Ich schrieb Gedichte.

Richterin: Das hätte Sie nicht hindern dürfen, ehrliche Arbeit zu tun.

Brodsky: Aber ich habe doch gearbeitet. Ich schrieb Gedichte.

Und so ging es weiter und weiter im Kreis herum, weil die Definitionen von Arbeit und von Nutzen im Herrschaftsbereich der Poesie nun einmal so ganz anders sind als im Sowjetreich oder in irgendeinem anderen von Ideologie beherrschten Gemeinwesen. In freieren gesellschaftlichen Systemen muss man nicht fürchten, wegen Müßiggangs und Schmarotzertums vor Gericht gestellt zu werden. In den Augen jener aber, die dem Geld hinterherrennen, dem Ruhm, der eigenen Bedeutsamkeit (und geben wir ruhig zu, dass wir alle gelegentlich, in unseren schwachen Momenten, zu diesen Leuten zu rechnen sind), mögen solche wie Bashō oder Brodsky, die sich ganz dem Objekt ihrer Begeisterung als dem erkannten Wahren und Existentiellen überlassen, als Narren oder Esel erscheinen. Meiner Meinung nach sollte man diese abfällig gemeinten Bezeichnungen freilich als Ehrentitel tragen; ja, wenn ich genötigt würde, mir ein Wappentier auszusuchen, ich ginge schnurstracks vorbei an Löwen, Adlern, Bären und wählte, ohne zu zögern, den Esel – dieses Muster an Beharrlichkeit, das bei aller Sanftheit stur zu sein versteht, wenn es darauf ankommt, den Esel, der seinen Grund verteidigt, ein freundlicher Wissender mit tiefsinnigen Augen und einem weichen Maul. Es ist mir immer als eine Selbstverständlichkeit erschienen, dass im Französischen der Esel, *âne*, so nah an der Seele, *âme*, ist – was sich im Deutschen übrigens fast perfekt nachvollziehen lässt, weil dem Wort *Esel* nur wenig, nämlich ein einziger Buchstabe, nichts weiter als ein E fehlt, um ein Anagramm für die *Seele* zu sein. Weder Sie noch ich haben während unserer Schulzeit noch Rohrstock und Eselskappe erleben müssen; letztere aber hätte man, bei dieser Aufschrift, allen mitleidigen Blicken zum Trotz als Krone tragen müssen.

Und auch den Narren habe ich nie als abschreckendes Exempel wahrgenommen, nicht als Schimpfwort, ganz im Gegenteil. Allerdings habe ich, wenn ich an den Narren denke, auch keine Zirkusclowns mit roten Schuhen in Übergröße, keine karnevalesken Gecken in bunten Kostümen vor Augen, sondern, und auch das verdanke ich letztlich einem Lehrer, meinem Englischlehrer nämlich, Shakespeares große Narren, die ja zu den poetischsten Figuren in diesem an eindrücklichen Gestalten wahrlich nicht armen Universum gehören. Denken Sie nur an jenen Narren, der den wahnsinnig gewordenen alten König Lear treu über die sturmgepeitschte Heide begleitet und mit ihm redet – eine anrührende, kraftvolle, unvergessliche Szene, in der sich zeigt, dass der Narr keineswegs Dummkopf, sondern ein verkleideter Weiser ist, ein *wise fool*, und in Wahrheit die letzte Bastion des Verstandes im Chaos und inmitten der entfesselten Elemente. Nicht der Narr ist närrisch, sondern die Welt um ihn herum. Man erinnere sich auch an das beglückende Wort »Narrenfreiheit« – die Freiheit, sich zu Dingen und Missständen äußern zu können, die ohne die Maske des Narren kaum zu benennen wären. »Der Narr hält sich für weise, aber der Weise weiß, dass er ein Narr ist.« Einen solchen Satz kann selbstverständlich nur ein Narr sagen, in diesem Fall der Narr Probstein aus Shakespeares Komödie *Wie es euch gefällt*.

Als philosophischer Ahnherr dieser klugen und liebenswerten Narren kann Diogenes von Sinope gelten, jener Korinther, der im vierten Jahrhundert vor Christus nackt in einer Tonne vor den Mauern seiner Stadt hauste, genügsam, schamlos, überaus gewitzt. Tatsächlich rückt auch Christoph Martin Wieland, der ja, wie Sie wissen, Shakespeare übersetzte, diesen antiken Denker und Spötter in seiner Tonne in die Tradition der weisen Narren, und er muss dabei, jedenfalls stelle ich mir das so vor, auch an Shakespeares *fools* gedacht haben. Wieland schreibt also:

Der weiseste Mann, sobald er ohne alle Nachsicht und Schonung auf die Thoren, d.i. auf die große Mehrheit, losgehen, und sich ihnen in gar keinem Stücke gleich stellen wollte, würde ihnen nothwendig, im mildesten Lichte betrachtet, als ein ausgemachter Narr erscheinen müssen. Dieß ist gewisser Maßen der Fall dieses Diogenes; mir wenigstens scheint er unter seiner Narrenkappe einen gesundern Kopf zu bergen, als die meisten, die durch die leicht zu machende Entdeckung, dass er ein Narr sey, ihren eigenen Verstand in Sicherheit gebracht zu haben glauben.

Sie alle kennen die Anekdote, in der berichtet wird, wie kein Geringerer als Alexander der Große an die Tonne des Diogenes tritt, um ihm die Ehre zu erweisen, und ihm einen Wunsch gewährt, und Sie kennen auch die Antwort des nackten Denkers, dass dann doch der König ihm bitte aus der Sonne gehen möge, er stünde nämlich im Weg. Und wie bemerkenswert, wenn man es bedenkt, dass in dieser kleinen Szene zwei so gegensätzliche Prinzipien aufeinandertreffen: Der rastlos durch die Welt ziehende, ein Land nach dem anderen erobernde, die Welt beherrschende Machtmensch Alexander der Große hier, und dort Diogenes, der seine eigene Welt auf ein Minimum reduziert, auf den allerengsten Ort, dem also seine Tonne zur Welt wird. Es ist wohl auch heilsam und lehrreich, über die Kontinente dieses Planeten zu reisen und beispielsweise aus dem tobenden, alle Sinne überfordernden Kalkutta oder aus dem riesigen, in die Anden gebetteten und nachts an den Hängen wie Leuchtalgen schimmernden Medellin in Kolumbien zurückzuschauen auf das plötzlich allzu winzige, mit einem Mal gar nicht mehr so bedeutende Europa und auf die eigene Stellung inmitten dieser verblüffenden Fülle, diesem Gewusel von Menschen, die so ganz anders leben, leben müssen; wie der Traum führt auch das Reisen zu einer Sensibilisierung des Möglichkeitssinns. Es ist aber auch gut, sich anhand des Diogenes vor Augen zu führen, dass man immer und überall reisen sollte, immer reisen kann, selbst dann, wenn der Körper den heimischen Quadratmeter nicht verlässt, selbst in einer Tonne also. Wie die Begegnung zwischen Alexander und Diogenes weiterging, ist meines Wissens nicht überliefert; man möchte sich aber vorstellen, dass die Situation sich in einem gemeinsamen, schallenden Gelächter auflöste. Eine weniger bekannte Geschichte teilt uns übrigens mit, dass Diogenes am helllichten Tage mit einer Lampe über den Marktplatz von Korinth zu gehen pflegte, um, wie er sagte, nach wahrhaftigen Menschen zu suchen. Damit erweist er sich nicht nur als weiser Narr, sondern, die helle Lampe im helllichten Sonnenschein, als wahrhaft poetischer Aktionskünstler.

Vielleicht sind ja tatsächlich alle Dichter Narren – denken Sie an das Erasmuszitat aus dessen *Lob der Torheit* am Anfang dieser Rede, denken Sie auch an Platon, der, nach allem, was man weiß, auf Diogenes nicht sonderlich gut zu sprechen war und der bekanntlich sämtliche Dichter aus seinem idealen Staat verbannt wissen wollte. Es mag bewundernswert sein, mit einer solchen Strenge und Entschiedenheit zu urteilen, sich mit Klarheit und Konsequenz festzulegen auf ein Ja oder ein Nein. Mir persönlich aber schienen die Schwankenden, Träumenden, jene, die der Imagination, dem Was-wäre-wenn den größten Raum in ihrem Leben und Denken einräumen, nachahmenswerter – und nicht weniger ehrfurchterregend. Der englische Romantiker John Keats prägte den Begriff der *negative capability*, der, so könnte man es übersetzen, *negativen Befähigung*, als eine Grundtugend des Dichters, aber nicht nur des Dichters, und das heißt: zu akzeptieren, dass nicht alles mit

Eindeutigkeit zu einem gedanklichen Ende geführt werden kann oder sollte. Es heißt: sich den Zweifel erhalten und die Aufgeschlossenheit gegenüber anderen Möglichkeiten, sich in der Unsicherheit einzurichten. Eine solche Haltung, die es nicht gestattet, es sich mit den eigenen vermeintlichen Gewissheiten bequem zu machen, dürfte aufs Gründlichste immun machen gegen alle Ismen und Fanatismen, sollte einen vor den Gefahren der Ideologie schützen und zu lachen helfen über all die bärtigen Männer mit ihren erhobenen Zeigefingern. Keats' Haltung, nicht das Eine oder das Andere, sondern beide zugleich zu denken, erscheint mir als wahrhaft heroisch – und wer weiß, ob er die ungeheure Kraftanstrengung, die das Aushalten der Ungewissheit, die eine solche negative Befähigung bedeuten muss, ein langes Leben hindurch ausgehalten hätte. Abermals wissen wir nicht, was gewesen wäre wenn, denn Keats starb jung, allzu jung an Tuberkulose. Man kann sein Grab in Rom besuchen, eines der schönsten Gräber überhaupt, unter Pinien in einer besonders ruhigen und lichten Ecke des Friedhofs für Fremde und Nichtkatholiken, kann sich zu den Friedhofskatzen auf die kleine Steinbank vor dem Grabstein setzen, auf dem kein Name steht, nur der Satz: »Here lies one whose name was writ in water.«

Gerade einmal ein Vierteljahrhundert durfte Keats leben, und genauso lange ist es nun her, dass ich mein Abitur gemacht habe. Manchmal sehen wir uns noch, die Schulfreunde von früher und ich, und dann reden wir. Manche sind das geworden, was sie werden wollten, manche ergriffen just den Beruf, den man ihnen immer schon an der Nasenspitze angesehen hatte, ohne dies ihnen gegenüber jemals zu äußern, und manche überraschen einen bei der Wiederbegegnung aufs Herrlichste – wenn etwa aus der schmalen Klassenkameradin mit der Brille und dem adligen »von« im Namen eine weithin bewunderte Bergsteigerin und furchtlose Achttausender-bezwingerin geworden ist. Es ist wahr, da sind auch die Scheidungen und die Toten, und wirklich: Es geht alles allzu schnell vorbei. Schuberts Klaviertrio ist verklungen, das Klavier geschlossen und der Wattwurm längst wieder in seinen Tiefen verschwunden, das Meer liegt still und das Schaf steht haarlos und fröstelnd da, die Scharlachlibellen und die Krabben haben sich voneinander gelöst und das Hechtherz hört auf zu schlagen. Aber Sie fangen gerade erst an.

Zeile um Zeile der Kindheit entgegen

Zu Wulf Kirstens Gedicht »Selbst«

Fast möchte man sich dazulegen, ins Gras zu Holunder, Birnbaum und Brombeere, neben die Hainbuchenhecke und jenen Tagträumer, der so vertraut erscheint – wird es doch niemanden geben, der nicht einmal selbst so ganz eins mit sich und der Welt den Wolken hinterhergeschaut hat. Dass jede der vier Strophen mit den Worten »die arme unter dem kopf« abschließt, mit dieser klassischen Haltung des Müßiggängers also, verstärkt den Eindruck von Ruhe und zeitloser Geborgenheit. So lehnt man sich Zeile um Zeile in die eigene Kindheit zurück – der ja nicht nur die Dichter die prägendsten sinnlichen Eindrücke verdanken. Wulf Kirsten jedenfalls, der am 21. Juni 1934 in Klipphausen geboren wurde und in den linkselbischen Tälern zwischen Dresden und Meißen aufwuchs, ist der Landschaft seiner sächsischen Heimat lange treu geblieben, auch während zweier Jahrzehnte, die er als Lektor im Aufbau Verlag verbrachte. Die Natur blieb sein zentrales Thema, auch im thüringischen Weimar, wo er seit langem als freier Lyriker, Essayist, Herausgeber, Ermutiger und Ermunterer jüngerer Dichter lebt. Schläft also ein Lied in allen Dingen? Immerhin sind da Glocken, wenn auch nur die stummen des wilden Hopfens, und Musik kommt in einem schönen Bild zur Sprache – »kunstvoll gesetzt und gerundet spechtloch an spechtloch, / so wurde der baum den staren zur flöte«. Dennoch ist Wulf Kirstens Lyrik weit entfernt von romantischer Naturversenkung. Sie verliert sich nicht. Er selbst hat seine Sprache einmal als »körnig« bezeichnet; neben dieser Körnigkeit, einer gewissen

Erdenschwere, ist es vor allem ihre Präzision, die jegliches Abgleiten vom Einfühlsamen ins Sentimentale verhindert. Auch wer nicht weiß, dass Kirsten einst am »Wörterbuch der obersächsischen Mundarten« mitgearbeitet hat, wird bemerken, mit welcher Virtuosität dieser Wortarchivar Dialektalisches, Landschaftliches und Fachsprachliches einstreut. Mehr noch: Wer Gedichte von Kirsten liest, wird erst gewahr, wie reich die deutsche Sprache ist, ob er sich eines verlandenden Torflochs annimmt, ob es sich um den »notorischen krähenkongreß«, um einen Büffel oder die Vielzahl von Pflanzen handelt, die wohl nie zuvor mit so rauer Zärtlichkeit gefeiert wurden: »o pfennigkraut, o hundstot! / es lebe runk und strunk!« Auch in diesem Selbstporträt haben Wörter wie »dörnicht«, »mulm« oder »sterzen« ihre eigene Aura, und bei Ausdrücken wie »schosserbündel« oder »bruchsteinfugen« erkennt man verblüfft, dass paradoxerweise gerade dem präzisen Fachterminus eine Magie innewohnen kann. Kein Wunder also, dass nicht das Erwartbare »abzirkeln«, sondern das Verb »abzirken« gewählt wird, das vom lateinischen »circare« stammt, in dem aber auch, wer weiß, ein Anklang der betörenden Circe enthalten sein mag. Wulf Kirstens Naturgedichte sind keine Idyllen; seine Landschaft ist, wie jene Huchels, stets geprägt von der Geschichte, die sich ihr von den Bauernkriegen bis zu den Verwüstungen des zwanzigsten Jahrhunderts eingeschrieben hat – und die »blutigen zeiten« lassen selige Schwärmerei kaum zu. So liegt der Junge denn in der vierten Strophe auch bereits »dorfaus«, bemerkt man in der Wiederholung der unterm Kopf ruhenden Arme die Variation und muss sich schließlich fragen, ob nicht die »angezogenen knie« der allerletzten Zeile weniger hingelagert denn sprungbereit sind. Möglicherweise also macht sich der Junge, in dem wir Wulf Kirsten in Klipphausen am Ende des Zweiten Weltkriegs sehen dürfen, gleich auf, bricht den Bann, um seine Kreise zu weiten oder, wie Kirsten schreiben würde, »durch heimatlichen muff und schluff« zu »striffeln«, um jedenfalls die »Erde bei Meißen« mit all ihren Narben zu durchwandern. So, *Die Erde bei Meißen*, lautet der Titel von Kirstens vielleicht berühmtestem Band, auch wenn vor nicht einmal zwei Jahren ein neues Buch erschienen ist. Von Faulheit kann keine Rede sein. Begeisterung und die Fähigkeit zum Staunen aber sind, zu unserem Glück, auch dem Dichter, dessen achtzigsten Geburtstag wir feiern dürfen, nicht abhandengekommen.

Von ewig lauernden Dieben

Kurze Dankesrede zum Paul-Scheerbart-Preis

Wer Gedichte übersetzt, muss verzichten können. Wer sich daranmacht, fremdsprachige Verse in die eigene Sprache zu überführen, kommt um den schmerzlichen Verlust nicht herum, wird gleich zu Beginn seiner bedächtigen, schwierigen und beglückenden Arbeit mit der Erkenntnis konfrontiert, dass nicht für alle Eigentümlichkeiten und Qualitäten des Originals eine Entsprechung zu finden sein wird, dass er vielmehr mal vom Rhythmus, mal vom Reimschema abweichen muss und für viele Wortspiele, für Bedeutungsnuancen und spielerische, gar anzügliche Doppeldeutigkeiten und Witze kein adäquates Pendant möglich ist – und falls doch, dann vielleicht nicht an derselben Stelle und nicht dank derselben Verfahren und Ingredienzen. Kurz: Der Übersetzer von Lyrik sieht sich wieder und wieder genötigt, selbst als Dichter zu agieren, als poetischer Sparringspartner des Originaldichters in freundschaftlicher Rivalität tätig zu werden. Bei alldem glaube ich nicht, dass die offenkundige Unmöglichkeit einer vollkommenen Entsprechung dazu verleiten darf, über Gebühr und auf eigene Rechnung vom Original abzuweichen; nein, der Übersetzer bleibt ein Diener seines Herrn – allerdings ohne vor Servilität zu erstarren. Treue ist möglich, auch wenn man als Übersetzer immer wieder auf das seiner Arbeit innewohnende, herrliche Paradox stößt: Man muss seinem Autor gelegentlich untreu werden, um ihm treu bleiben zu können.

Vor einigen Jahren wurde ich zu einer Veranstaltung eingeladen, bei der Schriftsteller, Filmemacher und Musiker aus

Chicago und Berlin zusammenkamen. Man bat mich, Gedichte des etwa gleichaltrigen Lyrikers Kevin Young zu übertragen, der sein eigenes Schaffen in der Tradition der *blues poetry* sieht und auf Vorbilder wie Langston Hughes und die Harlem Renaissance verweist, zugleich aber mit einer überaus gegenwärtigen Spielfreude zu Werke geht. Eines der Gedichte, die Kevin für unsere Berliner Begegnung ausgesucht hatte, stellte dabei eine besondere Herausforderung dar, weil es klischeehafte englische Liebesseufzer und allzu geläufige amouröse Redewendungen derart mit Fehlern versieht, dass sie zwar als Grundstruktur klar erkennbar bleiben, aber eine zusätzliche Bedeutung bekommen, die, mal mit Sinn, öfters mit Nonsens, über sie hinausweist. Ich lese Ihnen das Gedicht, das konsequenterweise den Titel »Errata« trägt, im englischen Original vor; Sie werden bemerken, mit welcher Sprachlust Kevin Young den Fehlerteufel am Kreuzweg zum Tanz bittet:

> Baby, give me just
> one more hiss
>
> We must lake it fast
> morever
>
> I want to cold you
> in my harms
>
> & never get lo
>
> I live you so much
> it perts!

Baby, jive me gust
one more bliss

Whisper your
neat nothings in my near

Can we hock each other
one tore mime?

All light wrong?

Baby, give me just
one more briss

My won & homely

You wake me meek
in the needs

Mill you larry me?

Baby, hive me just
one more guess

With this sing
I'll thee shed.

Wie nun hätte angesichts dieser Bedeutungsmultiplizierung
eine wörtliche Übersetzung am Platz sein können? Das »hiss«
der Auftaktzeilen mit »zischen« oder »fauchen« zu übertragen, wäre zwar korrekt, wie jedes Wörterbuch bestätigt, doch
hätte eine deutsche Aufforderung wie »Liebste, schenk mir

doch noch ein Gezischel« oder »Gönne mir doch noch ein Fauchen« die zugrundeliegende Folie, also die Wendung »Give me just one more kiss«, unsichtbar werden lassen; und den Young'schen Imperativ »never get lo« als »niemals Trübsal blasen« oder »nie geknickt sein« wiederzugeben, hätte eine lexikalische Ebene gewiss erfasst, aber die Ausgangsfloskel »never let go« übersehen und damit die Quintessenz des Ganzen. Mit anderen Worten: In einer strikt wörtlichen Übersetzung wäre das Gedicht keines mehr. Es blieb folglich nur die Möglichkeit, das Spiel mitzuspielen, das Prinzip des kreativen Irrtums auf entsprechende deutsche Liebesrhetorik anzuwenden; es blieb, die Methode zu verinnerlichen und sich vom Original zu lösen, sich vorsichtig von ihm zu entfernen, in der Hoffnung, einen Kreis zu beschreiben und sozusagen durch die Hintertür wieder im Hause Young eintreten zu können:

Errata

Liebste, gib mir doch
noch einen Kusch

Laß unsere Diebe ewig
lauern

Ich will dich umargen,
dich ganz fest kalten

& und immer blei dir sein

Ich leb dich so sehr
daß es fast schon scherzhaft ist!

Liebste, gib mir doch
noch einen Guß

Nüster mir
süße Lichtigkeiten ins Öhr

Gönnen wir uns nicht noch einmal
auf den Arm nehmen?

Bis zum Morgengrausen?

Liebste, gib mir doch
noch einen Schuß

Mein heim & olles

Du läßt mir das Herz
in die Rose hutschen

Willst du mir zur Freu werden?

Liebste, hieb mir doch
noch einen Drusch

Nimm diesen Sing
und sei mit mir verwählt.

Aufreibender als die reizvolle Übersetzungsarbeit war übrigens der gemeinsame Auftritt, den der höchst sympathische
Kevin Young und ich Wochen später in Berlin zu absolvieren
hatten. Vereinbart war, die Übersetzung direkt dem Original
folgen zu lassen, so dass Kevin mit seiner imposant vibrieren-

den Bassstimme begann, den Blues geradezu sang; begleitet wurde er dabei von zwei Gitarristen, die zu meinem Entsetzen nicht aufhörten zu spielen, nachdem Kevin seinen Vortrag beendet hatte und alle Augen auf mir ruhten, weiter durch Akkorde und *blue notes* griffen – was mich vor die unerwartete Herausforderung stellte, den Blues auf Deutsch nicht nur zu verlesen, sondern gleichsam zu verkörpern: eine traumatische Erfahrung, die ich erst in einem Monate danach geschriebenen, Kevin gewidmeten Bluesgedicht bewältigen konnte. Aber das ist eine andere Geschichte.

Lassen Sie mich mit einer ergänzenden Bemerkung abschließen: Steht doch dem unausweichlichen Verlust, den ich zu Beginn konstatierte, ein gleich zweifacher Gewinn gegenüber, wobei die Bereicherung des übersetzenden Dichters, sein poetischer Erkenntniszuwachs, der offensichtlichere ist. Aber auch das Originalgedicht gewinnt, wird es doch durch eine Lesart seiner selbst ergänzt, wird doch sein Echoraum dank der unausweichlichen Auslegungsarbeit des Übersetzers und dank der semantischen Eigenheiten und Assoziationsmöglichkeiten der Zielsprache erweitert. Meine Damen und Herren: Mit der Vergabe des Paul-Scheerbart-Preises scheinen Sie mir freundlich zu erkennen zu geben, dass die bisherige Bilanz eher zugunsten der Poesie ausgefallen ist, und ermutigen mich, auch weiterhin durch Untreue Treue, durch Verlust Gewinn zu erzielen. Dafür möchte ich Ihnen danken.

Der Poet als Maskenball

Über imaginäre Dichter

Wenn Jorge Luis Borges, der argentinische Buchliebende, nicht selbst mit Versen hervortrat, so brachte er mitunter Erzählungen zu Papier, in denen er Dichter präsentierte, von denen die Leser bis dahin noch nicht das Geringste gehört hatten, nicht hatten hören können. So begegnen wir in einer von Borges' bekanntesten Geschichten dem Franzosen Pierre Menard. Das Porträt dieses Autors, der das Licht der Welt angeblich in Nîmes erblickte, in Wahrheit freilich eine rein argentinische Kopfgeburt war, liefert uns ein namenloser Freund, der wie er im Salon der gleichfalls fiktiven Madame Bachelier verkehrte. Menards Genie nun bestand nicht in den Schriften, die er der Nachwelt hinterließ, sondern in dem unvollendeten, ja unvollendbaren Werk, das der enthusiastische Erzähler zum bedeutendsten seiner Epoche erklärt und dessen sichtbare Spuren aus dem neunten und dem achtunddreißigsten Kapitel des *Don Quijote* bestehen – den, das ist der Haken, Cervantes bekanntlich schon im Jahre 1605 in Madrid publiziert hatte. Der Erzähler präzisiert das erstaunliche Lebensprojekt des Pierre Menard:

> Er wollte nicht einen anderen *Quijote* verfassen – was leicht ist –, sondern den *Quijote*. Unnütz hinzuzufügen, dass er niemals eine mechanische Transkription des Originals ins Auge fasste; er wollte es nicht kopieren. Sein Ehrgeiz war es, ein paar Seiten hervorzubringen, die – Wort für Wort und Zeile für Zeile – mit denen von Miguel de Cervantes übereinstimmen sollten. [...] Die

Methode, die er sich anfänglich ausdachte, war relativ einfach. Gründlich Spanisch lernen, den katholischen Glauben wiedererlangen, gegen die Mauren oder gegen die Türken kämpfen, die Geschichte Europas zwischen 1602 und 1918 vergessen, Miguel de Cervantes *sein*.

Angesichts dieser titanischen Leistung verblassen die übrigen Werke Menards, die sein Biograph penibel auflistet, dessen Bewunderung wir aber nicht teilen können, denn Borges, der einen Dichter erfindet und uns damit neu nachdenken lässt über Begriffe wie Autorschaft und Originalität, enthält uns die Texte dieses Dichters vor. Eine Ahnung der Genialität Menards vermittelt einzig und allein die Lektüre des *Don Quijote*. Zum Glück gibt es andere Poeten, fiktiv wie Menard, aber ausgestattet mit einem greifbaren Werk; Dichter, die nie gelebt haben und dennoch eine literarische Spur hinterließen.

Wer einmal angefangen hat, sich mit imaginären Dichtern zu beschäftigen, kommt recht bald zu der Erkenntnis, dass es weit mehr von diesen luftigen Wesen gibt, als er je für möglich gehalten hätte: Tatsächlich dauert es nicht lange, und man ist bereit, hinter jedem Autor einen anderen, einen wahrhaftigeren Autor zu vermuten. Ich selbst machte diese kuriose Erfahrung bei der Lektüre einer Anthologie, die der amerikanische Dichter Kenneth Rexroth unter dem Titel *One Hundred Poems From the Chinese* zusammengestellt hat. Rexroth präsentiert darin nicht nur seine Übersetzungen des wunderbaren Tu Fu, sondern auch eine Reihe von Poeten der Sung-Dynastie. Einer von diesen fiel mir ganz besonders auf – der mit nur einem einzigen Text vertretene Hsu Chao. »The Locust Swarm« heißt im Englischen sein Gedicht, das mich so faszinierte, dass ich eine Nachdichtung ins Deutsche anfertigte. »Die Heuschrecken« heißt dieses deutsche Gedicht:

sie legten ihre eier im toten
soldaten ab. sobald sie flügel hatten,
brachen die larven auf, ihr summen
ein unheil, ihre panzer braun und hart.
man sah, sie alle hatten sich zusammen
von einem ungestillten zorn genährt.

sie flogen nordwärts, zogen sich vors blau
des himmels wie ein vorhang. seine frau
sah ihre schwärme über sich, erbleichte
und rang um atem, wußte:
er war im kampf gefallen, seine leiche
irgendwo verschollen in der wüste.

in jener nacht saß sie im schlaf
auf einem pferderücken, doch kein huf
ließ seine spur zurück, so schnell
ritt sie dahin – bis sie zur stelle,
wo er im sand lag, kam. sie sah im licht
des traums in sein zerfressenes gesicht.

von nun an gab sie acht, daß kein getier,
das sich von totem nährt, von ihr
beschädigt wurde, auch nicht von den kindern.
sie sah zum himmel, rief: »ihr heuschrecken,
wenn ihr nicht wißt wohin zum überwintern,
kommt in mein herz. dort könnt ihr euch verstecken.«

Derart mühelos übersprang Hsu Chaos Gedicht fast ein ganzes Jahrtausend, dass ich misstrauisch wurde – erst recht, nachdem ich festgestellt hatte, dass Rexroth allen Dichtern zumindest ein paar Zeilen biographischer Fakten zugesteht, man von

Hsu Chao hingegen lediglich erfährt, dass er um das Jahr 1200 gelebt habe. Hatte ich in Wahrheit nicht das Werk eines Sung-Poeten adaptiert, sondern ein Gedicht des zwanzigsten Jahrhunderts, das Rexroth selbst verfasst und dann unter fremdem Namen in seine Anthologie geschmuggelt hatte? Ich begann nachzuforschen, fand jedoch keinerlei Informationen über Hsu Chao. Ich erkundigte mich bei Sinologen, bei befreundeten Dichtern, es half nichts: Der Mann war und blieb unbekannt – bis ich Jahre später, längst davon überzeugt, Hsu Chao als Fiktion und Rexroth als seinen Schöpfer entlarvt zu haben, über mehrere Ecken den Brief eines Sung-Spezialisten aus den USA erhielt: Doch, schrieb der, Hsu Chao habe es durchaus gegeben. Allerdings tauche in der Anthologie tatsächlich ein imaginärer Poet auf; es handele sich dabei aber nicht um Hsu Chao, sondern um den Dichter Wang Hung Kung – der mir bis dahin ganz und gar unverdächtig erschienen war. Dessen Gedicht, das im Englischen anhebt mit den Zeilen »Wild flowers and grass grow on / The ancient ceremonial / Stairs. The sun sets between the / forested mountains«, habe, so der Gelehrte, in Wirklichkeit kein anderer als der Herausgeber geschrieben und unter frei erfundenem Namen eingefügt. Gänzlich unbegründet war meine Vermutung nicht gewesen, nur hatte ich zu Unrecht dem armen Hsu Chao Fiktionalität unterstellt. Möge sein reales Dasein so reich und so vollkommen gewesen sein, wie sein Gedicht es ist – und das seines imaginären Kollegen Wang Hung Kung, dessen Schöpfer Kenneth Rexroth sich nach Jahren ohne Beweise doch noch einfügen ließ in eine lange und faszinierende Tradition literarischen Blendwerks.

Vielleicht ließe sich darüber nachdenken, ein Festival der imaginären Dichter ins Leben zu rufen, und zwar nicht nur, um den Veranstaltern die sonst zu Buche schlagenden Autorenhonorare zu ersparen. In einer historischen Nebenreihe wäre dann eine Reise ins Großbritannien des achtzehnten Jahrhunderts zu unternehmen, um zwei der einflussreichsten Poeten kennenzulernen, die die Welt je nicht gesehen hat. Ab 1760 nämlich erschienen im schottischen Edinburgh einige Bücher, deren Wirkung in ganz Europa seither selten, vielleicht nie übertroffen worden ist, die *Gesänge Ossians* – Sammlungen epischer Gedichte vor dem Hintergrund der Invasion Irlands durch die Skandinavier, die der Dichter James Macpherson aus dem alten Gälisch übersetzt zu haben behauptete und als deren ursprünglichen Verfasser er den blinden Barden Ossian aus dem dritten Jahrhundert nach Christus nannte. Macpherson selbst hatte 1758 mit der Sammlung *The Highlander* debütiert, freilich ohne nennenswerten Erfolg bei Publikum und Kritik, so dass er sich fortan der Transkription altgälischer Texte widmete. Wahr bleibt, dass Macpherson ein Kenner der Materie war und seinen Beitrag zur Forschung leistete; auch war der Name des irischen Sängerkriegers Ossian schon vor Macphersons Publikationen bekannt und taucht in den alten Sagen wirklich auf. Nur existiert nicht ein einziges gälisches Manuskript aus der Zeit vor dem zehnten Jahrhundert, erst recht nicht aus dem dritten und ganz bestimmt nicht von Ossian, was Macphersons angebliche Übersetzungen zu englischen Originaldichtungen in altem Gewand macht:

> Arise, around me, children of heroes, in a land
> unknown! Let each look on his shield, like
> Trenmor, the ruler of wars. »Come down«, thus
> Trenmor said, »thou dweller between the harps!
> Thou shalt roll this stream away, or waste with
> me in earth.«

Eine Sprache von gleichsam unbehauenem Pathos war dies, ein Stil, der, wie es Hippolyte Taine später in seiner *Geschichte der englischen Literatur* formulierte, »abgerissen sein will und doch verfeinert ist, der einen Schüler Rousseaus durch seine Wärme und Eleganz entzücken kann: das alles musste die jungen Enthusiasten der damaligen Zeit, die civilisirten Barbaren, die feingebildeten Freunde der Natur bezaubern und hinreißen, die von den köstlichen Freuden des wilden Naturlebens träumten, während sie den Puder abschüttelten, den der Haarkräusler auf ihrem Gewande gelassen hatte«.

Tatsächlich fiel die Publikation Macphersons in die Hochzeit der europäischen Rousseau-Begeisterung und konnte sich der Aufmerksamkeit eines Publikums sicher sein, das sich – *retour à la nature!* – nach dem Naturzustand zu sehnen begonnen hatte. Man kann nur ahnen, mit welchen Gefühlen der Siegeszug seines Barden quer durch Europa von Macpherson selbst beobachtet wurde, der in der Öffentlichkeit als Übersetzer auftrat, seinen Lorbeerkranz also nur heimlich und hinter verschlossenen Türen tragen durfte. Noch Whitman sprach ein knappes Jahrhundert später den Gesängen denselben Rang wie der Bibel zu, und Johann Heinrich Voß, immerhin deutscher Übersetzer Homers, hielt Ossian zumindest zeitweise für den bedeutenderen Dichter – ein Urteil, das der junge Goethe teilte, durch seinen *Werther* kundtat und so die Gefühle vieler zu formulieren wusste:

> Ossian hat in meinem Herzen den Homer verdrängt. Welch eine Welt, in die der Herrliche mich führt! Zu wandern über die Heide, umsaust vom Sturmwinde, der in dampfenden Nebeln die Geister der Väter im dämmernden Lichte des Mondes hinführt. [...] Wenn ich ihn dann finde, den wandelnden grauen Barden, der

auf der weiten Heide die Fußstapfen seiner Väter sucht und, ach, ihre Grabsteine findet und dann jammernd nach dem lieben Sterne des Abends hinblickt, der sich ins rollende Meer verbirgt, und die Zeiten der Vergangenheit in des Helden Seele lebendig werden, da noch der freundliche Strahl den Gefahren des Tapferen leuchtete und der Mond ihr bekränztes, siegrückkehrendes Schiff beschien.

Dass man es mit einem Schwindel zu tun hatte, glaubte zunächst nur einer: der Kritiker Dr. Samuel Johnson, der seine Meinung so bestimmt vertrat, dass es zwischen Johnson und Macpherson zu einem erbitterten und in aller Öffentlichkeit ausgetragenen Streit kam. Johnsons Vertrauter James Boswell, selbst Schotte und zunächst durchaus gewillt, das überraschend aufgetauchte Werk als schottisches Nationalepos zu begrüßen, dokumentiert den Zwist in seiner berühmten Biographie des verehrten Doktors: Macpherson sei angeblich außer sich vor Wut, schreibt Johnson in einem Brief vom 21. Januar 1775 an Boswell, der in Edinburgh weilt und dies in seiner Antwort bestätigen kann, der zudem berichtet, Macpherson werde die in seinem Besitz befindlichen Originale sowie Gutachten von Kennern zur Durchsicht vorlegen. Als das nicht geschieht und Johnson seine Vorwürfe noch selbstgewisser wiederholt, eskaliert die Debatte, man steigert sich auf schottischer Seite bis hin zu Androhungen körperlicher Gewalt. »Was für eine Sprache Macpherson dem ehrwürdigen Mann gegenüber führte, habe ich nie genau erfahren«, fasst Boswell diskret zusammen, »sie soll jedoch ganz anderer Art gewesen sein als bei literarischen Auseinandersetzungen sonst üblich.« Die vermeintlichen Originale der Ossiansgesänge jedenfalls erschienen erst 1807, elf Jahre nach James Macphersons Tod – von ihm persönlich angefertigt, aus dem Englischen rückübersetzt in ein Gälisch, das es so nie gegeben hatte.

Die Frage, was Fälschung und was ursprüngliche und eigenständige Schöpfung sei, die von der Ossiandebatte aufgeworfen wurde, stellte sich im selben Jahrhundert ein weiteres Mal, erneut in England, allerdings mit ungleich tragischerem Ausgang. Im Zentrum stand diesmal Thomas Chatterton, der 1752 in Bristol geboren wurde, in ärmlichsten Verhältnissen aufwuchs, aber schon im zarten Alter von elf Jahren beschloss, ein berühmter Dichter zu werden, und beachtliche Texte zu schreiben begann, etwa das frühreife Poem »On the Last Epiphany«. Mit zwölf Jahren ging Chatterton dazu über, Eklogen in mittelenglischer Sprache zu komponieren und sie einem fiktiven Mönch namens Thomas Rowley zuzuschreiben – ein Name, den er in der Bristoler St. John's Church auf einer Messingtafel entdeckt hatte. Die Täuschung gelang, zumindest in Bristol und bei dessen Buchhändlern und Schriftgelehrten, und Chatterton, derart ermutigt, steigerte in den nächsten vier Jahren seine Produktion – wobei er, anders als Macpherson, die vermeintlichen Originale gleich mitlieferte, also Papier mit der Kerzenflamme bräunte, dann in Tee tunkte und mit Dreck bestreute, um es altern zu lassen. Ein so präpariertes Manuskript mit Rowleygedichten schickte er unter anderem an Horace Walpole, den immens populären Verfasser des Schauerromans *The Castle of Otranto*, der zunächst neugierig wurde und freundlich antwortete, dann aber, von Freunden vor möglichen Fälschungen gewarnt, Abstand hielt von Chatterton, der, nunmehr in London hausend, einige Schmähverse auf Walpole und ansonsten weiter in Rowleys Namen schrieb, etwa ein *tragic interlude* mit dem Titel *Aella*, darüber aber immer mehr verarmte, verzweifelte – und im August des Jahres 1770 seinem jungen Leben mit Arsen ein überaus qualvolles Ende setzte.

Der unwiderlegbare Umstand, dass es sich bei Rowley um eine Erfindung handelte und die Manuskripte keinesfalls aus dem Mittelalter stammten, tat der nun einsetzenden Bewunderung für Chatterton keinen Abbruch. Der Tote avancierte in den letzten Jahrzehnten des achtzehnten Jahrhunderts zu einer Berühmtheit, um die ein regelrechter Kult entstand. Was aber noch wichtiger ist: Die Dichter der englischen Romantik erkannten Chatterton als ihren Vorläufer an und rühmten seine Gedichte. Man kennt William Wordsworths Zeilen auf den »marvellous Boy, / The sleepless Soul that perished in his pride«, doch auch Coleridge, Shelley und William Blake ehrten den Jungverstorbenen mit Versen. John Keats schließlich widmete ihm 1817 seinen *Endymion* und betonte stellvertretend für alle Romantiker in einem Brief aus demselben Jahr, wie wenig Beachtung die Diskussion um Fälschung und Authentizität in seinen Augen verdiene: »Nur über eines bin ich ganz sicher«, so Keats – »ich glaube an die Heiligkeit der Herzensregungen und die Wahrheit der Einbildungskraft. Wenn sich die Phantasie der Schönheit bemächtigt, dann muss diese Schönheit auch gleichzeitig die Wahrheit sein« – eine Formulierung, die nicht zufällig an Keats' Zeilen aus seiner »Ode on a Grecian Urn« erinnert, »»Beauty is truth, truth beauty‹, – that is all / Ye know on earth, and all ye need to know«. Festzuhalten ist, dass sowohl Chatterton als auch Macpherson in poetischer Hinsicht den stärksten Eindruck hinterließen, wenn sie nicht im eigenen Namen schrieben – und dass Rowley und Ossian auch ihre Schöpfer bislang vor dem großen Vergessen bewahrt haben. Jedenfalls war noch Johannes Bobrowski so fasziniert von der Gestalt Chattertons, dass er ihm eine sapphische Ode in elf Strophen widmete:

Ach, die Eulenschwingen der Kindheit über
seinen Schritten, da er in fremden Straßen,
bei der Brücke fand unter wind'gem Dach ein
jähes Umarmen

und den Tod; der kam wie ein Teetrunk bläßlich,
stand am Tisch, in raschelnde Blätter legend,
auf die Schrift den knöchernen Finger, »Rowley«
las er, »Aella«.

So endet Bobrowskis Verneigung vor dem »marvellous boy«
und spannt in den letzten acht Zeilen noch einmal den Bogen
von Anfang bis zum Ende des allzu kurzen Lebens Thomas
Chattertons.

Die Geschichte der Poesie ist auch eine Geschichte der
Täuschungen, und mitunter sind es durchaus Arglist und böser Wille, die den Täuscher zur Tat schreiten lassen – wenn
auch aus ästhetischer Überzeugung und im festen Glauben,
der Poesie einen Dienst zu erweisen. So erfanden Mitte der
achtziger Jahre die damals jungen, heute etablierten österrei-
chischen Dichter Ferdinand Schmatz und Franz Josef Czernin die Poetin Irene Schweighofer, an deren Werken sie exem-
plarisch vorführen wollten, woran die deutschsprachige Lyrik
ihrer Meinung nach krankte. Erfreulicherweise stellten Czernin und Schmatz ihrer Gedichtsammlung, die unter dem Titel
Die Reisen. In achtzig Gedichten um die ganze Welt tatsächlich
erschien, nur wenig später ein dokumentarisches Begleitbuch
zur Seite, als der Bluff, der grandios glückte, längst aufgedeckt
und in allen Feuilletons war; ein Begleitbuch, das überdies in
fast identischer Aufmachung und mit einem höhnischen Echo
von Titel publiziert wurde: *Die Reise. In achtzig flachen Hunden in die ganze tiefe Grube.* Vertrieben wurde dieses zweite Ge-

meinschaftswerk von der »edition neue texte«, nicht vom renommierten Residenz Verlag, dessen Lektoren so noch Salz in die klaffenden Wunden gestreut wurde. Sie nämlich hatten Irene Schweighofer im Residenz Verlag publizieren lassen, wenn auch nicht unter ihrem Namen, sondern unter dem Czernins, an dem man zuvor Interesse gezeigt hatte. Die Kritik, die Czernin und Schmatz vorbrachten, war, kurz gesagt, diese: dass der Poesiebetrieb samt Autoren, Verlagen, Kritikern zu sehr um sich selbst kreise, um die erforderlichen guten Gedichte von den publizierten schlechten Gedichten unterscheiden zu können, die ein längst feststehendes Wissen oder Gefühl nachträglich in Worten verpackten, dabei mit Personifizierungen und Verdinglichungen, mit eingängiger Metaphysik und leeren Worthülsen operierten und höchstens vorgäben, experimentelle Verfahren zu nutzen, ohne jedoch im Kern experimentell zu sein: »Das auf den ersten Blick Gelungene und auf den zweiten Blick zu Verstehende ist es, was diese Gedichte unerträglich macht«, wie die beiden Verschwörer es formulieren. Tatsache ist aber auch, dass die meisten der Schweighofer'schen Gedichte dem Leser nicht erst auf den zweiten Blick Verdruss bereiten. Er wird nicht nur mit den »augen der ferne« konfrontiert, sondern auch mit der »fahrt ihres begreifens« und den »füßen meines vergleichens«; er erfährt vom »schuh jedes ziels« und dem »fuß der nähe« und kann, wenn er die »dächer der worte«, die »mauern der ferne«, die »treppen der fremde« und den »see meiner sprache« hinter sich hat, guten Gewissens ausschließen, es mit vortrefflicher Lyrik zu tun zu haben. Das eigentlich Erstaunliche ist im Rückblick auf die achtziger Jahre, dass die Werke Irene Schweighofers jemals eine Druckerpresse von innen sahen, aber herrlich ist es für uns Heutige, die wir dem Trug nicht mehr aufsitzen können, die Briefwechsel der Saboteure zu lesen und ihnen beim übermütigen, oft hinreißend komischen Prozess des Dichtens, des Schweighoferns zu folgen, sie grübeln, verwerfen, einander herausfordern und zu immer neuen Abwegigkeiten anstacheln zu sehen. Nach dieser Lektüre mag man sich doch dem Urteil Franz Schuhs anschließen, der sich in einer Glosse diesem alpenländischen »Skandal im Literaturbetrieb« widmete: »Gewiß«, so Schuh, »ein Experiment exhibitioniert auch seine Urheber, macht sie verdächtig, und was eine ordentliche Versuchsperson ist, wird sich zu wehren wissen. Aus ihrer Sicht könnte man vielleicht sagen, Schmatz und Czernin sind als Künstler so schlecht, daß sie erst dann gut sind, wenn sie etwas konstruieren, das sie selber für schlecht halten. Ich wiederum kann mich des Gefühls nicht erwehren, plötzlich einen Großteil der deutschsprachigen Gegenwartslyrik für einen Schwindel von Schmatz und Czernin zu halten.«

Schreiten wir von einem Poesieskandal *made in Austria* zu einem *made in Australia*, oder, wie ein Beobachter es damals formulierte, zum »finest literary hoax since Bacon wrote Shakespeare«, zum famosesten Literaturschwindel also, seit Bacon Shakespeare schrieb – zur sogenannten »Ern-Malley-Affäre«, die nicht nur für einen Aufruhr am anderen Ende der Welt sorgte, sondern tatsächlich Folgen für die Entwicklung der modernen australischen Lyrik hatte und die wie die österreichische *causa Schweighofer* hochinteressante poetologische Fragen aufwirft, allerdings unter umgekehrten ästhetischen Vorzeichen. Die Vertreter der Avantgarde und die Repräsentanten der Tradition schenken sich, wie man sehen wird, nichts, wenn es um die Bloßstellung der Gegenseite geht.

Im Herbst des Kriegsjahres 1943 erhielt Max Harris, aufstrebender Lyriker und Herausgeber einer Poesiezeitschrift mit dem wunderbaren Titel *Angry Penguins*, ein Konvolut von sechzehn Gedichten, die ihn schon beim ersten Blättern elektrisierten. Geschickt hatte sie eine Dame namens Ethel Malley, die, wie ihr knapper Begleitbrief erkennen ließ, von Literatur wenig bis gar nichts wusste, deren unlängst jung verstorbener Bruder ihr jedoch einige Gedichte hinterlassen habe; ob diese etwas taugten, wollte sie nun wissen; ob Harris sie unter Umständen gar veröffentlichen wolle? Den sechzehn Gedichten war ein kurzes Manifest vorangestellt, dessen Axiome, ganz wie die Texte selbst, Harris' Vorstellungen vom zeitgenössischen, fortschrittlichen Gedicht so sehr entsprachen, dass es weder für ihn noch für die Redaktion den geringsten Zweifel gab: Man war durch Zufall auf ein Genie gestoßen, das geradezu vorbildlich all das in sich verband, was einen modernen australischen Lyriker auszuzeichnen hatte. Nicht lange, und eine selbstbewusst beworbene Sonderausgabe der *Angry Penguins* erschien: So betrat Ern Malley die Bühne, der nur fünfundzwanzig Jahre und vier Monate erleben durfte und damit exakt so alt wurde wie der Romantiker John Keats. Dies war ebenso wenig ein Zufall wie die Tatsache, dass Erns ausgeschriebener Vorname »Ernest« lautete und damit die Frage nahelegte, ob er nur Ernst hieß oder auch ernst zu nehmen war. Die Redaktion erkannte diese augenzwinkernden Hinweise erst im Nachhinein, andere zweifelten schneller. Man verdächtigte zunächst Harris, die Gedichte selbst verfasst zu haben, bis eine Boulevardzeitung die wahren Schöpfer Erns wie auch Ethels ausmachte und diese sich zu ihrem »Experiment« zu äußern gezwungen sahen, wie sie es nun nannten – und so sicherheitshalber aufwerteten, was als Jux begonnen hatte, als maliziöser Wunsch, Harris und der Avantgarde einen Streich zu spielen.

Harold Stewart und James McAuley waren selbst talentierte und äußerst hoffnungsvolle Jungdichter, die zunächst, wie Harris, Anhänger der modernen Lyrik gewesen waren, Dylan Thomas ebenso verehrten wie Eliot und Pound, sich aber dann auf traditionellere Verfahren besannen. Unmodern waren sie nicht, unbelesen erst recht nicht, doch voller Widerwillen gegen all das, was sich allzu progressiv wähnte und ihrer Meinung nach den »Verfall von Sinn und Handwerk in der Lyrik« beschleunigen half – und damit gegen das Flaggschiff der australischen Avantgarde, die *Angry Penguins*. Stewart und McAuley setzten sich einen intensiven und, so darf man annehmen, äußerst vergnüglichen Tag lang zusammen und verfassten das Lebenswerk Ern Malleys, sechzehn Gedichte mit über vierhundert Zeilen – unter Zuhilfenahme eines willkürlich genutzten Wörterbuches, der gesammelten Dramen William Shakespeares und einer wissenschaftlichen Abhandlung über Moskitobekämpfung in Sumpfgebieten; die Einflüsse aller Werke sind in den Gedichten deutlich zu spüren. Auch wenn eine Reihe von Literaten (und erst recht eine verblüffend hohe Zahl von hämischen Leserbriefschreibern) McAuleys und Stewarts ästhetische Meinung teilten, und obwohl Max Harris zum Gespött der Nation geworden war, kaum auf die Straße treten konnte, ohne auf Gelächter und Journalisten zu treffen – es gab doch prominente Verteidiger, die Ern Malleys Poesie, selbst wenn es sich um einen Schwindel handelte, für äußerst gelungen hielten. T. S. Eliot, so hörte man, war interessiert an den Gedichten, auch wenn er sich nicht öffentlich für sie einsetzte wie andere. Tatsächlich ist es auch für heutige Leser erstaunlich, wie kraftvoll viele Passagen nach wie vor wirken; und wirklich argumentierte Max Harris, als er sich von der Attacke etwas erholt hatte, ganz so, wie Franz Schuh es den düpierten Residenz-Lektoren geraten hätte: Der Mythos sei manchmal größer als sein Erschaffer, erklärte er und mutmaßte, dass Stewart und McAuley, befreit von den Fesseln der Tradition und strikter Formschemata, zum ersten Mal, unwillentlich und in der Gestalt Ern Malleys gute Gedichte zustande gebracht, ihrem schöpferischen Instinkt freien Lauf gelassen hätten. Wäre das nicht tatsächlich denkbar, fragt man sich – das Unterdurchschnittliche zu wollen und gerade dadurch das Exorbitante zu schaffen? Und selbst wenn Harris sich irren sollte, nimmt uns der schöne Trotz für ihn ein, mit dem er nur wenige Monate später ein ganzes Buch einzig und allein mit den Gedichten Malleys publizierte. Man verneigt sich angesichts der aufrechten Haltung, mit der er den unappetitlichen Prozess überstand, der ihm als Herausgeber wegen vermeintlicher Obszönität im Werke jenes erwiesenermaßen fiktiven Dichters gemacht wurde. Die Protokolle der Gerichtsverhandlungen lesen sich ähnlich grotesk wie jene des Prozesses gegen Joseph Brodsky, und es ist kaum tröstlich, dass das Gegenüber des Lyrikers Harris, ein von jedem literarischen Einschätzungsvermögen freier Staatsanwalt, den klangreichen, ja sehr lyrischen Namen »Vogelesang« trug. Mögen die Meinungen in Australien nach wie vor geteilt sein, auch unter den Dichtern   Peter Porter konnte einigen Gedichten etwas abgewinnen, anders als Les Murray, und Philip Mead und John Tranter nahmen 1991 gar alle sechzehn Gedichte in ihr *Penguin Book of Modern Australian Poetry* auf –, so gilt Ern Malley doch zweifelsfrei als einer der Wegbereiter der literarischen Moderne Australiens. Ebenso sicher ist, dass alle drei Hauptbeteiligten der Affäre ihr Leben in dem Schatten fristen mussten, den jener Körperlose auf sie warf, dass sie Jahr für Jahr erneut mit seinem rein fiktiven Leben und dem überaus realen Werk konfrontiert wurden. Wie beängstigend stark sein Einfluss zumindest auf seine zwei Väter blieb, brachte Harold Stewart kurz vor seinem Tod zum Ausdruck: »Vielleicht«, sagte er nachdenklich, »vielleicht haben weder McAuley noch ich jemals wirklich existiert, vielleicht gab es uns einzig und allein in der Phantasie Ern Malleys.«

Viele weitere Dichtergespinste ließen sich nennen, herrliche Phantasmen, die aus nichts als Sprache und Einbildungskraft bestehen und auf diese Art ewig weiterleben dürfen, wenn auch manchmal nur als Fußnote und Kuriosum: George Forestier zum Beispiel, der Anfang der fünfziger Jahre allen Ernstes als deutscher Wiedergänger Rimbauds gehandelt wurde und dessen Band *Ich schreibe mein Herz in den Staub der Straße* geradezu spektakuläre Auflagen erzielte; ein ehemaliger Wehrmachtssoldat und späterer Fremdenlegionär mit einer fatalen Vorliebe für schwülstige Genitivmetaphern, die entfernt an die Manier von Czernin und Schmatz erinnern, allerdings vollkommen ernst gemeint waren – wir sehen ihn im »Schlamm des Vergessens« wühlen und die Stirn an das »Glas der Unendlichkeit lehnen«, hören von der »Brandung der Liebe« und der »Fährte der Sehnsucht«. Dennoch wusste Forestier, hinter dem sich der Düsseldorfer Verlagslektor Karl Emerich Krämer verbarg, namhafteste Kritiker zu überzeugen – während man bei heutiger Lektüre über ein manchmal solides, öfter jedoch zwischen Exotismus und verschwitzten Landsergesängen changierendes Verswerk staunt.

Faszinierender und lohnender ist es, sich mit jenen imaginären Poeten zu befassen, denen aus rein ästhetischen Gründen in die Welt geholfen wurde. Man wünschte, Samuel Beckett, der im November 1930 einen in französischer Sprache abgefassten Vortrag bei der Modern Languages Society am Dubliner Trinity College hielt und darin den Dichter und Begründer des Konzentrismus Jean du Chas vorstellte, hätte seinem Geschöpf mehr als eine Biographie und eine Handvoll Verse gegönnt:

Jean du Chas, einziger unehelicher und postum geborener Sohn eines belgischen Wechselmaklers, der 1906 an den Folgen einer Hautkrankheit verstarb, und von

Marie Pichon, Verkäuferin in einem Nähwarengeschäft in Toulouse, kam am 13. April 1906, kurz vor Mittag, im roten Schatten der Basilika St. Sernin unter dem gedämpften Gebimmel eines trauernden Glockenspiels zur Welt.

In einem Brief an Thomas McGreevy bemerkt Beckett, er habe du Chas' Gedichte »selbst geschrieben und mich einige Tage lang damit vergnügt«. Wären die Werke dieses Belgiers nur so umfangreich wie jene, mit denen Lars Gustafsson 1988 seine *Vier Poeten* in einem Gedichtband gleichen Titels vorstellte: Den 1864 in Uppsala geborenen, nach einer Prügelei mit einem Staatsanwalt emigrierten und 1931 als texanischer Lokalredakteur verstorbenen Gustav Adolf Fredenlund mit klassizistischen Neigungen und eindrücklichen Gedichten über Taumelkraut und Klapperschlangen; den in Stockholm aufgewachsenen und schon für sein frühes Debüt gefeierten Jan Bohman, der mit sechsundzwanzig Jahren und damit sicher nicht zufällig im selben Alter wie Rimbaud erst nach Frankreich und dann in den Senegal auswanderte, wo er als Kolonialwarenhändler über die Runden kommt; sodann den Gelehrten, Kunstkritiker und Mitglied der Schwedischen Akademie Bernard Foy, der Lesern von Gustafssons in den achtziger Jahren erschienenem Roman *Die dritte Rochade des Bernard Foy* vertraut ist, wo man ihn beim Schreiben und beim Ringen mit der jüngeren Konkurrenz beobachten kann:

Seit Jahren verwahrte er seine Reimlexika in einem diskreten Versteck hinter der schweren Gardine aus chinesischer Seide im Arbeitszimmer. Natürlich hatte er keinen Grund zu verbergen, dass er hin und wieder, genau wie die meisten anderen Lyriker seiner Generation, für seine Gedichte ein Reimlexikon benutzt hatte. Wer zum Teufel hatte das nicht getan? Silfverstolpe? Quatsch. Österling? Österling hatte bestimmt einen halben Meter Reimlexika benutzt. War Österling überhaupt viel mehr als ein Reimlexikon?

Die Vierte im Bunde schließlich ist (und dabei fällt dem Liebhaber lyrischer Phantome auf, dass das Geschlechterverhältnis auf dem Parnass der imaginären Dichter ein höchst unausgewogenes ist) eine Frau mit dem schönen Namen Ehrmine Wikström – nervenschwach und jung verstorben, mit einem schmalen lyrischen Werk, das für den Leser allerdings Gedichte wie »Im Himbeerschatten« bereithält:

I

Der Duft der Himbeeren, wenn sie neu waren im Juli,
hatte stets etwas Gedankenverlorenes.

Sie waren nicht ganz da. Ihr Dasein
war zur Hälfte anderswo.

Sonst hätten sie banal geschmeckt.

In den Sträuchern schwirrten zwei Falter aus und ein.
Der Hummelgesang verstummte nie unter den Linden

und mitten am hellichten Tag
war da, unmerklich, eine ganz kleine Nacht.

II

Selbst der Schatten duftete, und die Falter
schwebten von einem Schatten zum andern.

Aber mitten in den Sträuchern
stand ein Schatten, dichter noch als Stein.

Er wollte nichts. Er schwieg.
Es gab keinen Ausweg, und für immer

müssen einige von uns im Himbeerschatten bleiben.
Hier, wo man der Bienen Stimme deutlicher
    vernimmt.

Keine Rede über imaginäre Dichter aber wäre vollständig,
ohne den Meister der Heteronyme zu nennen, den proteus-
haften Portugiesen Fernando Pessoa, der schon als in Südafri
ka aufwachsender Jüngling in anderen Gestalten zu wohnen
begann – zunächst in einem Herrn Alexander Search, dessen
englischer Nachname nicht umsonst die »Suche« bezeichnet
und dem Pessoa sogar Visitenkarten drucken ließ, womit sein
Dasein unwiderlegbar wurde. »Der Fall Pessoa ist derart kom-
plex, dass er die unglaublichsten Stichworte liefert, um über
die Bedeutung der Literatur, der Dichtung und der ›Sprache‹
an sich ganz allgemein nachzudenken«, sagte der italienische
Dichter Andrea Zanzotto einmal im Gespräch mit Antonio Ta-
bucchi und fuhr fort: »Jeder, der schreibt, täte gut daran, seine
Position mit dem Universum Pessoas zu vergleichen: er würde
immer etwas lernen.«
    Über Pessoa zu sprechen bedeutet stets, über einen und
mehrere Dichter zugleich zu sprechen, im Singular den Plural

zu würdigen. Man erinnere sich daran, dass sein Nachname auf das lateinische Wort »persona«, also die Maske zurückgeht, wie sie auch im Theater getragen wurde, dass »pessoa« im Portugiesischen allerdings auch ganz schlicht »Person« bedeutet – womit der Dichter wunderbarerweise beides wird, niemand und jedermann. In Pessoas legendärer Lissabonner Truhe fanden sich knapp dreißigtausend Manuskriptseiten, Werke von Pessoa selbst und den Figuren, in denen und für die er schrieb, denen er nicht nur Namen, sondern auch Biographien, ein Eigenleben schenkte. Wer all diese Persönlichkeiten hinter der Person kennenlernt, diese Masken hinter der Maske, hinter dem scheuen Einzelgänger Pessoa, der sich, wie ein Freund zu Protokoll gab, in Luft aufzulösen schien, sobald man sich auf der Straße von ihm verabschiedete, der wird nachvollziehen können, warum Pessoa sich in einem Brief von 1931 als dramatischen Künstler bezeichnet – »ich habe beständig und in allem, was ich schreibe, die intime Erregung des Dichters und die Depersonalisierung des Dramatikers. Sich in einen anderen zu wandeln – das erklärt alles.«

Der entscheidende Tag in Pessoas Leben – er selbst bezeichnet ihn als triumphal – war der 8. März 1914, an dem einer von drei Lyrikern, die zu den bedeutendsten und eigenwilligsten Gestalten in diesem Ein-Mann-Universum namens Pessoa gehören, in die Welt kam. Pessoa hat diesen Tag eindringlich geschildert: Wie er an einer Kommode stand, plötzlich in eine Art schöpferischer Ekstase geriet und dreißig Gedichte hintereinander schrieb, als deren Autor er Alberto Caeiro erkannte. »Entschuldigen Sie das Absurde des Satzes«, sagt Pessoa – »in mir war mein Meister erschienen. Dies war meine unmittelbare Empfindung.« Caeiro wird 1889 in Lissabon geboren (was ihn ein Jahr jünger macht als Pessoa) und stirbt dort mit nur sechsundzwanzig Jahren an Tuberkulose (also wiederum ein

Jahr nach seiner wahren Geburt in Pessoas Phantasie). Sein Leben verbringt er nicht in der Stadt, sondern auf einem Gut am Ufer des Tejo, wo er die Gedichtsammlung *Der Hüter der Herden* verfasst und eine zweite, *Der verliebte Hirte*, als Fragment hinterlässt. Caeiro lebt und verkündet – in freien und ungereimten Versen – ein antikes Heidentum; er ist ein Weiser mit fast buddhahaften Zügen, ein Bukoliker, der sich ganz in das vertieft, was an Natur um ihn erscheint: »Ich war ein Heide wie Sonne und Wasser / Mit einer Weltreligion, wie sie nur die Menschen nicht haben. / Ich war glücklich, weil ich nichts forderte / Und nichts zu finden suchte«. Als derart Erleuchteter wird er nicht nur der Meister Pessoas, sondern auch der zweier weiterer Dichter: Ricardo Reis, ein klassizistischer Dichter mit Vorliebe für streng gehandhabte Oden – und schließlich jener Poet, der Pessoa von allen am nächsten steht, am intimsten mit ihm verbunden ist und dem wir das bei weitem umfangreichste und faszinierendste Werk verdanken. Álvaro de Campos macht im schottischen Glasgow eine Ausbildung zum Schiffsingenieur, tritt dann aber nicht auf britischen und portugiesischen Werften, sondern als Avantgardist und Dandy in der Lissabonner Literaturszene hervor – wenn auch die See ein wiederkehrendes Motiv seiner Dichtung bleibt, nicht zuletzt in der großen »Meeresode« von 1915, die mit jedem ihrer fast tausend Verse ekstatischer wird, sich zu einer sadomasochistischen Phantasie maritimer Art, ja zu einer wahren Meeresorgie steigert. Pessoa definierte seinen Álvaro de Campos einmal als Walt Whitman mit einem griechischen Dichter im Innern, doch so modern und kühn de Campos sein kann, hat er doch zweifellos eine ebenso ausgeprägte Ader für das Melancholische, das Zarte: »Man bricht unvermittelt in Tränen aus«, lesen wir, »und sämtliche toten Tanten kochen wieder Tee / Im alten Haus des alten Landguts«. Oder man trifft beglückt auf Zeilen wie diese: »Mein Leben ist ein Ritt / Auf einem Eselsschatten«. In seinen späten Gedichten schließlich findet der in seiner Jugend so ungestüme de Campos zu einem ruhigen, klaren Ton und besingt »Kaldaunen auf die Art von Porto« mit Versen, die selbst Verächter von Kutteln diese gewöhnungsbedürftige Delikatesse mit anderen Augen sehen lässt:

> Eines Tages, in einem Restaurant, außerhalb von Raum
> und Zeit,
> Servierte man mir die Liebe in Form kalter Kaldaunen.
> Delikat erklärte ich dem Küchenmissionar,
> Ich hätte sie lieber warm,
> Denn Kaldaunen (und dazu auf die Art von Porto) ißt
> man nie kalt.

Erstaunlich ist nicht nur die Vielgestalt der Dichtungen, die Pessoa komponiert, sondern auch, dass all seine Charaktere eine verblüffende Selbständigkeit entwickeln, sich theoretisch äußern und sogar in Beziehung zueinander treten. So schreibt Ricardo Reis einen Essay über Caeiro, so verfasst Álvaro de Campos eine Abhandlung über portugiesische Literatur, in der er sich pikanterweise auch zu einem Zeitgenossen äußert, zu Fernando Pessoa, seinem Erfinder: »Herr Fernando Pessoa«, doziert de Campos, »hat bisher noch kein Buch publiziert. Ich weiß nicht, ob er hier einen portugiesischen Mallarmé darstellen möchte oder ob er es bisher einfach noch nicht konnte, wovon man ausgehen kann, denn wahrscheinlich wird sich kein Verleger finden lassen, der eines seiner Werke publiziert.« Und es wird noch erstaunlicher: Denn de Campos lässt einer gewissen Ophelia Queiroz, die zu dieser Zeit mit Pessoa verlobt ist, einen Brief zukommen, überzeugt sie, dass es besser sei, sich zu trennen, bringt sie schließlich dazu, die Verlobung zu lösen – womit es der fiktive de Campos endgültig in die ganz und gar reale Welt von Ursache und Wirkung geschafft hatte. Das portugiesische Mirakel, das wir noch immer bestaunen, war jedoch dies: Mit fingierten Dichtern wirkliche Dichtung zu schaffen – oder, um es mit zwei Zeilen von Ricardo Reis zu sagen, die auch als Motto für ein mögliches Festival imaginärer Dichter dienen könnten: »Aus Rosen, wenngleich falschen, winden sie / Echte Girlanden«.

Wo bliebe da das Ich? Dass das Subjekt des Gedichts keinesfalls mit dem des Autors übereinstimmen muss, hat sich zwar herumgesprochen – das scheint jedoch eine Mehrheit der Leser nicht davon abzuhalten, unermüdlich nach dem Autor selbst, nach seinen Spuren im Gedicht zu suchen. Der unstillbare Wunsch, einen Blick auf das wahre Leben hinter den Versen zu erhaschen, lädt, dies nebenbei, zum Missbrauch geradezu ein. So habe ich schon vor einigen Jahren damit begonnen, nicht existierende Familienmitglieder in meine Gedichte einzuschleusen, Figuren, die es nie gab, aber doch geben könnte; so taucht mit einiger Regelmäßigkeit eine Tante Mia auf, die zumindest mir nicht bekannt ist, und auch eine Familie mit dem sehr norddeutschen Namen Wriggers schickt ihre zahlreichen Angehörigen vorbei, zur Befriedigung des einen oder anderen Lesers vielleicht, ganz sicher zu meinem eigenen stillen Vergnügen.

Dabei beginnen die Schwierigkeiten vielleicht nicht erst mit der Lektüre, sondern schon mit der Frage nach der Identität des Autors. Wenn Fernando Pessoa bemerkt, dass der Autor als privates Ich in sich selbst gar keine Persönlichkeit kenne, dass er, wenn er doch einmal so etwas wie eine Persönlichkeit aufsteigen fühle, sie sich ihm doch sogleich wieder entziehe und wie ein gänzlich anderes Wesen vorkomme, mit allen Unterschieden eines fremden Menschen, so erinnert er damit an einen Brief, den John Keats ein Jahrhundert zuvor geschrieben hatte. »Von allem, was existiert, ist der Dichter am unpoetischsten, weil er keine Identität hat«, so Keats. »Er ist fortwährend darauf aus, nach einem anderen Körper zu suchen und ihn auszufüllen. Die Sonne, der Mond, das Meer und Mann und Frau, beides Geschöpfe mit impulsivem Wesen, sind poetisch und haben ein unabänderliches Attribut an sich. Der Dichter hat keines, keine Identität – er ist bestimmt das unpoetischste von allen Geschöpfen Gottes.«

Nun steht es außer Frage, dass kein Gedicht ohne die Erfahrungen, die Wahrnehmungen und Gefühle seines Autors entstehen könnte, ohne sein Wissen über die Welt und seine Sicht auf die Dinge in ihr. Aber die privaten Empfindungen, das Glück und das Leiden des Autors, interessieren ja nicht; nur, ob er sie mittels aller ihm zur Verfügung stehenden sprachlichen Mittel, Metapher, Klang, Rhythmus, in ein Kunstwerk aus Worten zu überführen vermag, das seine individuellen Befindlichkeiten übersteigt und von allgemeinem ästhetischen Interesse ist, das der lyrischen Effektivität mehr Gewicht beimisst als der emotionalen Aufrichtigkeit. So wird das Ich des Gedichts rasch ein sehr wandelbares, der Poet sein eigener Maskenball. Von hier ist es ein kleiner Schritt zum dramatischen Verständnis von Dichtung, wie Pessoa es beschrieben hat. Und gerade angesichts seiner Gedichte darf man fragen, ob nicht die unauthentischsten Gedichte dem Persönlichen am nächsten kommen können, ob nicht erst das Versteck, die Maskerade, es erlaubt, ans Innerste zu rühren. Eine Geschichte der Täuschungen, fürwahr; als eines der Wunder der Dichtung aber muss gelten, dass sie zwar mit Authentizität nichts zu schaffen hat, deshalb aber noch lange nicht unwahr ist.

Nach all den illustren Beispielen erscheint es fast anmaßend, auf die eigenen Maskenspiele zu sprechen zu kommen; unredlich wäre aber auch, Ihnen die imaginären Poeten vorzuenthalten, die vor Jahresfrist in einem Buch mit dem sonderbaren Titel *Die Eulenhasser in den Hallenhäusern. Drei Verborgene* präsentiert wurden – mit jeweils einem Dutzend Gedichten, versehen mit Fußnoten und den teils umfangreichen Kommentaren ebenfalls imaginärer Wissenschaftler sowie Einführungen in Leben und Werk und Lektürehinweisen. So erfährt man, in welchen Zeitschriften der Bauerndichter Anton Brant publiziert wurde: in *Die Wurzel. Literaturzeitschrift des Verbands Deutscher Gemüsezüchter*, Augsburg 1965, 67, 69 und so fort; in *Grubber und Egge. Jahresschrift des Schwäbischen Erntemaschinenverbands*, Biberach 1975, 79 und anderswo. Hingewiesen wird auch auf Sekundärliteratur, etwa auf eine Abhandlung Prof. Hugo Eimsbüttlers (»Binnenreim und Bauernraum. Die Klangstruktur in den Gedichten Anton Brants«, in *Komparatistik heute*, Göttingen 2007) und auf die Autobiographie der Witwe des Dichters, Anna Brant, mit dem Titel *Ich, Muse und Melkerin. Mein Leben zwischen Versen und Färsen*, erschienen im Neuen Landwirtschaftlichen Verlag. Der zweite meiner Verborgenen ist ein Berliner Dichter, ein Sonderling und Einzelgänger, ein Katzenfreund und Strickwarenliebhaber, der sein Leben lang als Angestellter im Fundbüro des Bahnhofs Zoologischer Garten arbeitet. Das ist deshalb nicht unpassend, weil er selbst auf Funde angewiesen ist: Er schreibt Anagrammgedichte – Gedichte also, in denen Zeile für Zeile exakt dasselbe Buchstabenmaterial verwendet, verschoben, zu neuen Wörtern geformt werden muss, ohne dass ein günstiger Buchstabe, ein E beispielsweise, hinzukommen, oder ein lästiger, etwa das X, wegfallen dürfte. Das Beispiel, das ich Ihnen vorlesen möchte, nimmt sein Buchstabenmaterial von der Ausgangszeile »Die schwarze Amsel frißt die roten Beeren«, die es also zu variieren gilt – was Theodor Vischhaupt über die Distanz von drei Strophen tut:

> Die schwarze Amsel frißt die roten Beeren,
> Ernste, förmlichere Diebin des Astes, zwar
> Zeternd, aber in Cis, wehe Astlore, Federmiss.
> Rösserwinde im Schilf, tandzarte Seerebe,
> Bastrascheln, Weidenzierde, Frostmiere: Es
> Zwitschert freier ab. Der Salmsee, die Sonne –
> Mildes Zirren-, Caesarenwetter. Bei des Hofs
> Feime wachsen rostzart Ried, Reseden, Bilse,
> Die der falbe, wirre Tressenochse zeist – man
> Wetzt da fernab schon dreierlei Eismesser
> Dem zarten Rosa, Widerristes Fleischebene.
> Die schwarze Amsel frißt die roten Beeren.

> Die schwarze Amsel frißt die roten Beeren,
> feister Brosam der Äste, zwischen Liedern,
> Zoten, Freistilschwärmerei. Barde, dessen
> Harmlose Finesse becirzt. Weidestarrende
> Bachstraßen, Torferde, Wiesen, milde Reize;
> Leiser Satz, berstende Friedweisen, chroma-
> Tische Erbmelodie, zentnerfrei. Das Wasser
> Mäandert, weiße Blitze sirrend, Frösche
> Tröten Schieferes am Bildrand, zwei Esser,
> Seidenschwärmer liebend. Satter Zefir, so
> Warm das Federlicht, Seeros-See, Birnenzeit.
> Die schwarze Amsel frißt die roten Beeren.

> Die schwarze Amsel frißt die roten Beeren.
> Wälder, beizeiten Steinmarders forsches,
> Mordebereites Streifen dazwischen, als er

Bald wieder fort ist, einsamer Zecher. Sense
Im Weizenfeld, Nordbrache, Säertristesse;
Bessere Zischwinde malträtieren Dorfes
Reetdachzwirn, tiefbleiernes Meer, so daß
Es zwirlt, schier tobende See. Dieser Farn am
Morastnaß, frierende Biese, Wichtelzeder.
Fortan Dezemberschleier, Eiswassertiden,
Daß sich zimtne Forste wieder leeren. Aber
Die schwarze Amsel frißt die roten Beeren.

Der dritte und letzte Poet ist noch etwas verborgener als die
beiden anderen, ein Phantom, das im Rom des frühen einund-
zwanzigsten Jahrhunderts ausgerechnet Elegien in klassischer
Form schreibt und mit dem Namen Philip Miller unterzeich-
net, was, und das kann kein Zufall sein, an den Namen erinnert, unter dem Goethe seinerzeit inkognito in Rom weilte.
Diesen Elegien ist ein kurzer Essay des römischen Gelehrten
und Goethekenners Roberto Zapperi vorangestellt, den es
wirklich gibt und der sich dankenswerterweise sofort bereit
erklärte, als einzige nichtfiktive Figur neben mir selber aufzutreten, der mittlerweile aber schon von mehr als einem Leser
für eine reine Erfindung gehalten wurde, was ihn begeistern
wird – und beweist, dass der geheimnisvolle Weg auch in die
andere Richtung gangbar ist, von der realen Präsenz ins Reich
des Imaginären.

Bin ich ein norddeutscher Bauer mit etlichen Kindern
und Kindeskindern, einem Hofhund, Kühen und Hühnern?
Bin ich ein langsam sich in den Wahnsinn schraubender Ana-
grammtüftler, der sich kurz vor seinem fünfzigsten Geburtstag an einem über Monate selbstgestrickten Strang aus dun-
kelgrüner Merinowolle erhängt? Wäre ich dies vor drei Jahren
gefragt worden, die Antwort hätte eindeutig ausfallen müssen;

nun aber bin ich mir nicht mehr so sicher. Schon meinem letzten Gedichtband hatte ich ein Zitat Fernando Pessoas vorangestellt, und der Gedanke, sich in eine Reihe anderer Dichter aufzuspalten, war seit Jahren gereift, bevor ich mich endlich an die Umsetzung machte. Alle drei Dichter waren mir dabei nahe genug, um mühelos in sie hineinwachsen zu können, und zwar sowohl in stilistischer als auch in biographischer Hinsicht: Wie Brant stamme ich aus Norddeutschland, dessen Landschaft mir vertraut ist, wie er schätze ich eine sinnliche, welthaltige Lyrik, die auf die Kraft der Metapher vertraut; wie Vischhaupt bin ich seit langem Wahlberliner und kenne die Versuchung, im Korsett aus strengen Regeln möglichst schwerelos tanzen zu wollen; wie Miller habe ich in Rom gelebt und bin der Verwendung, der Unterwanderung alter Formen wie der Elegie nicht abgeneigt. Alle drei sind mir zugleich so fremd, dass ich ihre Werke unter eigenem Namen keinesfalls hätte publizieren wollen. Morgen für Morgen konnte ich also nun entscheiden, als welcher von insgesamt vier Dichtern, mich eingeschlossen, ich in den nächsten Stunden zu schreiben gedachte, und wunderbar war es zu sehen, wie aus den drei imaginären Poeten mit der Zeit verblüffend eigenständige Persönlichkeiten wurden – so eigenständig, dass ich mich gelegentlich bei dem Gedanken erwische, ich selbst hätte gern diese Zeile oder jene Wendung geschrieben, die nun ihnen gehört. Zugleich kann ich tatsächlich sagen, dass ich zu keinem Zeitpunkt mehr holsteinischer Bauer, mehr Fundbüroangestellter und römischer Flaneur war als heute. Es macht einen Unterschied, ob man das Ich als Maske begreift oder das Experiment mit der Autorschaft selbst wagt und der Maske ein eigenes Leben schenkt – denn die Schreibposition ist noch weiter entfernt von der gewohnten, die Perspektive eine noch viel unvertrautere und damit die Scheu geringer, mit ästhetischen Prämissen zu bre-

chen. Die Erkenntnis, wie verblüffend real die fiktive literarische Rolle werden kann, hat dabei durchaus etwas Beunruhi-
gendes, zwingt sie uns doch, die Masken im eigenen Leben zu
überdenken. Zur Wahrheit gehört eben auch, dass niemand
weiß, ob er nicht selbst eine Fälschung ist. Und wer kann, geht
er abends zu Bett, schon guten Gewissens ausschließen, dass er
am nächsten Tag als ein vollkommen anderer erwacht?

Fünf Postkarten aus Neukölln

Erste Karte

Plötzlich ist es die Gerbera, Barbara, keine, die duftet, mag sein, aber das in Orange; zwischen den Läden für Import und Export, den Sesamkringeln und Echthaarperücken, Karateschulen, Kopiergeschäften, dem An- und dem Verkauf, dem süßlichen Apfel-und-Tabak-Geruch. In brikettschwarzen Wagen die Tiefergelegten, mobile Bunker, blitzend von Chrom und dröhnend mit Sieben-Keller-Bässen, die S-Bahn-Brücke, der Taubenpollock darunter; vorm Supermarkt jener röchelnde Dieselmotor von Mops, und an der Straßenecke schon seit vielen Wochen das blankgewaschene, präparierte Elchskelett eines Wäscheständers. Wohnungsauflösungen, Entrümpelungen: Alles geht seinen Gang, und auch die Grillhähnchen beginnen erneut zu kreisen, setzen an zu ihrem unermüdlichen Flug durch Himmel aus triefendem Fett. Die Spatzenhecke wird stumm, trittst du näher heran, starrt dich mit ihren hundert Augen an. Die Müllmänner: Noch am Morgen lärmten sie in den Höfen, nun ruhen sie aus im Bistro vorm Haus, sitzen in ihren leuchtenden Overalls in Drahtstühlen rund um den Tisch. Es ist die schönere, herbere Gerbera, Barbara: Acht Müllmänner in Orange lehnen sich zur Blüte zurück, rutschen gleichzeitig tiefer hinab in die Schalen, müde und satt, gähnen, gehen auf.

Zweite Karte

Die Ausflugsboote, Barbara, im Kanal, mit den eisigen, grünen und roten Getränken an Deck: Sobald sich eines der Boote nähert, fliegt der Möwenschwarm auf, reißt es ihn auseinander, weht ihn in Schnipseln über das Wasser; hinter dem Heck erst beruhigt er sich wieder, findet zusammen, wird das Papier, wird der Brief wieder ganz. Windspiele: Ich treffe im Park auf den Mann mit zwei Hunden; einer ist schwarz, der andere weiß, aber beide sind lang und schmal, ihre Felle schimmern wie Steinwaytasten; so traben sie nebeneinanderher an den Leinen, mal näher zusammen, mal weiter entfernt, hier kleine, dort große Terz, mal Dur und mal Moll. Und plötzlich ein Rauschen in den Bäumen da vorne, heftig und kurz, obwohl hier bei uns nicht ein Hauch ist – als rase, unsichtbar, ein Zug vorüber. Was die Reiseführer nicht erwähnen: Der hiesige Barock sind die Obst- und Gemüseläden, die üppigen Fassaden aus duftenden Kisten, gestapelt und präsentiert, sind die prachtvollen Werke von Ananas, Apfel und Avocado, nicht die von Asam. Wirklich, der russische Schuhmacher scheint das Geheimnis des ewigen Lebens zu kennen, und vor dem Laden des persischen Händlers stehen die riesigen Teppichrollen schräg an die Hauswand gelehnt, stolz wie die Schlote von Überseedampfern. Die makellose Prozession von Hemden und Sakkos in der Wäscherei, immer im Kreis, im Kreis, und im Wettbüro rennen die Pferde von Bildschirm zu Bildschirm – ein Tag für die Götter, sofern es Rhabarber gäbe. Doch da ist kein Rhabarber mehr, Barbara, auf dem Markt.

Barbara, beim Barbier nebenan ruht bärtig ein Kopf auf dem weißen Becken aus Porzellan wie der von Johannes dem Täufer – da ist es auf einmal das Stieglitzpärchen, das auffliegt und ablenkt. Ein Kichern aus der Boutique mit den Hochzeitskleidern, das Glockenläuten. Die kahlgeschorenen Kerle an der Kreuzung knarzen selbst ohne das Schwarz ihrer Lederjacken bei jedem Wiege- und Hüftschritt, und dem rotgesichtigen Arbeiter auf dem Gerüst hängt hinten im Gürtel sein Hammer herab, der hölzerne Stiel ein Satyrschwänzchen. Die Umzugsgesellschaft: Kiste um Kiste schleppt man über den Gehweg, riesige, schwere Brocken, Quader für den Pyramidenbau; zwei schmächtige Helfer haben es leichter, schultern die Stange, von der ein roter Vorhang aus Samt herabhängt wie ein erlegtes Wild. Wie kühl es ist im Innern der Häuser, die Treppen schlummern in rechten Winkeln. Zwei Nachbarn wohnen hier, einer führt ein Leben, einer fristet es; und ein Vater schaut mit seinem Kind dem Ballon hinterher, hinterher, hinterher, bis er nichts als ein winziger Punkt ist, verschwindet, dann verschwunden ist, verschwand. Die Mauersegler kehren am Abend zurück, wenn das größere Pfandleihhaus seine glitzernde Auslage zeigt; es sind zierliche Mänaden, deren Schluchten wir bewohnen dürfen; sie berühren, heißt es, den Boden fast nie, streifen die Erde nur, schlafen sogar im Flug. Wenn die Jagd, das Kreischen, vorbei ist, werden sie höher getragen von günstigen Winden, schrauben sich in die Nacht und lassen sich treiben, kreisen, schlafend, über uns Schlafende hin.

Vierte Karte

Die Bar der tausend Biere, Barbara, dort an der Ecke – und vor ihr die fette Bulldogge, ein Zerberus mit Unterbiss, die am Vormittag schon dreinschaut wie ihr Herrchen am Abend, wenn die Zapfhähne müde werden. Im Fenster seit Jahrzehnten die Kerzen; sie tropfen rot vor sich hin, verformen sich, werden groteske Kehllappen, Truthahnköpfe aus Wachs; hinterm Tresen die gute Wirtin – einst Vamp, jetzt Wampe – und seit Stunden wie festgenagelt an ihren Zigaretten die Stammgäste auf den Hockern. Einer sagt: Als ich in der Waldesstille nur mehr das Wort Destille herauszulesen vermochte, bekam ich es kurz mit der Angst. Einer starrt vor sich hin mit seinem Karfreitagsgesicht. Einer sagt: Manchmal wird man so traurig wie ein Seebad im Winter, ein anderer: Die Entwicklung des Menschen führt geradewegs vom Sammler und Jäger zum Gammler und Segler. Und einer erzählt von den Schildkröten, spricht, mehr zu sich selbst, von jenen scheuen Wesen, die ihre Eier am Strand vergraben und dann zurückkehren wollen ins Meer, die von jeher den Sternen vertrauen müssen auf ihrem Weg durchs Dunkel nach Hause und irrtümlich dem künstlichen Glitzern der Großstädte folgen, den falschen Konstellationen glauben, sich nachts auf einer Kreuzung wiederfinden, unter den Leuchtreklamen, zwischen den hastenden Beinen der Menschen, umhupt, umtost vom Verkehr, winzig, verloren und starr.

Fünfte Karte

Sonderbar, Barbara, diese Wolkenfront mit dem sofort vertrauten Profil: Die markante Nase, das kühne Siegfriedkinn und sogar, unmerklich verschoben, verweht und zerpflückt, der prächtige Backenbart – richtig, es ist das Profil Richard Wagners. Zwischen Kleinhirn, Frontal- und Opernlappen beginnt es auf einmal zu blitzen, zu zucken – und schon kracht es, entlädt es sich, rauscht es Akt um Akt in die staubigen Straßen hinab. Eine Gruppe von Schulmädchen flieht vor dem Wetter, kreischend wie eine Brutkolonie, und alles verschwimmt, wird unwirklich: Ist es eine Patronenhülse oder ein Schneidezahn, was da im Rinnstein glitzert? Die Fahrräder, angelehnt an die Schilder und Gatter, eine stumme, trinkende Herde … Am Abend klart es auf, und in den Callshops beginnen die Telefone erleichtert zu klingeln. Nur die Pfützen bleiben noch ein bisschen, freudig begrüßt von Spatzen und Kindern, fügen Himmel und Erde zusammen, sind immer oben und unten zugleich. In den Schlaglöchern und Rinnsteinen, zwischen Yogastudios und Imbissbuden, spiegeln sie einmal noch, bevor sie verschwinden, ein Stückchen von ihrer, von unserer Welt, flüchtigste Gäste, gehen dann wie Gespenster mitten durch sie hindurch. Im Fitnessstudio, Barbara, brennt noch Licht, und auf den Dächern werden die Amseln gedrosselt.

Von Lipperland und Llareggub

Elektromagnetische Erinnerungen

Wir saßen immer zu viert an unserem Frühstückstisch nördlich von Hamburg: meine Mutter, mein Vater, ich sowie ein Moderator, der sich mal Günther, mal Wilhelm nannte oder als eines jener namenlosen Luftwesen zu uns trat, die mit ätherischer Stimme durch die Klassiksendungen am Morgen führten. Mindestens zu viert waren wir, denn nach jeder Programmankündigung geschah es, dass zwischen Graubrotscheiben und Marmelade, zwischen Milchglas und Gouda eine Jazzcombo auftrat oder ein Bluestrio die Pampelmusenhälften noch eine Nuance bitterer machte, und immer wieder gelang einem Symphonieorchester samt Dirigent das Kunststück, in seiner ganzen Pracht und Herrlichkeit Platz zu finden in unserer kleinen, weißgekachelten Küche, mit all seinen Streichern und den Posaunisten, mit Kontrabässen, Querflöten und Kesselpauken. Es war ein wundersamer Kasten, der dort im Regal über jedem Tagesanfang zwischen Montag und Sonntag thronte; ein Rädchen an seiner Seite ließ Stimmen und Lieder in einem Rauschen verschwinden oder in andere Stimmen und Lieder übergehen, mit ihnen verschmelzen und die Gestalt tauschen, auf fast geisterhafte Weise – wie ja das höchst wissenschaftliche Wort »Spektrum« aus der Elektrotechnik auch immer noch das Gespenst, die körperlose und unheimliche Erscheinung beinhaltet. Es existierte offenbar eine feine Grenze zwischen Chaos und Schönheit, und das eigene schlaftrunkene Auge begegnete Morgen für Morgen jenem anderen, roten, das nie müde zu werden drohte, nur schwächer glomm oder stärker, einem zwischen den Frequenzen aufmunternd zuzwinkerte und zu sagen schien: Suche, und du wirst finden.

Dabei sind meine beiden prägnantesten Radioereignisse strenggenommen gar nicht meine eigenen, auch wenn das eine Teil der Familienfolklore ist und mich begleitet, seit ich denken kann – vielleicht, weil mein Großvater, den ich nie kennenlernte, die Hauptrolle in dieser Geschichte spielt: Als Mainzer, den es nach dem Krieg ins Lipperland verschlagen hatte und dem die erzwungene Abwesenheit von den Fastnachtsfeierlichkeiten, das Kribbeln in den Händen und das Jucken in den Füßen so unerträglich wurden, dass er sich schon Stunden vor Beginn des Rosenmontagszugs vor dem schweren Röhrenradio der, stelle ich mir vor, Firma Blaupunkt niederließ und spätestens mit den ersten Helau-Rufen, den Auftaktwirbeln von Ranzen- und Prinzengarde so dicht an den kastanienbraunen Stoffbezug des Lautsprechers heranrückte, als müsste er nur die Hand ausstrecken, um Hofsänger und Husaren zu berühren, um eine der geworfenen Kamellen aufzufangen, während die gedehnten Witzigkeiten der Büttenredner und die tribalistischen Gesänge mal klarer wurden und kurz darauf erneut im Rauschen verschwanden, im Apparat zu versickern, sich zu entziehen drohten wie das Wasser den dürstenden Lippen des verfluchten Phrygerkönigs Tantalos, den Homer im elften Gesang der *Odyssee* beschreibt und dem mein Großvater, wer weiß, in seiner Verzweiflung ähnlich gesehen haben könnte:

> Auch den Tantalos sah ich, mit schweren Qualen belastet.
> Mitten im Teiche stand er, das Kinn von der Welle bespület,
> Lechzte hinab vor Durst und konnte zum Trinken nicht kommen.

Denn sooft sich der Greis hinbückte, die Zunge zu
  kühlen,
Schwand das versiegende Wasser hinweg, und rings
  um die Füße
Zeigte sich schwarzer Sand ...

Irgendwann jedenfalls war der Punkt erreicht, an dem mein Großvater es nicht länger aushielt, kurzentschlossen zum Bahnhof eilte, eine Fahrkarte löste und den lippischen Hades, den andere für eine Stadt namens Detmold hielten, Richtung Süden verließ. Zu der Geschichte aus den Chroniken meiner Familie gehört auch, dass die Großmutter ihm nachreiste, maskiert und in ein Gewand gehüllt, das der Bruder meines Urgroßvaters aus dem China des Boxeraufstands mitgebracht hatte, als zweites Souvenir neben, so munkelte man, der Syphilis; dass sie in die Gaststätte ging, in der auch ihr Mann, glücklich heimgekehrt an den Rhein, mit den Freunden Weck, Worscht, Woi und die ganze närrische Zeit hochleben ließ und eine Nacht lang mit der rätselhaften Fremden tanzte, die irgendwann ihre Maske fallenließ und sich als die Frau entpuppte, mit der er die Ringe getauscht hatte und die er auf der Stelle noch einmal geheiratet hätte.

Das zweite Ereignis, das ich mit dem Radio verbinde, habe ich nicht davorsitzend gehört, wiewohl es für den Rundfunk geschaffen wurde, genauer: für die BBC – noch bevor ich die Gedichte des Walisers Dylan Thomas für mich entdeckte, den man einmal als den walisischen Rimbaud bezeichnet hat, begeisterte mich die sprachliche Wucht seines »Stücks für Stimmen« mit dem Titel *Under Milkwood*, uraufgeführt 1953, das Erich Fried als *Unter dem Milchwald* eindrucksvoll ins Deutsche überführt hat: Eine Nacht und einen Tag lang schweben wir ganz Ohr durch den walisischen Küstenort Llareggub, dessen Name, liest man ihn von hinten nach vorne, sich als überaus unfeiner englischer Fluch herausstellt und ahnen lässt, mit wie viel Humor und Phantasie Thomas uns verzaubert. Wir lauschen dem tieftraurigen Kapitän Cat, der im Traum mit seinen geliebten Ertrunkenen redet, leiden mit den Geistern von Mr Ogmore und Mr Pritchard, zu Lebzeiten ohne Tabak, Bier und andere leibliche Genüsse an die zweifach, nämlich nacheinander mit ihnen beiden verheiratete Mrs Ogmore-Pritchard gekettet, und wir lernen all die anderen Bewohner kennen, Orgelmorgan und den Postboten Willy Nilly, Lord Kristallglas, den Totengräber Evans, die aus nichts als reiner Poesie, Sprachwitz, Übermut bestehen. Als »Prosa mit Blutdruck« bezeichnete Thomas diesen Meilenstein des Rundfunkzaubers und schenkte den Hörern gleich zwei Erzählerstimmen als poetische *tourguides*, Stimmen, in denen man immer auch die von Thomas selbst mitzuhören meint, die von Zeitgenossen (und nicht zuletzt von Zeitgenossinnen) als geradezu aphrodisisch beschrieben wurde oder, passend zu seinen tragischen Trinkgewohnheiten, als »such a rich fruity old port wine of voice«. »Horch«, so beginnt es. »Horch. Es ist Nacht. Sie zieht durch die Straßen, der wallfahrtend langsame salzig singende Wind in der Krönungsstraße und Muschelzeile; es ist das Gras, das auf dem Llareggub-Berg wächst, Taufall, Sternfall, der Schlaf der Vögel im Milchwald.«

Horch! – das ist ja der Auftakt, der Urbeginn allen Erzählens, am knackenden Feuer wie am knackenden Gerät, jener magische Imperativ, der uns noch im Alter mit offenem Mund dasitzen lässt, einen unbestimmten Punkt an der Raufasertapete fixierend oder träumerisch in die Luft starrend; derselbe Imperativ, der uns Kinder in einem Vorgarten in Schleswig-Holstein mit zwei ausgespülten Konservendosen und einer Paketschnur telefonieren ließ, die auf den paar Metern zwischen Apfelbaum und Johannisbeersträuchern lang wie ein Transatlantikkabel wurde, der auch dafür sorgte, dass wir ganze Nachmittage damit verbrachten, Erbsen in Schuhkartondeckeln das Meer nachahmen zu lassen, um anschließend vor leiernden Kassettenrekordern dem selbstfabrizierten Hörfunk zu lauschen und den eigenen armseligen, illusionistischen Künsten zu verfallen. O heiliger Hertz, o Branly und Maxwell, o Santo Marconi!

Muss ich erwähnen, dass ich es nie geschafft habe, zur Fastnacht zu reisen? Ebenso wenig wie ins walisische Städtchen Llareggub, aber gesehen habe ich beide sehr wohl, mit eigenen Ohren. Und es ist ja alles eins; es bleibt sich ja gleich – solange mein Großvater sich vorbeugt, die Augen konzentriert zusammenkneift, das Ohr mit der Hand abschirmt und noch näher an die Membran hält, denn da ist es, horch, noch immer, auch jetzt wieder, ganz deutlich und klar.

Vorstellung für eine Akademie

Wie maßgeblich das Detail sein kann, so unscheinbar es zunächst auch wirken mag, ging mir erstmals auf, als ich, vier oder fünf Jahre alt, unter Johannisbeerbüschen lag und durch die Zweige in den Sommerhimmel sah – ohne auf das Nest roter Waldameisen zu achten, das sich ebendort befand, wo ich mich ausgestreckt hatte. »Der größte Dichter kennt nichts Kleinliches, keine Nebensächlichkeit«, schreibt Walt Whitman in der Vorrede zu seinen *Leaves of Grass*. Das wusste ich damals noch nicht; aber dass der Blick ins Große die Aufmerksamkeit für das Winzige einschließen sollte, was für die Naturwissenschaften wie für die Lyrik gleichermaßen gelten dürfte, wurde mir an jenem Augusttag in den siebziger Jahren schmerzhaft bewusst: eine meiner frühesten Kindheitserinnerungen und eine Einsicht, die ich, wie später so viele andere, meiner Schwester verdanke, die das Tuch unter den Büschen, über dem Nest für mich ausgebreitet hatte, mit Spannung das Unausweichliche erwartend.

Ich bin in Hamburg zur Welt gekommen, habe aber nördlich davon Kindheit und Jugend verbracht, da, wo noch vor der Sonne die Rapsfelder aufgehen und zu leuchten beginnen und schwarzweiße Kühe die höchsten Erhebungen sind; in einer holsteinischen Kleinstadt, deren Alter noch am Verlauf ihrer Straßen abzulesen ist, aus der jedoch, vom eischaumweißen Wasserschloss abgesehen, viele alte Gebäude verschwunden sind; in einer Straße, in der ungewöhnlich viele Seefahrer im Ruhestand lebten. Ich bin, darf ich also sagen, unter Kapitänen aufgewachsen, auch wenn Ost- und Nordsee ein Stück entfernt waren, unter weißbärtigen Männern, deren Nachnamen Barsch und Dorsch waren und die nach Fisch zu duften schienen, schweigsame Hünen, die mich von Madagaskar und Kuba träumen ließen und nach und nach die Witwen in unserer Straße ehelichten. Tag für Tag sah man sie die Hunde ihrer Gattinnen ausführen, ruhig und imposant an den Vorgärten vorbeikreuzend, mit einem Südwind im Rücken an den gepflegten Rasenflächen vorübergleitend, vor sich das straff gesetzte, weiße Focksegel eines Königspudels. Wichtiger als meine norddeutsche Herkunft dürfte hier und heute allerdings sein, dass mein Stammbaum mütterlicherseits in Mainz wurzelt, bei einem Großvater, der es fern vom Rhein nicht aushielt, den Karneval nur am Radio zu verfolgen, und deshalb den nächsten Zug bestieg, und bei einer Großmutter, die ihm kurzerhand nachreiste, um ihn, maskiert und verkleidet, einen Abend lang zum Narren zu halten.

Entsteht der Wunsch, sein Leben schreibend zu verbringen, durch das vertraute Klappern der Schreibmaschine aus dem väterlichen Arbeitszimmer nebenan, das man Nacht für Nacht beim Einschlafen zu hören sich sicher sein darf, unterlegt mit dem Duft von Pfeifenrauch? Möglich ist es. Doch spielt in meinem Fall auch eine Rolle, dass ich schon früh Zugang zur gut sortierten Bibliothek meiner Eltern hatte, beide Verehrer der Literatur: mein Vater, Professor für Strafrecht, der seine Dissertation über das »Verbrechen bei Dostojewski« geschrieben hat, und meine Mutter, die Englisch und Französisch unterrichtete und mir schon früh ihre mit Bleistiftanmerkungen versehene Ausgabe der »Sämtlichen Dichtungen« von Rimbaud auslieh – die sie bis heute nicht zurückverlangt hat. Da ich die ersten literarischen Offenbarungen dem Werk von Lyrikern verdankte, fand ich bei ihnen meine Vorbilder und Lehrer: die Romanti-

ker und die Frühexpressionisten, rasch auch die englischspra-
chige Dichtung, Dylan Thomas, Stevens, Williams, Auden
und Ted Hughes, nicht zuletzt auch die irische Dichtung von
Yeats bis Heaney, was mich schließlich zu einem Studium der
Anglistik und über Hamburg ans Trinity College in Dublin
führte – wo ich nicht nur mit dem Übersetzen begann, sondern auch leibhaftige Dichter als Dozenten hatte. Der Dubliner Poet Brendan Kennelly war einer von ihnen und beein-
druckte mich nicht nur mit seinem Kenntnisreichtum und der
gesammelten Weisheit des Praktikers, sondern auch mit seinen
unorthodoxen Lehrmethoden. Am letzten Tag des Semesters,
früh um acht, erzählte er, statt den Beckett aufzuschlagen, von
einem Pub in Dublins Norden, der schon morgens geöffnet
habe, merkte an, dass nichts von Poesie verstehe, wer nicht
auch zu trinken wisse, warf einen Fünfzig-Pfund-Schein auf
den Tisch und sagte: »Get drunk.« Ich habe nie wieder so viel
über Lyrik im Allgemeinen und die Gedichte Samuel Becketts
im Besonderen gelernt wie in den folgenden vier Stunden. So
beschwingt und gestärkt folgte ich meiner großen Schwester
und Georg Heym nach Berlin, wo ich seither lebe.

Seltsam, wie eine Reihe von Zufällen im Rückblick als fol-
gerichtige Entwicklung erscheint: der Hamburger Kommili-
tone mit Gipsbein, der meine Gedichte las und mich einlud,
an der Publikation einer Literaturschachtel mitzuwirken – die
wir dann ein Jahrzehnt lang betreuten und durch die ich viele der Dichter kennenlernte, mit denen ich heute noch befreundet bin; der Lektor eines angesehenen Verlags, der Ende
der neunziger Jahre einer Lesung beiwohnte und mir nach-
her eröffnete, man plane eine neue Lyrikreihe und suche noch
einen jungen Autor. Schon das summiert sich zu mehr als dem
Quäntchen Glück, das jedem Menschen zustehen sollte – ganz
zu schweigen von der Entdeckung, dass es tatsächlich Musen

gibt, dass sie gelegentlich gar die Ringe mit einem tauschen und bereit sind, gemeinsam eine Wohnung im Berliner Stadtteil Neukölln zu beziehen. Dass ich mich dort seit zehn Jahren dem widmen darf, was mir die Essenz aller Literatur zu sein scheint, dem Gedicht nämlich, dazu Übersetzungen englischsprachiger Lyrik, auch Essays und Rezensionen – ich hätte es mir nicht träumen lassen, als wir Mitte der Neunziger in Süddeutschland eine unserer Schachtellesungen abhielten. Schon vorher hieß es, die elegante ältere Dame ganz hinten im Saal sei eine seit Jahrzehnten berüchtigte Lokalgröße, Gründerin des bedeutendsten hiesigen Rotlicht-Etablissements. Umso verblüffter war ich, als just diese Dame nach der Veranstaltung auf mich zukam: Es habe ihr ausgesprochen gut gefallen, besonders meine Stimme sei ganz ausgezeichnet; wenn es also mit den Gedichten mal nicht mehr so gut laufe, sei ich herzlich eingeladen, als erotischer Telefondienstleister bei ihr anzufangen – ein Angebot, auf das ein Bartleby'sches »I would prefer not to« die einzige denkbare Antwort war, aber doch ein aufrichtiges Kompliment. Wie hätte ich auch ahnen können, dass einem Verfasser von Gedichten ungleich größere, anregendere und unverfänglichere Ehrungen zuteilwerden können? »Der glücklichste und freieste Mensch ist der Wissenschaftler, der die Natur befragt, und der Künstler, der sie bewundert«, sagte der amerikanische Dichter Robinson Jeffers einmal. Für die Einladung, einer Akademie anzugehören, die all diese glücklichen Freien unter einem Dach vereint, in der Ameisen, Johannisbeeren und himmlische Phänomene gleichermaßen bedacht und betrachtet werden, möchte ich danken.

Ein Knauf als Tür

Wie Gedichte beginnen und wie sie enden

Aller Anfang mag schwer sein, doch gilt dies, zumindest was das Verfassen von Gedichten betrifft, auch, vielleicht mehr noch, für den Schluss. Denn während der Ursprungsgedanke eines Gedichts uns oft genug als Geschenk überrascht, beginnt die Arbeit erst danach, erweist sich mit der allerletzten Zeile, ob man geeignet als Empfänger war oder nicht. »Den ersten Vers gewährt uns der Liebe Gott / die Muse / umsonst. An uns ist es, den zweiten zu machen, der mit diesem reimen muss und seines Bruders – des übernatürlichen, nicht unwürdig sein darf.« So drückt es Paul Valéry aus, der wie immer Wahres spricht, selbst wenn man Wörter wie Inspiration oder Muse durch die Laune, den plötzlichen Einfall zu ersetzen vorzöge. Vor einigen Jahren war ich im Ostwestfälischen zu Gast: Es war Hochsommer, und obwohl es draußen bereits dunkelte und die hohen Fenster der Aula weit offen standen, war die Schwüle schier unerträglich – wir, drei Lyriker, schwitzten einträchtig auf dem Podium.

»Wie entsteht eigentlich ein Gedicht?«, so lautete die Frage, die seit Minuten im Raum hing, während die Perlen im Mineralwasser träge aufstiegen, die Luft kaum zu atmen war und die Hemden an den Leibern klebten – als plötzlich, in die drückende Stille hinein, ein dicker Käfer von draußen hereinflog, brummend, knatternd über den erschöpften Köpfen und den roten Gesichtern kreiste, noch eine elegante Schleife anfügte und dann, ganz mit sich und seinem Käfersein im Reinen, ungeachtet aller drängenden poetologischen Fragen, zurück durchs Fenster und in die Nacht hinausflog, als wollte er damit sagen: So entsteht ein Gedicht.

Wie Gedichte beginnen und wie sie enden: Diese Frage lässt sich auf zweierlei Art verstehen; und gerade was den Ursprung des Gedichts betrifft, den kreativen Impuls, gibt es so viele Ansichten, wie es Dichter gibt – die dazu höchst individuelle Rituale entwickelt haben, um Pegasus und dem Zufall auf die Sprünge zu helfen. Einer ließ gelegentlich Musiker im Nebenzimmer spielen, um in die richtige Stimmung zu finden, ein anderer stand um vier Uhr in der Frühe auf, um im Schlafrock durch die Wiesen zu wandeln, während ein verschlafener Hausdiener ihm Wasserflasche und Glas auf einem Tablett hinterhertrug; einer empfindet bereits den Anblick eines leeren weißen Blattes als stimulierend, und ein vierter vertraut auf längere Überlandfahrten im Auto, während derer er die Zeilen mit den Fingern rhythmisch aufs Lenkrad zu klopfen beginnt. So rätselhaft der Prozess selbst aber bleibt, so vertraut ist wohl jedem Lyriker jener Zustand gespannter Erwartung, in dem alles möglich, nichts gewiss ist, das Wunderbare aber erhofft werden darf. Man hat diese Phase als »tantalizing vagueness« umschrieben, als quälende Ungewissheit also; es entgeht ihr wohl nur, wer, wie der englische Romantiker Samuel Taylor Coleridge, das gesamte Gedicht, nicht nur den ersten Vers im Traum empfängt: Im Sommer des Jahres 1797 hat Coleridge sich aus gesundheitlichen Gründen in ein einsames Gehöft im Südwesten Englands zurückgezogen. Die Luft ist gut zwischen Somerset und Devonshire, Coleridge sitzt in die Lektüre eines Buches vertieft und hat ein Schlafmittel zu sich genommen – es handelt sich, was er verschweigt, um Opium, dem Coleridge wie eine ganze Reihe prominenter Zeitgenossen nicht abgeneigt war. Alsbald stellt die Wirkung sich ein: Coleridge entschlummert just, als vom legendären Mongolenkaiser Kubla

Khan und seiner prächtigen Palastanlage die Rede ist. Was nun geschieht, ist erstaunlich: Coleridges Schlaf währt drei Stunden, und in dieser Zeit träumt er nicht nur die Geschichte vom Bau des fernöstlichen Märchenschlosses, sie stellt sich ihm in vollendeten Versen dar – zumindest erwacht der Poet und hat, wie er sagt, ein Gedicht von zweihundert bis dreihundert Zeilen Länge memoriert. Er greift zu Tinte und Papier, beginnt eilig mit der Niederschrift, als es plötzlich an der Tür klopft. Herein tritt die Gestalt, die als mysteriöse »person from Porlock« in die Literaturgeschichte eingegangen ist und den Dichter in ein einstündiges Gespräch verwickelt – zu lange, denn im Anschluss an die Unterbrechung hat Coleridge den Rest des Gedichts vergessen. Was übrigbleibt, ist ein hochmusikalisches Fragment von fünfzig Zeilen, das zu den Höhepunkten der Romantik zählt:

> In Xanadu did Kubla Khan
> A stately pleasure-dome decree:
> Where Alph, the sacred river, ran
> Through caverns measureless to man
> Down to a sunless sea.

Lektüre und Traum als Inspiration, Drogen als Hilfsmittel – sie alle haben eine lange Tradition, doch ist es immer wieder kein mongolischer Herrscher, sondern ausgerechnet das Naheliegendste, das Unscheinbare, das sich als lebhaft sprudelnder poetischer Quell erweist. Der Dichter Robert Lowell benennt diese simple Wahrheit in einem Gespräch: »Es kommt vor, dass du einen Türknauf stärker empfindest als ein großes persönliches Ereignis, und dieser Türknauf weitet sich derart, dass du ihn als etwas ganz Eigenes benutzen kannst. [...] Irgendein kleines Bild, irgendein Detail, das dir aufgefallen ist – du widmest dich einem kleinen Dorfladen auf dem Land, beschreibst ihn einfach nur, und dein Gedicht endet als existentialistische Schilderung deiner eigenen Erfahrung. Der Dorfladen aber war der Anfang.« Wo, wie bei Lowell, etwas Alltägliches wie der Knauf einer Tür am Anfang steht, mehr noch: der Knauf selbst zur Tür ins Gedicht hinein wird, darf man hoffen, dass es mit der quälenden Ungewissheit bald vorbei ist.

Bedenken wir aber, dass Dichter zum Mythisieren des eigenen Schreibens neigen, man also nie sicher sein kann, wo der ehrliche Arbeitsbericht in die Selbstdarstellung übergeht, dass jedenfalls der Blick auf das eigene Schaffen von Begeisterung, Wehmut, Größenwahn getrübt sein kann. Man erinnere sich an jenen französischen Dichter, der ein berühmtes Sonett im Überschwang, beim Ritt durch einen mondbeschienenen Wald komponiert zu haben behauptete – und in dessen Schreibtisch man nach seinem Ableben ganze Stapel über und über korrigierter Bögen zu ebenjenem Sonett entdeckte. Es ist eben manchmal wie mit dem Bild, das Louis-Edouard Fournier 1822 von der Totenwache für den Romantiker Percy Shelley malte, nachdem dieser tragischerweise und viel zu jung vor der toskanischen Küste ertrunken war: Wir sehen einen Strand mit dem leblosen, aber noch immer anmutigen Shelley, wir beobachten die Dichter Lord Byron und Leigh Hunt, die ins Gespräch vertieft sind, und davor, kniend, die Witwe des Poeten, Mary. Die Szene ist dramatisch, doch verhielt es sich in Wirklichkeit ein wenig anders: Shelleys Körper war nach Tagen im Meer bereits stark verwest, war von Fischen angefressen und insgesamt in einem solch entsetzlichen Zustand, dass man ihn, den gesetzlichen Bestimmungen folgend, eilig im Sand verscharrte und später abholen ließ; Leigh Hunt blieb vorsorglich in der Kutsche sitzen, Mary Shelley befand sich zum fraglichen Zeitpunkt nicht in Italien, sondern weit weg in England, und Lord Byron spazierte gelangweilt am Strand auf und ab, entschied sich schließlich, baden zu gehen, und schwamm zu seinem Segelschiff, der *Bolivar*, hinaus, wobei er sich einen schmerzhaften, aber ganz und gar verdienten Sonnenbrand holte. Nein, es wird klüger sein, sich auf das zu konzentrieren, was schwarz auf weiß vor uns liegt, auf die Gedichte selbst also, deren erste und letzte Zeilen nun genauer betrachtet werden sollen.

* * *

Angesichts der Unsicherheit, die jedem Anfang innewohnt, ist es mehr als verständlich, dass eine der geläufigsten Arten, ein Gedicht beginnen zu lassen, die Anrufung der Götter ist – ebenjener Mächte also, deren Beitrag zum guten Gelingen man erhofft. »Singe den Zorn, o Göttin, des Peleiaden Achilleus«, so lässt schon Homer seine *Ilias* anrollen, und nur der Auftakt der *Odyssee* – »Sage mir, Muse, die Taten des vielgewanderten Mannes« – dürfte bekannter sein. Zwar stammt diese Fürbitte bei einer überirdischen Instanz aus Zeiten, in denen die direkte Verbindung zwischen Poet und Gottheit noch selbstverständliche Arbeitsgrundlage war, doch wendet auch Hölderlin sich noch direkt an die Parzen. Und selbst da, wo nicht ausdrücklich Musen und Götter beschworen werden, wird dem Adressaten ein nahezu gottgleicher Status zugestanden: »Schön ist, Mutter Natur, deiner Erfindung Pracht«, so beginnt Klopstocks Ode »Der Zürchersee«; Baudelaire ruft die Schönheit an, und sein Landsmann Henri Michaux wendet sich an ein übermächtiges Schicksal, das ihm nichts Gutes verheißt: »Unglück, du mein großer Pflüger«. Die Bitte, das Gedicht erfolgreich zum Abschluss kommen zu lassen, ist hier schon nicht mehr ausdrücklich formuliert, schwingt aber doch mit, und die Invocatio, die Anrufung des Allerheiligsten also, bleibt auch im zwanzigsten Jahrhundert fester Bestandteil des lyrischen Repertoires, auch da, wo sie gebrochen und entweiht nur mehr Apostrophe ist – ein Wort, das ursprünglich »Abwendung« bedeutete, in der Praxis aber einer Hinwendung gleichkommt. Darf Klopstocks Natur noch als allumfassende Gottheit gelten, so konzentriert sich schon Hölderlin auf einen überschaubaren und greifbaren Teil dieser Natur, wenn er die wilden Eichbäume anspricht: »Aus den Gärten komm' ich zu euch, ihr Söhne des Berges!« Immer öfter sind es nämlich die ganz konkreten Einzelerscheinungen, die zum Gegenstand und, wenn auch implizit, zum Garanten des Gedichts werden: »Dass du noch schwebst, uralter Mond?«, fragt Peter Huchel in seiner »Sternenreuse«, und »Schöner See, Wasseraug« beginnt ein Gedicht Sarah Kirschs. Dass aber noch der geringste Aspekt der sichtbaren Welt eine Verneigung verdient, nicht nur Wolken, Wasser und Mond, beweist Pablo Neruda, der mit den Worten »Zwiebel, / leuchtende Phiole« zur berühmtesten seiner elementaren Oden ansetzt; und Eugenio Montale, der schon den Aal als Meeressirene besungen hat, schenkt seine Aufmerksamkeit einem Wesen, das im Gegensatz zu Nachtigall, Amsel und Lerche keinen Nistplatz in den Dichterstuben sicher hat: »Wiedehopf, munterer Vogel, geschmäht von den Dichtern«, so zärtlich nimmt sich die Stimme Montales aus. Dabei ist es nicht nur Natürliches, sondern auch Menschengemachtes, dessen man sich versichert, ob es sich, wie bei Keats, um eine griechische Vase handelt, um Goethes römische Steine oder um eine Stadt, wenn Hölderlin sein Heidelberg besingt. »Wilna, du reifer Holunder!«, ruft seinerseits Johannes Bobrowski hundert Jahre später einer geliebten Metropole zu.

Was bliebe zu ergänzen nach diesen Anrufungen von Göttern, Himmelsphänomenen, Gegenständen, nach einer Liste, die sich um Kieselsteine, Sumpfdotterblumen, Ameisen, Blauwale und allerlei anderes, ja um alles erweitern ließe, was wäre hinzuzufügen denn das Selbstverständlichste? Denn die vertraute Anrede einer anderen Person, die Rede eines Ichs an ein Du, ist, zumal im Liebesgedicht, die erwartbarste und populärste lyrische Geste. Dass es sich dabei nicht um einen Menschen handeln muss, beweist Rilkes Zwiesprache mit Gott selbst. Noch erstaunlicher ist: Die Person, selbst wenn das Gespräch nicht über den Wolken, sondern auf Erden stattfindet, muss nicht einmal existieren, um ansprechbar zu sein, sie muss auch nicht länger unter den Lebenden weilen; Walt Whitman jedenfalls, jener bärtige Urvater der amerikanischen Poesie, war schon lange tot, als Allen Ginsberg ihn in einem kalifornischen Supermarkt zwischen der Tiefkühlkost und den Erbsenschoten erspähte und in vertrautem Ton ansprach: »What thoughts I have of you tonight, Walt Whitman.« Auf eine Erwiderung hoffen durfte er dabei nicht, und sie bleibt paradoxerweise sogar im Liebesgedicht aus, dieser intimsten und doch öffentlichen Hinwendung. »Ich denke dein, wenn mir der Sonne Schimmer / Vom Meere strahlt«, hebt Goethe an; »Deine Seele, die die meine liebet / Ist verwirkt mit ihr im Teppichtibet«, schreibt Else Lasker-Schüler; »Oh Du, Geliebte meiner 27 Sinne, ich liebe Dir!«, ruft Kurt Schwitters seiner Anna Blume zu, doch von einem imaginären Gegenüber ist keine Antwort zu erwarten. Es ist ja wie immer am Leser, an die Stelle des Du zu treten, und an ihm ist es auch, dem Sprecher die eigene Stimme zu leihen, jenem Ich, das so oft ganz am Anfang von Gedichten zu finden ist, ja, als oft erstes Wort des Gedichts eine geradezu physische Gegenwärtigkeit behauptet, so schon bei Walther von der Vogelweide: »Ich saz ûf eime steine«. »Ich steh auf hohem Balkone am Turm«, so setzt Annette von Droste-Hülshoff ein. »I wandered lonely as a cloud«, heißt es bei

William Wordsworth, und Brecht schließlich präsentiert den ganzen, ausgeschriebenen Namen: »Ich, Bertolt Brecht, bin aus den schwarzen Wäldern«. Das Ich im Gedicht mag immer ein äußerst fragwürdiges sein; vielleicht aber ist keine Verkleidung so raffiniert wie die Maske des Verfassernamens, den dieser dem Sprecher des Gedichts anzunehmen gestattet?

Verzwickte Fragen, die sich weniger dringlich stellen, sobald der Dichter einen Anfang wählt, der alt ist wie die Literatur selbst, wie der Wunsch also, sich ans Feuer zu setzen oder die Decke bis zum Kinn zu ziehen und einer Geschichte zu lauschen. Auch der auf einem Steine sitzende Walther und der wolkengleich durch den Lake District ziehende Wordsworth bedienen sich eines erzählerischen Einstiegs, doch ist es keineswegs zwingend, dass der Erzähler sich zu erkennen gibt. Bei Goethe bleibt er mit den Worten »Es war ein König in Thule« hinter dem Textvorhang verborgen; in Brechts »Erinnerung an die Marie A.« wiederum spricht zwar ein Ich, doch beginnt auch dieses Gedicht mit dem Verweis auf eine schon längst verflossene Zeit: »An jenem Tag im blauen Mond September«. Dieser für Erzählgedichte unabdingbare Sprung in die Vergangenheit, der zumeist in der ersten Zeile vollführt wird, bedient sich oft genug des Wörtchens »als« oder »einst«: »Als sie einander acht Jahre kannten«, so hebt Erich Kästner an, »Als ich noch jung war und leicht unter den Apfelzweigen« der allzu jung und leicht gestorbene Dylan Thomas; »As I walked out one evening« beginnt W. H. Auden, »Einst waren wir alle im glücklichen Garten« Peter Huchel, und »When Uncle Devereux died« derselbe Robert Lowell, den wir schon bei der Versenkung in einen Türknauf beobachten konnten. Mal ist der Verweis auf die Zeit der Erzählung etwas vager gehalten, mal ist er, wie bei Erich Kästner, nicht umsonst ein Vertreter der Neuen Sachlichkeit, geradezu buchhalterisch in seiner Präzision; John

Ashbery hingegen lässt uns in seinem Gedicht »The Problem with Anxiety« exakt ein halbes Jahrhundert zurückkreisen: »Es ist fünfzig Jahre her. / Ich begann in jenen dunklen Städten zu wohnen, / von denen ich dir erzählte.« Gedichte, das ist eine ihrer Qualitäten, überspringen Zeit und Raum gleichermaßen mühelos, und gelingt eine solch narrative Anfangszeile, zieht sie auch uns in die Vergangenheit, auf geradezu unwiderstehliche Weise.

* * *

Denn was geschieht da eigentlich, wenn wir den Anfang eines Gedichts vor Augen oder im Ohr haben? Warum ist diese erste Zeile des Gedichts so entscheidend?

Anders als die bildende Kunst, die mit eigens geschaffenen Werkzeugen auf Farben, Steine, Holz zurückgreift, anders auch als die Musik, die mit Zeichensystemen und Instrumenten operiert, vor denen Laien so verständnislos stehen wie ein Nashorn vor einem Wollknäuel, bedient sich die Dichtung eines Materials, das jedem unmittelbar vertraut ist, der Sprache. Lyrik ist aus ebendem Wortschatz, den Lauten gefertigt, die uns allen zu Gebote stehen, die wir Tag für Tag nutzen, um Brot zu kaufen, uns nach der Uhrzeit oder dem Weg zu erkundigen, und die wir meist unhinterfragt gebrauchen. Schon das unterscheidet die Dichtung von anderen Kunstformen. Gleichzeitig ist die Art und Weise, mit der lyrische Sprache verwendet wird, eine von der Norm deutlich abweichende, ist das Gedicht ein vom Alltagsgebrauch erkennbar abgetrennter Raum, in dem die musikalischen Aspekte der Sprache zelebriert werden, ihr Potential für Vieldeutigkeit, für doppelten und dreifachen Sinn und Unsinn, für semantische Blitze und Dunkelheiten gezielt genutzt und gesteigert sein will und oft genug auf mehreren Sinn- und Klangebenen gleichzeitig operiert wird – und zwar nicht, um eine einzige unmissverständliche Aussage zu treffen oder ein konkretes Geschehen herbeizuführen. Der Sprecher eines Gedichts begehrt keinesfalls, den Salzstreuer oder die Butter gereicht zu bekommen, wenn auch beide exzellente Sujets für ein Gedicht böten. Es handelt sich folglich um einen Sprechakt, der weit komplexer ist als jene Sprechakte, die wir für gewöhnlich mit bewundernswerter Selbstverständlichkeit vollziehen, um einen Akt, der, denn zum Gedicht gehören immer zwei, nicht nur vom Autor initiiert, sondern auch vom Leser vollzogen werden muss, was mit nicht unerheblicher Anstrengung verbunden sein kann und stets den Willen zum spielerischen Mittun erfordert. Mit anderen Worten: Man erkennt die Sprache, die einem selbst von jeher zu eigen ist, sofort, und doch ist sie nicht mehr mühelos verfügbar. Genau dies mag einer der Gründe dafür sein, dass Gedichte vielen Menschen unheimlich sind und als Zumutung empfunden werden, es ihnen also widerstrebt, diesen gleichzeitig vertrauten und unvertrauten Sprachraum zu betreten.

Lyriker verfallen, um dieses Misstrauen zu zerstreuen, gelegentlich darauf, die Sprache ihres Gedichts so alltäglich wie nur irgend möglich zu halten, sie also dem üblichen Gebrauch anzunähern: »Ein Stück Draht, krumm« – so absichtsvoll in seiner Gewöhnlichkeit beginnt etwa ein Gedicht von Rolf-Dieter Brinkmann. Anderswo setzt man nicht nur mit Wendungen aus dem Alltag ein, sondern dazu noch mit jenem Getränk, das noch vor jedem sprachlichen Engagement den morgendlichen Rhythmus bestimmt: »Instant coffee with slightly sour cream / in it«, derart schlicht lässt Frank O'Hara ein ebenso schlicht »Poem« überschriebenes Gedicht anheben, und Elizabeth Bishop präsentiert eine komplexe Sestine ähnlich beiläufig: »At six o'clock we were waiting for coffee«. Dies ist, keine

Frage, eine wirkungsvolle Methode, die allerdings nichts daran ändert, dass auch die alltagsnahe Sprache Teil eines Kunstwerks, eines Gedichts ist und dass jeder Jargon, jeder Slangausdruck, jede dem Leser vertraute Beliebigkeit folglich ein gezielt eingesetzter Kunstgriff ist, der die Grenze zwischen Gedicht und Alltag verschleiern und den Übergang von einem sprachlichen Raum in den anderen erleichtern soll. In diesem Raum aber ist gleich eine ganze Reihe von oft paradoxen, immer ungewohnten Vorgängen zu verarbeiten. Der Umstand, dass auch die Position des Sprechers vom Leser selbst ausgefüllt und belebt werden muss, kann bei einem zeitgenössischen Poem verstörend genug sein, wie aber erst bei einem Barocksonett aus einer fremden Epoche, einer unvertrauten Gesellschaftsform. Selbst im Werk eines lebenden, zeitgenössischen Autors kann es ein Toter, ja ein Gespenst und Wiedergänger sein, der das Wort ergreift, und mehr noch: das Gedicht macht es möglich, dass, gegen alle Vernunft, Dinge zu reden beginnen, von denen man es gemeinhin nicht erwarten würde. Nicht nur kann William Carlos Williams seine eigene Nase anrufen, was seltsam genug erscheint: »Oh strong-ridged and deeply hollowed / nose of mine!« (»O meine kraftvoll kantige, tief zerklüftete / Nase!«); nein, denkbar wäre auch, dass seine Nase ihm und uns antwortet. Dinge sprechen, und wir sehen uns gezwungen, uns an ihren Platz zu begeben. Bei Sylvia Plath ist es nichts als eine Gruppe von Pilzen, die nahelegt, uns selbst als Teil der großen Pilzgemeinschaft zu begreifen – oder, in dem Gedicht »Mirror«, ein Wandspiegel, der zu reflektieren beginnt, auf ungewohnt aktive und bildreiche Weise.

Was also in der allerersten Zeile eines Gedichts geschieht, könnte man als eine Art Vertragsschluss zwischen Leser und Gedicht bezeichnen: Ich akzeptiere all das, die Paradoxien, die Mühen des Unvertrauten, wenn du mir dafür etwas zurückgibst – und zunächst einmal nicht den Eindruck vermittelst, meine Zeit werde vergeudet. Nur ein geschulter Leser von Gedichten wird exakt benennen können, was er von der Lyrik erwartet: Einen veränderten Blick auf die ihn umgebende Welt, einen Anreiz, den Prozess des Verstehens oder Nichtverstehens selbst ein bisschen besser zu begreifen, einen ganz allgemein angenehmen Zustand des Nachsinnens über das Medium Sprache. Gehen wir jedoch von einem unerfahrenen Leser ohne jede Erwartungshaltung aus, dann muss die Anfangszeile vor allem zu einem führen, dazu nämlich, weiterlesen zu wollen; sie muss vermeiden, dass der Leser schon mit den ersten Worten die Lust verliert. Seine Neugier zu wecken, den Leser über die Schwelle und in den fremden Raum des Gedichts zu locken, wäre demnach ein entscheidendes Merkmal gelungener Anfangszeilen. Viele der bislang zitierten Gedichtanfänge dürften so vertraut sein, dass es schier unmöglich ist, nicht auch die Folgezeilen zu ergänzen, etwa bei Brecht im Stillen fortzufahren: »An jenem Tag im blauen Mond September, / Still unter einem jungen Pflaumenbaum, / Da hielt ich sie, die stille bleiche Liebe / In meinem Arm wie einen holden Traum«. So lässt uns die dritte Zeile nach der vierten verlangen, die zweite nach der dritten, und die Anfangszeile nach dem ganzen Gedicht. Dass Rätselhaftigkeit ihre Wirkung tun kann, zeigen gewisse Anfänge Georg Trakls, dass Exotisches uns anzieht, wird nur leugnen, wer Coleridges Auftaktzeilen mit so sonderbaren Namen wie »Xanadu« und »Kubla Khan« überhört hat, und dass die Effektivität eines Schocks nicht zu unterschätzen ist, weiß, wer Benns ersoffenen Bierfahrer aus der *Morgue*-Sequenz kennt oder die provokante Geste seines Auftakts »Europa, dieser Nasenpopel«. Man denke an ein Gedicht des slowenischen Lyrikers Tomaž Šalamun, das mit der gänzlich unbescheidenen Feststellung »Du bist ein Genie Tomaž Šalamun« anhebt, und an den Ausruf Fontanes, der, »John Maynard!«, seine Wirkung nicht verfehlen wird, selbst dann, wenn man weder John Maynard heißt noch mit ihm bekannt ist. Dichtung, man kann es nicht leugnen, ist kein magischer Akt; vielleicht aber wird man sie, die den Leser oder Hörer augenblicklich gebannt sein lässt, als Magie zweiter Ordnung bezeichnen dürfen. Wer schließlich würde nicht weiterlesen wollen bei einer Eröffnung, wie sie dem großen Triestiner Umberto Saba gelang: »Ho parlato a una capra«, schreibt Saba, »Ich sprach mit einer Ziege«. Man muss schon ein ausgesprochen dickhäutiger Verächter der Poesie sein, um nicht wissen zu wollen, welchen Verlauf dieses erstaunliche Gespräch genommen hat.

* * *

Aber lassen Sie uns, in aller gebotenen Kürze, noch weitere Möglichkeiten des Gedichtbeginns betrachten. Da wäre zunächst die Behauptung, die oft genug mit dem Hilfsverb »sein« operiert und zu erkennen gibt, dass es so und keinesfalls anders sei. Nun wird eine Eröffnung wie Schillers »Auch das Schöne muss sterben!« niemand in Zweifel ziehen, und auch den Gang von Droste-Hülshoffs »Knaben im Moor« wird jeder nachempfinden können: »O schaurig ist's übers Moor zu gehn«. Schon anders verhält es sich mit Aussagen, die zum Widerspruch reizen, wie Edith Södergrans »O wie herrlich die Hölle ist!«. »Wirklich, ich lebe in finsteren Zeiten!«, konstatiert Brecht zu Zeiten, die so finster waren, dass eine Gegenrede undenkbar schiene; »The art of losing isn't hard to master« hingegen beginnt Elizabeth Bishop eines ihrer Gedichte, was schon durch die Aufwertung des Verlusts zu einer Kunstform für Verblüffung sorgen muss. Das gilt auch für Zbigniew

Herberts Auftakt »Am schönsten ist Nike / wenn sie zögert«, verbände doch niemand außer einem Dichter wie Herbert die griechische Kriegsgöttin mit einer Hamlet'schen Zögerlichkeit. Peter Huchels »Niemand wird finden / das Grab des Odysseus« erregt unsere Aufmerksamkeit, und das gilt erst recht für so frappierende Thesen wie »Sex ist ein Nazi« des Australiers Les Murray oder gar »They fuck you up, your mum and dad« des hinreißend illusionslosen Engländers Philip Larkin. Dass Behauptungen, die in die Zukunft weisen, also die Grenze zur Prophetie kühn überschreiten, ihren besonderen Reiz haben, versteht sich – wie in César Vallejos Gedicht »Schwarzer Stein auf weißem Stein«, das mit einer Voraussage anfängt, die gerade aufgrund ihrer Präzision so unmöglich ist: »Ich werde sterben bei einem Wolkenbruch in Paris«.

Wie die Behauptung legt auch die Frage ein Thema vor oder formuliert, um ein altertümliches, aber treffendes Wort zu benutzen, den Vorwurf, dem es nachzugehen gilt. Eine Frage ist ja nichts anderes als Wort gewordene Neugier, und in erzählerischen Formen wie der Ballade – »Wer reitet so spät durch Nacht und Wind?« – darf der Leser mitunter mit einer Antwort rechnen. Auch Hofmannswaldau – »Was ist die Welt / und ihr berühmtes gläntzen?« – führt sein Thema weiter, während Brechts Frage »Wer baute das siebentorige Theben?« rein rhetorischer Art ist und Benns »Meinen Sie Zürich zum Beispiel / sei eine tiefre Stadt« die negative Antwort schon in dem Verzicht aufs Fragezeichen enthält. Die Wahrheit ist, dass Gedichte selten schlüssige Antworten bieten; dennoch darf die Frage als geeigneter Gedichtauftakt gelten, schon deshalb, weil das Fragen, das Hinterfragen die Grundlage ihrer Existenz ist. Wer aber würde bei Celans »In der Mandel – was steht in der Mandel?« Gewissheit erhoffen, wer bei César Vallejos Frage »Wer hat keinen blauen Anzug im Schrank?« ernsthaft Lösungen erwarten wollen? Nur schlechte Gedichte geben vor, Antworten liefern zu können; bei allen anderen akzeptieren wir die Frage als raffiniertes Mittel, das an unsere Entdeckerlust appelliert.

Zu guter Letzt sei auf den Imperativ hingewiesen: »Stop all the clocks, cut off the telephone«, fordert Auden, »Lobet die Nacht und die Finsternis, die euch umfangen!« Brecht in seinem »Großen Dankchoral«; die dringende Bitte des Franzosen Henri Michaux bezieht sich ganz auf seine eigene Person – »Tragt mich fort in einer Karavelle« –, während Dylan Thomas' Aufforderung dem sterbenden Vater gilt: »Do not go gentle into that good night«. Und immer wieder richtet sich die Aufforderung ganz direkt an den Leser, ob mit Brentanos »Hör, es klagt die Flöte wieder« oder bei Brecht: »Sieh jene Kraniche in großem Bogen!« Bleibt hinzuzufügen, dass im Grunde jeder gelungene Gedichtanfang ein versteckter Befehl ist, und der lautet: Verweile, lausche.

Mit Brentanos und Brechts Zeilen kehren wir zurück zum Vertrag zwischen Leser und Gedicht und fügen den Seltsamkeiten, die der Leser sich zu akzeptieren bereiterklärt, eine weitere hinzu. Denn während das erzählende Gedicht stets in der Vergangenheit fußt, verwenden all die zitierten Zeilen das Präsens. Auch Trakl schreibt ja in seinem großen Poem »De Profundis« nicht »Es war ein Stoppelfeld, in das ein schwarzer Regen fiel«, sondern bleibt ganz gegenwärtig: »Es ist ein Stoppelfeld, in das ein schwarzer Regen fällt« – ein gravierender Unterschied, der den Leser in eine erstaunliche Lage bringt: Denn kein Feld ist zu sehen, auch kein Kranich, keine Flöte ist zu hören – nur in der Sprache und nur dank der Vorstellungskraft des Lesers. Nichts drückt das Mirakel der Imagination prägnanter aus als diese knappe Formel »es ist«, die so bestimmt daherkommt, so gar keinen Zweifel zulässt und in einer ganzen Reihe von Gedichten zu finden ist, nicht nur bei Trakl: »Es ist schon spät, es wird schon kalt«, so beginnt Eichendorff; »Dies ist dein Rast-platz, / alter Mann«, schreibt Peter Huchel; und Günter Eich präsentiert uns in einem der bekanntesten Gedichte der Nach-kriegszeit seine Kopfbedeckung: »Dies ist meine Mütze«. Soll-te man doch von Zauberei sprechen dürfen? Jedenfalls beginnt Elizabeth Bishop ihren Besuch einiger Fischerhütten mit den Worten »Although it is a cold evening«, und mag es in Wirk-lichkeit auch ein warmer Nachmittag im Juni sein, spielt unse-re Phantasie doch gerne mit, lässt uns vielleicht sogar frösteln. »Whose woods these are I think I know«, hebt Robert Frost an, die vertraute Formel durch Verwendung des Plurals variierend, und wir befinden uns im Geiste mit ihm oder an seiner Stelle des Abends in einem verschneiten Wald. »Es ist« – darin klingt das »es sei« an, das »es werde«, und damit ist es auch ein be-scheidenes, fernes Echo des »fiat lux« der Schöpfungsgeschich-te. Um diesen Akt aus dem Nichts, diese Augenblickskunst zu vollziehen, bedarf es beider, Leser wie Autor. »Il viaggio finisce qui«, so beginnt Montale sein Gedicht »Haus am Meer«: »Die Reise endet hier« – was eigentlich wie ein Ende klingt, aber er-neut ein Anfang ist.

* * *

»Beginnings are always troublesome«, bemerkte George Eliot einmal, »conclusions are the weak point of most authors«. Sie bezog sich damit auf den Roman, ihre eigene Kunstform, doch dürfte die Aussage auch auf viele Lyriker zutreffen. Dabei ist das Ende eines Gedichts naturgemäß anders beschaffen als das eines Romans, was insbesondere dann zutrifft, wenn auf traditionelle lyrische Formen zurückgegriffen wird. Viele da-von laufen nämlich, hat man ihre faszinierende Maschinerie erst einmal in Gang gesetzt, zwangsläufig auf ein Ende zu. Die Wahl des Anfangs nimmt gewissermaßen das Ende vorweg, legt die Schlusszeilen fest oder reduziert doch zumindest die Möglichkeiten, die dem Dichter bleiben. Zwei dieser alten Formen wurden schon beiläufig erwähnt, die Sestine und die Villanelle. In der Sestine, einer von den provenzalischen Troubadours entwickelten Form, werden sechs Schlüsselwörter über sechs Strophen hinweg wiederholt. Wenn sich Elizabeth Bishop also in ihrer Variation für die Auftaktzeile »At six o'clock we were waiting for coffee« und damit für das Wort »coffee« entscheidet, so legt sie damit zwar nicht die allerletzte Zeile fest, sorgt aber dafür, dass der Kaffee noch sechs weitere Male serviert wird und auch in der drittletzten Zeile dampft – was nicht ohne Auswirkungen auf die verbleibenden zwei Zeilen bleiben kann. Wenn Dylan Thomas in seinem Poem an den todkranken Vater hingegen die Form der Villanelle wählt – und sein Gedicht ist eines der herrlichsten Beispiele für diese Form –, so stimmt er damit auch der Wiederholung der ersten und der dritten Zeile zu, die gemeinsam den Schluss bilden: »Do not go gentle into that good night, / Rage, rage against the dying of the light«. Ähnlich streng und im Anfang das Ende vorwegnehmend sind das malayische Pantum und das europäische Rondeau, das auch als Ringelgedicht bezeichnet wurde oder, bei Georg Rodolf Weckherlin, der sich seiner bediente, als »Rund-umb«, und das seine Anfangssentenz einmal gegen Mitte und einmal am Schluss wiederaufgreift: Das Ende ist unabänderlich, sobald die einleitenden Worte zu Papier gebracht sind. Lassen Sie mich der Einfachheit halber, und um Ihnen endlich einmal ein komplettes Beispiel vorzuführen, ein Rondeau aus eigener Produktion vorlesen, das den Titel »maulbeeren« trägt:

so dunkel und süß der saft, daß überm bach
die fledermäuse stiegen, immer flach
am blattwerk, um als flinke, schwarze scheren
die früchte abzuknapsen, zu verzehren
im flug. die sonne hinter jaffa schwach,
und alles, was man denken wollte, dachte, enger, kleiner als ein handschuhfach ...
sag: maulbeeren, und wieder: maulbeeren,
        so dunkel und süß
allein das wort im mund – schon sind sie wach
und wollen mit dem schattenhaften krach
von tausenden von flügeln sich vermehren,
hängen bei tag in ihrem schlaf, in schweren
und dicken trauben unter deinem dach,
        so dunkel und süß.

All diese Formen sind heute nur noch gelegentlich im Gebrauch. Das Prinzip jedoch, Anfangs- und Schlusszeile einander entsprechen zu lassen, findet sich noch in der modernen und zeitgenössischen Lyrik, auch in solchen Gedichten,
die sich freier Rhythmen bedienen und auf Reim und Strophe
verzichten. »Córdoba. / Einsam und fern«, lautet die erste und
letzte Zeile in Federico García Lorcas »Reiterlied« und macht
die andalusische Stadt nur umso unerreichbarer. Gewisse Ver-
schiebungen bei einer solchen Wiederholung können besonders effektiv sein: Das reizende Bekenntnis »Ich habe dich so
lieb« von Joachim Ringelnatz wird abschließend bekräftigt –
allerdings verstärkt um ein Ausrufezeichen. Und wenn Huchels nüchterner Anfang »Der Fremde geht davon« lautet, so
weist der Schluss eine nicht unbedeutende Ergänzung auf –
»unbekümmert geht der Fremde davon«.
    Eine solche Kreisbewegung bildet einen unübersehbaren

Schlusspunkt, und selbst der Novize wird das Signal wahrnehmen – so auch bei Eichendorff, der in seinem Sonett »Der verspätete Wanderer« eine identische Anfangs- und Schlusszeile benutzt. Hätte Eichendorff sich dem Sonett englischer Manier gewidmet, so folgte auf drei Quartette das Couplet, ein Paarreim also; auch dieser Gleichklang ist ein Hinweis darauf, dass es zu Ende geht, mit dem Reim gleichsam versiegelt wird. Das funktioniert sogar in Gedichten, die nicht als Sonett konstruiert sind, und am besten in solchen, die den Paarreim nicht durchgehend pflegen, ihn also noch überraschend setzen können. Man spricht im Englischen von »closure«, was sich am ehesten mit »Abschluss«, aber auch mit der in der Harmonielehre gebräuchlichen »Auflösung« übersetzen ließe, und man hat darauf hingewiesen, dass dieses Signal nicht nur formaler, sondern auch semantischer Art sein kann, indem nämlich auch inhaltlich ein Ende markiert oder wenigstens im Subtext darauf angespielt wird. Wenn wir der Einfachheit halber auf Gedichte zurückgreifen, deren Anfangszeilen schon zitiert wurden, so finden wir bei Goethes »König in Thule« die Zeile »Trank keinen Tropfen mehr«, hören bei Brechts Gesang auf »Marie A.« die Worte »Und als ich aufsah schwand sie schon im Wind« – und befinden uns im einen wie im anderen Gedicht an einem Punkt, von dem aus keinerlei Fortführung denkbar schiene. Wenn Czesław Miłosz mit »Lasst mich schlafen, / mag mich die finstere Nacht umarmen« endet und Peter Huchel mit »umfing uns das Tuch, in dem man gleich schlief«, so setzen auch sie mit dem Schlaf einen Punkt, und ebenso halten es, wenn auch mit anderen Bildern, Trakl (»Das letzte Gold verfallener Sterne«) und Eichendorff (»Es ist schon spät, es wird schon kalt, / Kommst nimmermehr aus diesem Wald!«). Nichts jedoch ist finaler als der Tod: »In seinen Armen das Kind war tot«, heißt es bei Goethe, »Es kommen, es

242

kommen die Wasser all, / Sie rauschen herauf, sie rauschen herab, / Den Jüngling bringt keines wieder« bei Schiller. Das ist unmissverständlich. Suggestiver in ihrer Bildlichkeit, doch auf ihre Art ebenso deutlich sind andere Schlusszeilen: »Du füllst hier die Urnen und speisest dein Herz«, lesen wir bei Celan, und Zbigniew Herbert endet »mit dem herben geschmack des vaterlands / unter der steifen zunge«. »Tragt mich fort, am besten, grabt mich ein«, fordert Henri Michaux, und Eliot schließt mit beidem, einem Paarreim und dem metaphorischen Wassertod: »In Meergewölben ward uns Aufenthalt / bei Nixen in rotbraunen Seetangs Winken, / bis Menschenlaut uns weckt, und wir ertrinken«. Die Kreisbewegung der Form, der Kreislauf des Werdens und Vergehens: beide sind Hinweise darauf, dass das Gedicht seine letzte Zeile erreicht hat. Eliot unterläuft anderswo dieses Prinzip und gestaltet einen Raum, dessen Ausgangstür, tritt man hinaus, sogleich wieder hineinzuführen scheint: »In my beginning is my end«, lautet der Anfangsvers, der Schluss hingegen, indem er die Worte umstellt, »In my end is my beginning« – und macht so die Schleife, die nie endende Acht perfekt. Und vielleicht ist dies ein nicht unerheblicher Effekt einer geglückten letzten Zeile: Dass, nachdem uns die erste zur zweiten, die zweite zur dritten, die dritte zur vierten Zeile geführt hat und so weiter, sie uns an den Anfang zurückzwingt, den Wunsch in uns weckt, mit der Lektüre ein weiteres Mal zu beginnen, und das sogleich.

Es ist nicht ganz unerheblich, was zwischen der ersten und der letzten Zeile eines Gedichts geschieht, das sei zugegeben. Ebenso wahr aber bleibt, dass das gesamte Gedicht, ganz gleich, wie glanzvoll es von der zweiten bis zur vorletzten Zeile gearbeitet ist, scheitern kann, wenn Anfang und Ende misslingen – und dass umgekehrt erst der letzte Strich, die letzte Fügung das Panorama zum Leuchten bringen kann. Sehr schön illustriert diesen Umstand eine Anekdote aus der Geschichte nicht der Lyrik, sondern der Malerei; eine Szene, in der John Constable und John Turner, die großen Lichtarchitekten der englischen Landschaftsmalerei, im Jahre 1831 aufeinandertreffen. Die Herren widmen sich den Vorbereitungen einer großen Ausstellung der Londoner Akademie; ihre Bilder, die präsentiert und prämiert werden sollen, hängen bereits, doch noch arbeiten die Konkurrenten an ihnen. Ein Freund Constables erinnert sich und beschreibt Turners Bild,

> ein Seestück [...] – ein graues Gemälde, schön und wahrhaftig, mit keiner einzigen kraftvollen Farbe darin. Constables »Waterloo« hingegen wirkte, als sei es mit flüssigem Silber und Gold gemalt, und Turner kam mehrfach in den Saal, während Constable dabei war, mit Zinnober- und Kokkusrot die Verzierungen und Flaggen der städtischen Schleppkähne hervorzuheben. Turner stand hinter ihm, betrachtete erst »Waterloo«, dann wieder sein eigenes Bild, holte schließlich seine Palette aus dem großen Saal herbei, wo er gleichzeitig mit einem anderen Gemälde befaßt war, tupfte einen kleinen runden Klecks aus roter Bleifarbe, etwas größer als ein Shilling vielleicht, in sein graues Meer, und ging dann ohne ein Wort zu sagen wieder hinaus. Die Leuchtkraft des roten Bleis, die aufgrund der Kälte des Bildes noch um so lebendiger wirkte, ließ selbst Constables Zinnober- und das Kokkusrot schwächlich aussehen. Ich betrat just in dem Moment den Saal, als Turner ihn verließ. »Er war gerade hier«, sagte Constable, »und er hat eine Kanone abgefeuert.«

Kein Wunder also, dass auch die Dichter diesem letzten Klecks, dem Finish, dem grandiosen Detail ihre Aufmerksamkeit widmen und Abschlusszeilen komponieren, die sich einprägen wie Turners Bleirot – und sei es, indem sie etwas aussparen und verschweigen. So unmerklich wie meisterhaft geschieht dies bei Rilke: In seinem »Panther«, einem Gedicht, dessen Klang jeder im Ohr haben wird, beschreibt er sein Raubtier in drei Strophen mit jeweils vier Zeilen, widmet sich dem Gang, der Drehung, diesem »Tanz von Kraft um eine Mitte«; zwölf Zeilen, von denen alle fünf Hebungen aufweisen, die alle regelmäßig und jambisch sind – bis auf die letzte, in der es noch immer um das Bild geht, das durch Pupille und Augapfel dem Tier bis ins Herz dringt, an dessen Schläge der Jambus schon von Beginn an hat denken lassen: »und hört im Herzen auf zu sein«, heißt es also, nunmehr bloß vierhebig, und zwingt uns damit, die fehlende fünfte Hebung, gleichsam eine Phantomhebung, mitzudenken, pa-*tam*, so dass das Aufhören durch Nichterfüllen der vom Dichter selbst etablierten Form nur umso eindringlicher wird: Auch das, die Leerstelle, kann strahlen und leuchten, heller als jedes Rot.

* * *

Erlauben Sie mir nun, drei Gedichte zu Gehör zu bringen, die ich selber nie vergessen habe – zum einen, weil es sich um in allen ihren Teilen formidable Werke handelt, aber auch, so meine ich, dank ihrer äußerst markanten Anfangs- und Schlusszeilen. Man wird sehen, dass alle genannten Techniken auch hier angewandt werden; dennoch fügen die Gedichte, die alle aus dem zwanzigsten Jahrhundert stammen, dem bisher Ausgeführten eine Nuance hinzu. Das erste Gedicht, das ich vortragen möchte, stammt von W. H. Auden. Der Titel zeigt an, dass wir uns in Brüssel befinden, und lautet »Musée des Beaux Arts«:

Über das Leiden wußten sie gut Bescheid,
die Alten Meister: wie kannten sie gut
seine menschliche Rolle; daß es geschieht,
während einige essen, ein andrer ein Fenster öffnet
    oder gelangweilt hingeht;
daß, während die Alten ehrfürchtig und gespannt
die wunderbare Geburt erwarten, Kinder immer dabei
    sind,
denen nicht viel daran liegt, und die
Schlittschuh auf einem Teich am Waldrande laufen;
sie vergaßen auch nie,
daß selbst das Mysterium stattfinden muß
irgendwo abseits, an unsauberem Ort,
wo die Hunde sich hündisch benehmen und des
    Folterers Pferd
sein Hinterteil unschuldig an einem Baum kratzt.

In Breughels Ikarus zum Beispiel: wie alles sich beinah
gelassen vom Unheil abkehrt; vielleicht hat der Bauer
den Aufschlag gehört, den verlorenen Schrei,
aber für ihn war das nichts von Bedeutung; die Sonne
beschien, wie es ihre Pflicht war, die weißen im Wasser
verschwindenden Beine; und das kostspielige, stolze
    Schiff, das staunend
etwas gesehn haben musste, – einen Jungen, der aus
    dem Himmel fiel –,
hatte ein Ziel und segelte ruhevoll weiter.

Das Gedicht, dessen wechselnd lange Zeilen im englischen Original unaufdringlich gereimt sind, beginnt mit einer Bemerkung, wie man sie beim Schlendern im Museum aufschnappen könnte, fast im Plauderton, und wendet sich an den Hörer wie an einen Vertrauten: »About suffering they were never wrong, / The Old Masters«. Die Alten Meister – das sind natürlich die Niederländer des sechzehnten Jahrhunderts, und die nun folgenden Genrebilder, die Szenen am Fenster, beim Schlittschuhlaufen, stehen jedem sofort vor Augen. Herrlich sind dabei die präzise eingefügten, leuchtenden Petitessen, die zeigen, dass es sich auch bei Auden um einen alten Meister handelt, der hündische Hund, der unschuldige Pferdehintern. Sie alle unterstreichen: Das Wunder findet stets im Gewöhnlichen statt, und immer dann, wenn man es am wenigsten erwartet. Obwohl der beiläufige Ton, der über die strenge Fügung hinwegtäuscht, beibehalten wird, spitzt sich das Gedicht zu, wird immer konkreter und gipfelt schließlich in einem einzigen Bild, dem Sturz des Ikarus, betrachtet die Beine im Wasser und dann jenes eine Detail, mit dem das Gedicht endet, das »kostspielige, stolze Schiff« – dieses, so verrät uns die letzte Zeile, »Had somewhere to get to and sailed calmly on«. Natürlich wirft Auden hier – das Gedicht wurde Ende der dreißiger Jahre verfasst – Fragen politischer und poetischer Natur auf, nach künstlerischem Engagement und Verweigerung. »Poetry makes nothing happen«, konstatierte Auden anderswo, aber hier zwingt er doch den Leser, den er so freundschaftlich am Arm nimmt und zum Zeugen von beidem macht, von Sturz und weiterfahrendem Schiff, über seine Haltung nachzudenken, sich vielleicht sogar zu entscheiden – und er lässt ihm Zeit dazu, die über die Gedichtzeit hinausreicht, denn das Schiff ist ja nicht aus der Welt, sondern segelt »ruhevoll weiter«, vorerst für immer. Die Tragödie wird von der Antike über Breughels

1558 gemaltes Bild bis zu uns in die Gegenwart und darüber hinaus verlängert; es findet, formal gesehen, in der Zuspitzung auf ein Motiv und vor allem durch den Tod des Ikarus seinen stimmigen Endpunkt, wird aber gleichzeitig maximal entgrenzt – das unschuldige Wörtchen »somewhere« in »had somewhere to get to« lässt plötzlich die erschreckende Weite des Meeres aufblitzen, und das allerletzte Wort lautet »on«, also »weiter«. Anders gesagt: Das Gedicht signalisiert sein Ende und hebt es gleichzeitig auf.

Auch die Verfasserin des zweiten Gedichts wurde bereits erwähnt; es handelt sich um die Amerikanerin Elizabeth Bishop. »Der Fisch«, so der Titel, wurde von Margitt Lehbert übertragen:

> Ich fing einen enormen Fisch
> und hielt ihn neben das Boot
> halb aus dem Wasser, mein Haken
> fest im Winkel seines Mauls.
> Er kämpfte nicht.
> Er hatte gar nicht gekämpft.
> Er hing, ein ächzendes Gewicht,
> lädiert und ehrwürdig
> und unscheinbar. Da und dort
> hing seine Haut in Streifen
> wie uralte Tapeten,
> und das Muster in dunklerem Braun
> war auch wie auf Tapeten:
> Formen wie aufgeblühte Rosen,
> vor Alter fleckig und verblaßt.
> Er war mit Muscheln getüpfelt,
> feine Kalkrosetten,
> und von winzigen

weißen Seeläusen befallen,
und unter ihm hingen zwei oder drei
Fetzen grüner Algen.
Während seine Kiemen
den furchtbaren Sauerstoff atmeten
– die erschreckenden Kiemen,
frisch und steif vor Blut,
die so tief schneiden können –,
dachte ich an das grobe weiße Fleisch
wie pralle Federfüllung,
die großen und die kleinen Gräten,
das dramatische Rot und Schwarz
seiner leuchtenden Innereien
und die rosa Schwimmblase
wie eine große Pfingstrose.
Ich sah ihm in die Augen,
die viel größer waren als meine,
aber flacher und vergilbt,
die Iris mit stumpfem Stanniol
gefüttert und gefüllt,
durch die Linsen alten,
zerkratzten Glimmers gesehen.
Sie bewegten sich ein wenig, aber nicht,
um meinen Blick zu erwidern.
– Es war mehr, als kippe man
einen Gegenstand zum Licht hin.
Ich bewunderte sein mürrisches Gesicht,
den Mechanismus seines Kiefers,
und dann sah ich,
von seiner Unterlippe
– wenn man es eine Lippe nennen kann –
hingen grausam, naß und waffengleich

fünf alte Längen Angelschnur,
oder vier und ein Stahlvorfach,
an dem der Wirbel noch saß,
und alle fünf großen Haken
waren fest mit seinem Maul verwachsen.
Eine grüne Schnur, ausgefranst,
wo er sie abgerissen hatte, zwei schwerere
und eine feine schwarze,
noch immer gekräuselt vom Zug und Bruch,
als sie riß und er entkam.
Wie Orden mit zitternden
und zerfransten Bändern
hing ein fünfhaariger Weisheitsbart
von seinem schmerzenden Kiefer.
Ich starrte und starrte,
und Sieg erfüllte
das kleine gemietete Boot
von der Pfütze in der Bilge,
wo Öl um den rostigen Motor
einen Regenbogen wirkte,
zur orange verrosteten Schöpfkelle,
zu den von der Sonne geborstenen Duchten,
den Dollen an ihren Schnüren,
den Dollborden – bis ringsum
Regenbögen waren, Regenbögen übergroß!
Und ich ließ den Fisch los.

Dieses Gedicht beginnt auf zweifach vertraute Weise: Es stellt
sich mit einem Sprecher vor, einem Ich, und es etabliert sogleich den erzählerischen Charakter des Ganzen, macht sich
mit der ersten Zeile daran, eine Begebenheit aus der Vergangenheit zu erzählen: »I caught a tremendous fish«. Es folgen

immerhin fast achtzig sehr frei gehaltene und ungereimte Zeilen, in denen detailliert und in oft prachtvollen Bildern der Fisch selbst beschrieben, bis in sein Innerstes imaginiert wird – wir sehen die Tapetenhaut, betasten die Federfüllung des Fleisches, seine Pfingstrosenschwimmblase. Die nicht unbeträchtliche Länge, die Elizabeth Bishop sich gestattet, die Ausführlichkeit ihrer Schilderungen, ist dabei keiner Willkür oder bloßer Fabulierlust geschuldet, sie entspricht der formalen Logik des Gedichts. Denn nicht nur wird der Fisch, der Fang, der anfangs, als Jagdobjekt, nur durch seine Größe beeindrucken konnte – man kennt die Fotos, auf denen sich Angler mit ihrer Beute brüsten –, durch die Beschreibung zu einem verehrungswürdigen Individuum mit Schönheit und Geschichte, auch das Gedicht erfährt erst dank seiner Länge eine Zuspitzung, die jener in Audens Gedicht ähnelt. Nur dank der Schlankheit und Länge nämlich wird der Schlussvers, der eine Zeile für sich beansprucht, so außergewöhnlich knapp und markant; und nur durch den durchgehenden Verzicht auf Reime und eine sichtbare und hörbare Form wird das Signal des Gedichtendes überdeutlich, der Paarreim, der den Endpunkt markiert – »until everything / was rainbow, rainbow, rainbow! / And I let the fish go«. Das Gehenlassen, Entweichenlassen, Freisetzen, dieses kleine Wörtchen »go« verlängert auch hier, wie zuvor das »on« bei Auden, das Gedicht; und unvermeidlich ist es, nach der abrupten Schlusszeile nicht zu denken, dass nun er, der Leser, an der Reihe sei, dass es an ihm ist, jenen Fisch zu fangen, der von Anfang an keinen Namen trägt, keiner Art angehört, der als Sprach- und Bildfisch auch das Gedicht selbst verkörpert.

Um nun, nach zwei englischsprachigen auch einen deutschen Lyriker zu Wort kommen zu lassen, wähle ich ein Gedicht, das von Nicolas Born stammt und den Titel »Einzelheit, damals« trägt. So beiläufig der Titel klingt, so unprätentiös im

Ton beginnt auch der Text. Könnte man zunächst meinen, es ginge um nichts weiter als etwa ein paar im Hinterhof Fußball spielende Kinder, wird nach und nach deutlich, dass es sich um ein Nachkriegs-, um ein Verlustgedicht handelt:

> Hauptsächlich Glas ging in Trümmer.
> Regional, sagen wir mal, war gar nicht viel los
> von den Ahnungen abgesehen
> den Nachrichten unter der Hand
> wenn Eheringe über den Fotos von Vermißten
> zu kreisen begannen.
> Kriegsreste (Erkennungsmarken)
> schepperten auf der Reichsbahn.
> Auf solche Weise kehrte Onkel Norbert zurück
> metallen, einer aus Stückzahl 100
> Inhalt einer ARI-Kartusche
> gefunden zwischen den Gleisen der Straßenbahn
> bei Sturm.
> In den toten Wagen lagen Splitter herum
> seltsame Formen im Seegras
> die Sitze waren zerfetzt.
> Die Kurbel ließ eine halbe Drehung zu
> – wir waren glücklich.

> Man hat sich Rußland riesig vorzustellen
> ausgesprochen endlos.

In gewisser Weise geht das Gedicht, vergleicht man es mit Auden, den entgegengesetzten Weg, beginnt es doch mit einem konkreten, zunächst belanglos anmutenden Detail, dem zersplitterten Glas, und weitet seinen Raum erst dann, fast unmerklich, wird ungeheuerlich – auch wenn nur die Wagen als

»tot« und die Sitze als »zerfetzt« beschrieben werden, keine menschlichen Körper, an die man dennoch unweigerlich denken muss. Das gesamte Gedicht hat keine Strophen, es verzichtet auf Reime, die Sprache seiner Zeilen ist, wie der Anfang, gänzlich ungekünstelt. Dann aber kommt dieser staunenswerte Schluss, anderthalb Zeilen, die durch die einzige Leerzeile vom Rest des Gedichts abgesetzt werden. Das Ohr kann nicht anders als wahrnehmen, dass nun, völlig unerwartet nach den freien Rhythmen, ein Metrum einsetzt, zunächst ein fünfhebiger Jambus (»Man hat sich Rußland riesig vorzustellen«), der in der folgenden halben Zeile in einen Trochäus mit drei Hebungen übergeht (»ausgesprochen endlos«). Oder ließen sich diese anderthalb Zeilen auch als eine einzige jambische Zeile mit acht Hebungen lesen? Die setzte dann – »Man hat sich Rußland riesig vorzustellen, ausgesprochen endlos« – mit einer fast unerträglichen Dehnung und großer Kunstfertigkeit das Bild, den Inhalt in die Form um. Das abschließende Wort aber lautet »endlos«, markiert so den Schluss und vermeidet das Abschließende. So gähnt aus dem Weiß jenseits des Gedichts die Tundra.

* * *

»Zierlich ist es / wann die Endreimen wiederholet / was zuvor gesagt worden«, schrieb Georg Philipp Harsdörffer vor einigen Jahrhunderten in seinem *Poetischen Trichter*: »Hier ist zu merken / daß die Wiederholung in der Ordnung geschehen muß / in welcher die Wörter anfangs gesetzt worden«. Auf ein solches Konklusionsschema, wie es im Barock vorbildlich und wünschenswert war, auf die wohlgefügte *conclusio* der Rhetorik, erst recht auf die Pointe als allzu stimmigem Schluss wird heute zumeist verzichtet. So wie moderne und zeitgenössische

Gedichte es vorziehen, in der Subdominante zu verharren, anstatt sich in die Tonika aufzulösen, um erneut Begriffe aus der Harmonielehre zu verwenden, so wird spätestens seit Einsetzen der Moderne weniger bündige Abgeschlossenheit denn Offenheit angestrebt, nicht zuletzt an den äußersten Punkten des Gedichts. So kann eine Konjunktion wie »und« oder wie »oder« den Anfang ins Unbestimmte vorverlegen und suggerieren, dass der eigentliche Beginn bereits viel weiter zurückliegt, der Leser also an einem Punkt hinzutritt, an dem das Gedicht selbst schon seit geraumer Zeit seinen Gang geht: »Und plötzlich nimmst du / die Fahrt wieder auf«, lässt Ungaretti seine »Freude der Schiffbrüche« beginnen. »Und ich nahm sie mit zum Flusse«, hebt Lorca in seinem Gedicht »Die untreue Frau« an – beide geben uns zu verstehen, dass eine Handlung vor der Handlung stattgefunden haben muss.

Was den Schluss betrifft, so kann es schon genügen, einen Doppelpunkt statt eines Punktes als Satzzeichen zu verwenden, wie der italienische Dichter Edoardo Sanguineti es gelegentlich tat. Erwähnt werden muss aber auch das poetische Fragment, das ja kein Versagen des Dichters als vielmehr Teil des lyrischen Formenschatzes ist: Bei Coleridge, dessen »Kubla Khan«-Poem am Anfang dieser Überlegungen stand und dessen Vorgeschichte, der Rausch, der Traum und sogar der Bote aus Porlock als Teil eines Gesamtkunstwerks gelten müssen, aber auch in einem Fragment aus dem zwanzigsten Jahrhundert, in Inger Christensens epochalem Langgedicht »Alphabet«, dessen Anfangsworte »Die Aprikosenbäume gibt es« einen unwiderstehlichen Zauber ausüben. In Christensens »Alphabet« wirkt der Schluss stimmig, ja: schlüssig, obwohl er Teil eines Fragments ist und somit keiner sein kann, basiert doch dieses Poem auf den formalen Vorgaben des Alphabets einerseits und der mathematischen Fibonacci-Reihe andererseits, bei der durch Addition zweier Zahlen die jeweils folgende Zahl ermittelt wird und rasch immer größere Summen, bei Christensen immer mehr Zeilen pro Abschnitt entstehen. So bricht das Poem mit dem Buchstaben N, dem sich unüberschaubar lange Kapitel anschließen müssten, ab. Die letzte Zeile dieses Abschnitts (»doch kinder sind sie nicht / niemand trägt sie mehr«) signalisiert ein Ende, wo keines sein kann – so dass sowohl »Kubla Khan« als auch »Alphabet« dem Leser beides geben, einen befriedigenden Schluss und die Gewissheit, dass mit diesem Schluss kein Ende erreicht ist.

Mit welch subtilen Kunstgriffen ein solcher Effekt auch bei Gedichten erzielt wird, die nicht als Fragment gekennzeichnet werden, haben Auden, Bishop und Born vorgeführt, und Ähnliches ließe sich in vielen weiteren Gedichten moderner und zeitgenössischer Lyriker beobachten. Man denke an einen verspielten Dichter wie Paul Muldoon, der den vierzehn Zeilen eines Sonetts eine zusätzliche halbe Zeile folgen lässt, so die Erwartung des Lesers gleichzeitig erfüllt und bricht und das Sonett ins Unabsehbare weiterdenkt. Les Murray ruft in einer abschließenden Zeile Haubentauben und Rosellapapageien herbei, die, heißt es, »so fliegen: die Flügel zu, dann schlagend und wieder zu«, womit – zu, auf, zu – eine Bewegung vorgegeben ist, die man als Leser weiterzudenken gedrängt wird, eine Art feinsprachliches, feinmechanisches Perpetuum mobile; und Larkins »Whitsun Weddings« enden mit »A sense of falling, like an arrow-shower / Sent out of sight, somewhere becoming rain«: Auch dieser Regen aus Pfeilen wird erst noch niedergehen, er liegt bei jeder Lektüre erneut in der Zukunft. All diese Zeilen sind Beispiele für eine Kunst des Aufhörens, ohne aufzuhören, und sie werden der doppelten Bedeutung des Wortes »aufgehen« gerecht: Gehen sie doch auf, indem sie stimmig sind, wohlkalkuliert auf ihre letzte Zeile zulaufen, und gleichzeitig gehen sie an diesem letzten Punkt, den sie erreichen, auch anders auf: indem sie sich öffnen.

Dass alles enden muss, dass wir alle enden müssen, ist ja Skandal genug. Wie wunderbar also, wenn es wenigstens dem Gedicht gelingt, seinen äußerst begrenzten Raum zu weiten, mit den Spiegeltricks der Sprache Dauer in all der Flüchtigkeit, seiner Flüchtigkeit, wenigstens zu suggerieren. Wo dies gelänge, wäre es schon viel – gerade in einer Kunstform wie der Lyrik, deren Anhänger und Verteidiger, sofern sie selber Verse verfassen, bei ihrer Arbeit kaum auf Kontinuität hoffen können. Es fängt mit der Betrachtung eines Bildes von Breughel an, eines Fisches, einer Wolke, einer griechischen Vase, es fängt an mit dem Staunen über Aprikosenbäume, Kraniche, Kaffeetassen, Pilze und Wandspiegel, über nichts als einen Türknauf vielleicht – aber wird es erneut gelingen, wird es auch beim nächsten Versuch zum Ereignis der Poesie kommen? In den Augen anderer Menschen ist ein Dichter, wie W. H. Auden so treffend sagte, jemand, der irgendwann einmal ein gutes Gedicht geschrieben hat: »In seinen eigenen Augen« aber, so Auden, »ist er nur in genau jenem Augenblick ein Dichter, in dem er ein neues Gedicht ein allerletztes Mal und abschließend überprüft. In dem Moment zuvor war er nur ein potentieller Dichter; in dem Moment danach ist er bereits ein Mann, der aufgehört hat, Gedichte zu schreiben, und das vielleicht für immer.« Man kann nur hoffen, dass jedes Ende erneut ein Beginn ist.

Prolegomena zu
einem Lob der Sauklaue

Selbstverständlich ist es möglich, ein Gedicht nicht handschriftlich, sondern auf der Tastatur eines Computers zu schreiben. Abgesehen davon aber, dass man bei einer solchen Vor-
gehensweise auf die unerhört befriedigenden Spuren und
Rückstände des Handwerklichen verzichten muss, auf die Tin-
tenflecken und Kugelschreiberschlieren an den Fingern, die
einen am Abend daran erinnern, dass man wirklich und wahrhaftig gearbeitet hat, auch wenn letztlich nicht mehr als zwei
Zeilen dabei herausgekommen sind; abgesehen auch davon,
dass das Schriftbild eines Computers eine feste Struktur vor-
gaukelt, eine Geformtheit suggeriert und vorwegnimmt, die
das Gedicht in seinem jetzigen Zustand womöglich noch gar
nicht rechtfertigt, dass das Schreiben von Hand, all das Strei-
chen, Schmieren, Neuansetzen, Umkringeln, Übermalen und
Einfügen das Sprachmaterial formbar hält und dem ganzen
Prozess etwas Unabgeschlossenes, jene unerlässliche Offenheit
gibt; abgesehen von alldem also ist ein Nutzer von Notizbuch
und Stift in der glücklichen Lage, das Entstehen eines Gedichts
auch später noch Schritt für Schritt, Strich um Strich nachvollziehen zu können. Alle paar Jahre geschieht es ja, dass Regal-
bestände umsortiert und Kisten in andere Zimmer geschafft
werden – und man dabei auf alte Kladden stößt, zu stöbern beginnt. Und nicht nur wird man, während man so vor- und zu-
rückblättert, daran erinnert, wie qualvoll lange es dauern kann,
bis ein Gedicht tatsächlich zu einer ersten, halbwegs annehm-
baren Variante gefunden hat, wie viel Geduld und Zweifel und

Selbstkritik nötig sind – nein, es lässt sich auch erneut erkennen, was man allzu oft vergisst oder zu verdrängen sucht, dass nämlich all die Sackgassen, die Abwege und die Irrwege durchaus notwendig waren, dass sie alle begangen und ausgeleuchtet werden mussten, um an ein Ziel zu gelangen, von dessen Beschaffenheit man noch gar nichts ahnte. Erstaunlich, denkt man beim Blättern, was für Albernheiten dabei waren – aber auch was für im Grunde interessante Wendungen und Bilder, die dennoch fallengelassen werden mussten, nachdem man sie eine Weile hin- und hergewendet und betrachtet, mit ihnen gespielt hatte. Beginnend mit einem ersten Impuls, einem ersten die Neugier weckenden Eindruck, sagen wir: einem gebrauchten Teebeutel am Rand einer Küchenspüle, kann es dann leicht fünfzig Doppelseiten oder noch weit mehr in Anspruch nehmen, bevor die fertige, nunmehr gewohnte Gestalt sichtbar wird – und Falter- oder Lotmetaphern, Düfte von Hagebutte bis Pfefferminze beiseitegelegt sind. Und noch erstaunlicher ist es, dass all das Wortmaterial, das aufgetürmt und umgeschichtet wurde, dass all diese handschriftlich verfassten Seiten also am Ende wirklich nicht mehr ergeben haben sollten als sechs kurze Zeilen, zwei winzige Haikus, gerade einmal vierunddreißig Silben. Aber, denkt man, ist weniger nicht manchmal mehr? Steckt nicht oft genug in der Lücke die Fülle? Übrigens kommt, hat man eine derart unleserliche Handschrift wie ich, noch ein interessanter Aspekt hinzu, versucht man die eigenen, längst vergessenen Aufzeichnungen zu dechiffrieren; die eigene Schludrigkeit hält zusätzliche Freuden bereit: Denn der Versuch, ungenutzte Zeilen und nie weiterverfolgte Entwürfe zu entziffern, diesen verschmierten, hastig hingekritzelten Notaten einen Sinn abzugewinnen, zwingt zur Interpretation, und durch das Verlesen und das Fehllesen kommen ungeahnte neue Bedeutungen hinzu, erhält die Kladde einen mal absurden, mal aufregenden Mehrwert. Heißt dies dort Sänger oder Säuger? Hat man es mit Ampfersuppe zu tun oder mit einer Imkerskappe? Kuriosität oder Karstatt? Nassau oder Nase? Wandersmann oder Wundersaum? Handelt es sich um Bettnässer oder doch um Betelnüsse? Anbeginn oder Aubergine? Ja, ahnt man, ein *Lob der Sauklaue* wäre erst noch zu schreiben.

Eine Tür hinein, viele hinaus

Kurze Lobrede auf die Buchhandlung

Drei Männer herrschten über die Bücherborde meiner Kindheit und Jugend – der rundliche, kompakte Herr M., der sich, weil Charles Dickens ihn im neunzehnten Jahrhundert zu erfinden versäumt hatte, Mitte des zwanzigsten Jahrhunderts selbständig gemacht und eine Buchhandlung, nein: eine magische Buchhöhle in meiner Heimatstadt nahe Hamburg eröffnet hatte; Herr M., der sich auf engstem Raum schnaufend und seufzend, mit zerzausten grauen Haaren an Bücherstapeln, an alphoch geschichteten Büchergraten vorbeischob, im Dienste einer höheren Gewalt durch Literaturschluchten eilte und kühn, von nichts als seinen Hosenträgern gesichert, schwindelerregende Regale erklomm, all das in einem morgens noch blütenweißen, ja makellosen Hemd, das aufgrund einer entsetzlich juckenden Schuppenflechte bei Ladenschluss über und über mit roten Punkten versehen war; Herr M. also und seine beiden jüngeren Mitarbeiter Rolf und Joachim waren es, die zu dritt mit ihren unentwegt entzündeten filterlosen Zigaretten derart monströse Rauchschwaden zu schaffen verstanden, dass Titel und Verfasser auf den Buchrücken kaum mehr zu erkennen waren, und die jeden Ankömmling, der sich nicht auszuweisen wusste, jeden Neukunden, sofern er nicht ein Mindestmaß an literarischem Geschmack verriet, misstrauisch über den Rand der stets präsenten Kaffeebecher beäugten; die also, kurz gesagt, nicht nur meine Regale, sondern die Bibliotheken sämtlicher Freunde und Verwandter, ja der gesamten Region mal wohlwollend, mal streng überwachten. Sicher:

Der gewünschte drittklassige Kriminalroman oder die heißersehnte Schmonzette, die, das versteht sich, nicht im Bestand waren, konnten durchaus bestellt werden, falls es sich partout nicht vermeiden ließ – falls also die Kunden auf ihren absonderlichen Wünschen beharrten und sich nicht einem der drei ewigen Hausgötter unterwarfen, also Hemingway, Faulkner und Hans Erich Nossack, deren Vorzüge von ihren qualmenden, schwärmenden, gestikulierenden Jüngern nun so lange und so überzeugend gepriesen wurden, bis man krimi- und schmonzettenlos, dafür mit mehreren Büchern der Penaten Hemingway, Faulkner und Nossack unterm Arm auf die Straße zurücktrat. Noch vor wenigen Jahren, als ich, wie bei jedem meiner Besuche in der alten Heimat, in meiner ersten, also der einzig wahren und mich auf immer prägenden Buchhandlung vorbeischaute, präsentierte man mir stolz ein Glückwunschschreiben des Suhrkamp Verlags: Man habe allein in dieser kleinen Buchhandlung einer unscheinbaren norddeutschen Stadt bislang rund zwei Drittel der Gesamtauflage Hans Erich Nossacks verkauft.

Welch eine Macht – und was für eine Verantwortung für so viele lesende Seelen noch dazu! Und so waren die drei Herren denn alles andere als bloße Verkäufer; sie waren, nicht nur für mich, Lehrer, Berater, freundschaftliche Erzieher und Einflüsterer, jeder Einzelne von ihnen ein Lotse, ein Vergil. Viele Geschäfte und Marktstände aus meiner Kindheit sind mir noch lebhaft in Erinnerung, der Süßigkeitenhändler etwa, dessen Nachname Mars lautete und der also, all den klebrigen Fruchtgummis und Schokoriegeln zum Trotz, mit dem straffen römischen Kriegsgott verwandt war, auch der Gemüsemann auf dem Wochenmarkt, den alle wegen seines markerschütternden Organs nur den Schreihals nannten, sogar der Würstchenbräter – aber all das sind Erinnerungen, die auf einer rein sinnlichen Ebene, nah am Gaumen und am Auge verharren. Es waren willkommene Lockungen und Sensationen, so dass ich, das Kind, gerne mit zum Markt ging, »in die Stadt«, wie wir sagten; doch wenn es hieß, wir würden anschließend noch in der Buchhandlung M. vorbeischauen, so wurde aus dem Vormittag weit mehr, war mit diesen schlichten Worten ein sicheres Abenteuer verbunden. Denn es war ja so, dass man durch nur eine Tür von der Hagener Allee hineingelangte in die Buchhandlung, sich aber durch unendlich viele Türen wieder hinausfinden ließ: Ins sommerliche Dublin des Jahres 1904, in dem Leopold Bloom für immer und ewig ein Stückchen Zitronenseife kauft; ins Yoknapatawpha County des amerikanischen Südens; in das englische Gasthaus *Admiral Benbow* und von dort weiter auf eine namenlose Schatzinsel; in den Laderaum des Walfangschiffes *Pequod*; nach Ithaka und in die französische Kleinstadt Combray und in den Badeort Balbec, gemeinsam mit einem gewissen Monsieur Swann. Auch lernte ich die Landschaften und Städte jener Dichter kennen, die für mich noch so viel bedeutsamer werden sollten als die Erzähler – das Wales von Dylan Thomas, Trakls Salzburg, das Berlin von Heym und Benn und das Rutherford von William Carlos Williams. So maßgeblich wurde die Buchhandlung für mich, dass ich sogar ein Praktikum in ihren herrlich chaotischen Räumen absolvierte, die rein gar nichts von der deprimierenden Akkuratesse der Warenhäuser und der üblichen Geschäfte, aber alles von den ungebändigten, energiedurchflossenen Wirkungsorten der wahrhaften Meister hatte, die ein Ort für Liebhaber und Abenteurer war, und so steuerte ich ein paar Wochen lang zwischen der Skylla der Vorbestellungen und der Charybdis der Neuerscheinungen durch ein mythisches Nebelmeer von Filterlosen und hatte, Krönung meiner kurzen Lehrzeit, sogar Zutritt zum Lager hinten im Laden, durfte die

Falltreppe ins Schummrige hinuntersteigen. Howard Carter kann nicht aufgeregter gewesen sein als ich, als er im Tal der Könige die Grabkammern der Pharaonen entdeckte.

Verzeihen Sie diese Abschweifungen, die ja nur vermeintlich Abschweifungen sind, denn es geht natürlich, Sie alle wissen es, ums große Ganze, das nirgendwo so wunderbar zu erkunden und zu ermessen ist wie in einer reich ausgestatteten Buchhandlung. Zwei jener drei Vertrauensmänner sind schon vor Jahren gestorben; und nun, vor gerade einmal zwei Monaten, haben die Nachfolger nach langem Kampf aufgeben müssen. Wie gut und wie heilsam zu wissen also, dass all die Tapetentüren und Geheimgänge anderswo noch verfügbar sind, dass die Flucht- und Schleichwege in Merzing, Heidelberg und München weiterhin offen stehen – dank der Damen und Herren, die in den Buchhandlungen *Rote Zora*, *artes liberales* und *Literatur Moths* als Wegbereiter, Ortskundige, Lehrmeister und Ermunterer all denen zur Seite stehen, die es nach Rat, Begeisterung und Kennerschaft verlangt. Ich gratuliere Ihnen zu Ihren Preisen – und ich beglückwünsche Ihre Kunden, die wissen werden, welchen Schatz sie in ihrer Nachbarschaft haben und erhalten dürfen. »Ein Buch ist eine Botschaft, die den erreichen soll, für den sie allein bestimmt ist.« Welcher Schriftsteller das gesagt hat? Ebenderselbe, der darauf beharrte, dass das, was sich nicht träumen lasse, keine Wirklichkeit habe, und der auch Folgendes zu Papier brachte: »Mir scheint, wenn sich unser Verhältnis zur Literatur überhaupt definieren lässt, dass sie uns ein Verständigungsmittel mit denen ist, die wie wir irgendwo in der Welt ein Partisanendasein führen, eine Art Geheimsender, der die Welt hinter den offiziellen Kulissen nach dem Menschen abtastet.« Sie wollen den Namen des Autors wissen? Nun, halten Sie irgendeinen Passanten auf dem Marktplatz oder in den Straßen einer kleinen norddeutschen Stadt in der Nähe von Hamburg an und fragen Sie ihn. Er wird Sie anblicken, erstaunt und fast ein bisschen vorwurfsvoll ob Ihrer Unwissenheit, und antworten: Nossack. Und seine Augen werden ein kleines bisschen leuchten dabei.

Ben Jonson: *Hymne an Comus*

Macht Platz! dem wabbelnden Wanst, freie Bahn
Dem Vater der Soßen, dem Sulzenahn;
Dem Meister und Quell von Witz und Verstand,
Der das Prachtgerät, den Bratspieß erfand,
Den Pflug und den Dreschflegel, Speicher und Mühle,
Bottich und Mehlsieb, Pfannen und Stiele,
Den Ofen, das Reisig, die Bäckerschiebe,
Am Feuer das Bratrad, von Hunden betrieben;
Er war es, der Oxhoft und Fässer erdachte,
Mit Bohrer und Zwinge zum Sprudeln brachte:
Er wurde am Trichter zum Hippokrasschlauch
Sciner selbst – und seht nur den Hängebauch!
Zwar ist nach vier Zoll der Schmaus schon vorbei,
Doch die Gurgel ist wachsam: Von jederlei
Genuß wird sie etwas stibitzen und lädt
Dem Rücken den Sack auf, der wächst und sich bläht.
Ein Hoch deiner Feistheit! Du lehrtest zu lieben
Pökel- und Frischfleisch, Chutney und Grieben!
Vertilger der Speisen von Grill, Herd und Rost
Und Leerer unzähliger Gläser voll Most:
Wovon die Hüfte so sehr profitiert,
Daß man dein Korsett vor dem Nachtisch verschnürt;
Doch ißt du und trinkst, bis es schläfrig macht,
Sprengst all deine Bande – mit göttlicher Pracht.

Anmerkungen zu den Texten

Süßes Erschrecken
Dankesrede anlässlich der Verleihung des Mörike-Preises der Stadt Fellbach
am 22.4.2015 in Fellbach. Abgedruckt in gekürzter Form in der *Süddeutschen
Zeitung* sowie in der *Stuttgarter Zeitung* vom 23.4.2015. Komplett abgedruckt
in *Sinn und Form* 5/2015.

Der verschlossene Raum
Vortrag, gehalten am 28.3.2012 im Lyrik Kabinett in München. Veröffentlicht als *Der verschlossene Raum. Münchner Rede zur Poesie*, herausgegeben von
Maria Gazzetti und Frieder von Ammon, Stiftung Lyrik Kabinett, München
2012.

Durch den grünen Vorhang
Festvortrag anlässlich der Eröffnung der Ausstellung »Die Sixtinische Ma-
donna. Raffaels Kultbild wird 500«, gehalten am 25.5.2012 im Albertinum,
Dresden. Abgedruckt im *Jahrbuch der Staatlichen Kunstsammlungen Dresden*,
Dresden 2013.

Tagediebetage
Rede, gehalten im Berliner Martin-Gropius-Bau am 23.2.2012. Abgedruckt
in: Joachim Blüher (Hrsg.), *Villa Massimo 2011*, Rom 2012.

Drei Postkarten aus Rom
Unveröffentlicht.

Die Bibliotheken
Rede anlässlich des Neujahrsempfangs der »Freunde der Staatsbibliothek zu
Berlin« in der Berliner Staatsbibliothek am 29.1.2013. Abgedruckt in *Akzente*
2/2013 sowie, in gekürzter Form, im Berliner *Tagesspiegel* vom 11.2.2013.

Windwirbel und Gelichter
In: *Frankfurter Allgemeine Zeitung*, 30.8.2014.

Unglücklich und daheim
In: *Akzente* Nr. 6, München 2013.

Der Mann, der nach Achill wollte
Unveröffentlicht.

Schamane mit verbranntem Fuchs
Vortrag, gehalten am 16.3.2016 im Lyrik Kabinett in München. Veröffentlicht unter demselben Titel in der Reihe »Zwiesprachen« der Stiftung Lyrik Kabinett, Wunderhorn Verlag, Heidelberg 2016.

Sechs Postkarten aus Kalifornien
Gelesen im Saarländischen Rundfunk zwischen dem 3.2.2016 und dem 9.3.2016.

Gedenke der Lücke
Vortrag, gehalten am 29.6.2016 in Saarbrücken. Veröffentlicht unter demselben Titel in der Reihe *Reden an die Abiturienten* im Conte-Verlag, 2016, herausgegeben von Ralph Schock.

Zeile um Zeile der Kindheit entgegen
In: *Frankfurter Allgemeine Zeitung* vom 21.6.2014 sowie in der *Frankfurter Anthologie*, Achtunddreißigster Band, S. Fischer Verlag, Frankfurt am Main 2015.

Von ewig lauernden Dieben
Dankesrede anlässlich der Verleihung des Paul-Scheerbart-Preises am 11.10.2013 im Hessischen Hof, Frankfurt am Main. In: Katrin Harlaß (Hrsg.), *Handbuch Literarisches Übersetzen*, BDÜ Fachverlag, Berlin 2015.

Der Poet als Maskenball
Vortrag, gehalten im Rahmen der »Mainzer Poetikdozentur« am 10.7.2013 an der Johannes Gutenberg-Universität in Mainz und, in einer gekürzten Fassung, am 20.4.2013 vor der Akademie der Wissenschaften und der Literatur in Mainz. Abgedruckt in den Abhandlungen der Klasse der Literatur und der Musik, Akademie der Wissenschaften und der Literatur Mainz, Franz Steiner Verlag, Stuttgart 2014. Dank an Peter Hamm.

Fünf Postkarten aus Neukölln
Gelesen auf Deutschlandradio Kultur im Laufe des Juli 2014.

Von Lipperland und Llareggub
Gelesen auf Deutschlandradio Kultur am 26.1.2014.

Vorstellung für eine Akademie
Vortrag, gehalten im Rahmen der Herbsttagung der Akademie der Wissenschaften und der Literatur in Mainz am 9.11.2012. Abgedruckt in: *Sinn und Form* 3/2013, Aufbau Verlag, Berlin 2013.

Ein Knauf als Tür
Vortrag, gehalten in der Carl Friedrich von Siemens Stiftung, München, am 20.3.2014. Abgedruckt unter demselben Titel in der Schriftenreihe der Carl Friedrich von Siemens Stiftung (2014).

Prolegomena zu einem Lob der Sauklaue
In: *Süddeutsche Zeitung* vom 2./3.7.2016.

Eine Tür hinein, viele hinaus
Laudatio zum »Deutschen Buchhandlungspreis«, gehalten am 17.9.2015 in der Deutschen Nationalbibliothek in Frankfurt am Main. Unveröffentlicht.

Ben Jonson: Hymne an Comus
Aus dem Maskenspiel *Pleasure reconciled to Virtue*, 1641.

W. G. Sebald

Die Ringe des Saturn

Eine englische Wallfahrt

Band 13655

Ein Reisebericht besonderer Art. Zu Fuß ist Sebald in der englischen Grafschaft Suffolk unterwegs, einem nur dünn besiedelten Landstrich an der englischen Ostküste. Im August, ein Monat, der seit altersher unter dem Einfluß des Saturn stehen soll, wandert Sebald durch die violette Heidelandschaft, besichtigt verfallene Landschlösser, spricht mit alten Gutsbesitzern und stößt auf seinem Weg immer wieder auf die Spuren oft wundersamer Geschichten. So erzählt er von den Glanzzeiten viktorianischer Schlösser, berichtet aus dem Leben Joseph Conrads, erinnert an die unglaubliche Liebe des Vicomte de Chateaubriand oder spürt dem europäischen Seidenhandel bis China nach. Mit klarer und präziser Sprache protokolliert er jedoch auch die stillen Katastrophen, die sich mit dem gewaltsamen Eingriff der Menschen in diesen abgelegenen Landstrich vollzogen. So verwandelt sich der Fußmarsch letztlich in einen Gang durch eine Verfallsgeschichte von Kultur und Natur, die Sebald mit einer faszinierenden Wahrnehmungsfähigkeit nachzeichnet. Und ganz nebenbei entsteht eine liebevolle Hommage an den Typus des englischen Exzentrikers.

Fischer Taschenbuch Verlag

Tomas Tranströmer
In meinem Schatten werde ich getragen
Gesammelte Gedichte
Aus dem Schwedischen von Hanns Grössel
Mit einem Nachwort von Hans Jürgen Balmes

Band 19675

Mit dem schwedischen Dichter Tomas Tranströmer wurde
einem Leisen der Nobelpreis zuerkannt, dessen eindringli-
che Gedichte den Resonanzraum des letzten Jahrhunderts
ausmessen. Seine aus lichter Melancholie und lakonischer
Nüchternheit geformten Verse, in viele Sprachen übersetzt,
waren bis dahin ein Geheimtipp. »In meinem Schatten werde ich getragen« enthält sämtliche, von Hanns Grössel meisterhaft übersetzten Bände, die späten Gedichte ›Das große
Rätsel‹ sowie die biographische Kindheitsskizze ›Die Erinnerungen sehen mich‹.

»Einer der intelligentesten und scharfsichtigsten
Schriftsteller unserer Zeit.«
Denis Scheck

Das gesamte Programm finden Sie unter
www.fischerverlage.de